Reiseführer Natur
Seychellen, Mauritius

Heidrun Oberg

Reiseführer Natur

SEYCHELLEN
MAURITIUS

Komoren, Réunion, Malediven

Die Deutsche Bibliothek - CIP-Einheitsaufnahme

Reiseführer Natur Seychellen, Mauritius, Komoren, Réunion, Malediven / Heidrun Oberg.
– München ; Wien ; Zürich ; BLV, 1995
  ISBN 3-405-14584-8
NE: Oberg, Heidrun; Seychellen, Mauritius, Komoren, Réunion, Malediven

Die Zusammenstellung der praktischen Reise-
informationen und die Beschreibung der Touren in
diesem Führer erfolgten mit größtmöglicher Sorg-
falt und mit Rücksicht auf die Natur. Bitte verhalten auch Sie sich entsprechend und beachten Sie
im Interesse Ihrer eigenen Sicherheit die Hinweise
der Autorin, z. B. zu gefährlichen Wegstrecken. Ob
eine Route gefährlich ist, hängt neben den Wetterverhältnissen auch von der persönlichen Konstitu-
tion des Wanderers ab. Befragen Sie im Zweifels-
fall vor einer Reise ihren Hausarzt.
Bitte haben Sie Verständnis dafür, daß sich nach
Erscheinen des Buches Wegführungen, Anschrif-
ten oder Telefonnummern ändern können. Korrek-
turhinweise werden Autorin und Verlag gerne auf-
greifen:
*BLV Verlagsgesellschaft mbH, Postfach 40 03 20,
80703 München*

BLV Verlagsgesellschaft mbH
München Wien Zürich
80797 München

Umschlaggestaltung: Julius Negele, München
Karten: Viertaler + Braun, Grafik + DTP, München
Redaktionelle Mitarbeit: Dr. Einhard Bezzel,
Prof. Dr. Josef H. Reichholf
Lektorat: Dr. Friedrich Kögel
Layout: Volker Fehrenbach, München
Herstellung: Hermann Maxant
Satz: Grafisches Büro V. Fehrenbach, München
Reproduktionen: Premedia GmbH, Wels
Druck: Appl, Wemding
Bindung: Bückers GmbH, Anzing
Gedruckt auf chlorfrei gebleichtem Papier

Printed in Germany · ISBN 3-405-14584-8

Inhalt

Einführung

Essays

Reiseziele

Reiseplanung

Anhang

Zum Geleit

Reiseführer Natur — eine Chance für den sanften Tourismus?

Dem Massentourismus ist sehr viel Natur zum Opfer gefallen. Der Versuch, der Unwirtlichkeit der Städte und der Industriegesellschaft für die kostbarsten Wochen des Jahres in eine »intakte Natur« zu entfliehen, mißlang gründlich. Denn der Ruhe, Entspannung und Naturgenuß suchende Mensch wurde im Touristikboom schnell wieder in die Massen einbezogen und beinahe zu einer »Ware« degradiert. Der zähe Brei des Massentourismus wälzte sich, da er fortlaufend seine eigenen Existenzgrundlagen zerstört, immer weiter hinaus bis in die letzten Winkel der Erde. Mit größter Sorge betrachteten Naturschützer in aller Welt diese Entwicklung und versuchten – vergeblich – sich dagegenzustemmen. Sie waren und sind machtlos gegen die Flut, die über sie und die wenigen geschützten Gebiete hereinbrach. Die Naturschützer hatten so gut wie keine Chancen, die Natur vor dem Massenansturm zu bewahren.

So wurde denn der Tourismus in Bausch und Bogen als nicht natur- und umweltverträglich verdammt und gebrandmarkt. Nicht ganz zu Recht, wie man bei objektiver Betrachtung der Sachlage zugeben muß. Denn nicht wenige der wichtigen, ja unersetzlichen Naturreservate der Welt konnten gerade wegen des Tourismus gesichert werden, der Staaten wie Tansania mit der weltberühmten Serengeti und Ecuador mit seinen Galápagos-Inseln mehr harte Währung einbrachte, als eine Umwidmung der geschützten Flächen zu anderen Formen der Nutzung. Durch geschickte und gezielte Lenkung des Besucherstromes ist es möglich, die Schäden gering zu halten, aber großen Nutzen einzubringen. Viele Beispiele gibt es hierfür. In Amerika, in Afrika und in Südostasien gelingt es offenbar weitaus besser, Naturreservate zu erhalten als hierzulande in Mitteleuropa, wo Naturschutzgebiete fast automatisch zu Sperrgebieten für Naturfreunde gemacht werden (während andere Nutzungsformen, insbesondere Jagd und Fischerei, in der Regel uneingeschränkt weiterlaufen dürfen).

Es fehlt an Information und an Personal, das die Schutzgebiete überwacht, Besucher betreut und für die Erhaltung der Natur wie für die Einhaltung der Schutzbestimmungen sorgt. Vielfach können gerade da, wo die Schutzgebiete mit strengem »Betreten verboten« ausgewiesen sind, die Schutzziele nicht eingehalten werden. Es fehlen die »Verbündeten«; sie sind als Naturfreunde ausgeschlossen und damit keine starken Partner. Eine grundsätzliche Änderung, eine Wende zum Besseren ist derzeit nicht in Sicht. So bleibt der Naturfreund auf sich allein gestellt, Natur zu erleben, ohne sie zu zerstören.

Die neue Serie »Reiseführer Natur« folgt diesem Leitgedanken. Sie will den engagierten Naturfreunden die Möglichkeit aufzeigen, sich schöne Landschaften mit einem reichhaltigen oder einzigartigen Tier- und Pflanzenleben auf eine »umweltverträgliche« Art und Weise zu erschließen. Ein Tourismus dieser Art, der auf Information aufbaut und dessen Ziel die Sicherung der Naturschönheiten ist, wird vielleicht die überfällige Wende bringen. Unberührte Natur, naturnahe Landschaften und freilebende Tiere und Pflanzen haben ihren besonderen Wert. Aber er wird nicht zum Nulltarif auf Dauer zu erhalten sein.

Dr. Einhard Bezzel
Prof. Dr. Josef H. Reichholf

Vorwort

Die Inseln im Indischen Ozean werden als »tropische Paradiese« bezeichnet, verbunden mit Sonnenschein, langen Sandstränden, Palmen, Pflanzenfülle und fröhlichen Bewohnern. Sicherlich stimmt dies, aber es ist natürlich nur ein Teil der Wirklichkeit. Auch hier gibt es Probleme, hervorgerufen durch Überbevölkerung, Monokulturen, Erosion und verschiedene andere Gründe. Denn gerade auf diesen Inseln hat der Mensch seit der Besiedlung versucht, das üppige Paradies leerzuräumen und für sich »zu nutzen«. Wälder wurden abgeholzt, Tiere ausgerottet. Dadurch wurde den Inseln ein schweres Erbe auferlegt. 93% aller seit 1600 ausgestorbenen Arten waren Inselformen, und heute leben mehr als die Hälfte aller gefährdeten Vogelarten auf Inseln. Eine häufige Eigenschaft vieler Inseltiere ist die Vertrautheit. Da es keine Feinde gab, zeigen viele von ihnen keinerlei Fluchtreaktionen, und einige Vögel haben sogar ihre Flugfähigkeit verloren. Das bekannteste Beispiel dafür sind die Drontenvögel der Maskarenen. Sie waren groß und flugunfähig, und sie starben nach ihrer Entdeckung und Beschreibung innerhalb so kurzer Zeit aus, daß sie als das Paradebeispiel für den rücksichtslosen Umgang des Menschen mit der Natur in die Literatur eingegangen sind.

Wer heute einige der Inseln besucht, wird sie immer noch als paradiesisch empfinden. Viele der nicht so leicht zu erreichenden Inseln sind unberührt geblieben, auf anderen wurden große Schutzgebiete eingerichtet.

Es ist bemerkenswert, daß mit viel Einsatz und Energie (hauptsächlich auf den Seychellen und auf Mauritius) die Pflanzen- und Tierwelt geschützt wird.

Das Faszinierende der Inseln im Indischen Ozean sind die großen Unterschiede zwischen ihnen: Korallen-, Vulkan- und Granitinseln, z. T. bewachsen und bewohnt von Lebewesen, die es nur auf einer einzigen Insel gibt. Selbst innerhalb des gleichen Archipels gleicht keine Insel der anderen. Wer eine der Inseln im Indischen Ozean kennt, kennt die anderen noch lange nicht!

Und trotzdem gibt es Gemeinsamkeiten, denn die Besiedlung mit Pflanzen und Tieren erfolgte einerseits von Afrika und Madagaskar aus, andererseits von Ostasien und dem Indopazifischen Raum, jedoch zu unterschiedlichen Zeiten. Außerdem haben einige heimische Pflanzen und Tiere ihre nächsten Verwandten in Südamerika, ein Hinweis auf die gemeinsamen Ahnen, die auf dem Südkontinent Gondwana vorkamen.

Diese Vielfältigkeit ergibt natürlich eine Fülle von Stoff, für die in einem »Reiseführer Natur« nur begrenzter Platz vorhanden ist. Darum wurde versucht, zum einen Informationen von allgemein Interessantem, welches leicht zu erkennen und zu beobachten ist, auszuwählen, zum anderen aber auch Besonderheiten darzustellen, die selten und einmalig sind. Damit hat sowohl der Urlauber, der hauptsächlich zum Baden und Erholen gekommen ist, Gelegenheit, Wissenswertes zu erfahren, als auch der botanisch oder zoologisch Interessierte, der spezielle Ziele hat.

Dieser Führer soll ebenfalls zeigen, daß das Klischee von »Seychellen – zum Baden, Réunion – zum Wandern, Malediven – zum Tauchen usw.« viel zu sehr vereinfacht. Jede der Inseln, von der flachen, sandigen Koralleninsel, der bergigen Granitinsel bis hin zu den Vulkanformationen, bietet dem Besucher, der offen für Naturschönheiten ist, ein reiches Wunderland für neue Eindrücke.

DR. HEIDRUN OBERG

Einführung

Zur Benutzung des Buches

Dieser Reiseführer will dem Leser die unterschiedlichen Landschaften, Tiere und Pflanzen der Inseln im Indischen Ozean erklären und nahebringen. Um die Informationen vollständig nutzen zu können, sollte man sich mit dem Aufbau des Buches vertraut machen.

Im hinteren Umschlagdeckel gibt eine Übersichtskarte Lage und Größe der beschriebenen Inseln an. Genauere Karten und Detailkarten befinden sich im entsprechenden Kapitel der Insel.

Die **Einführung** enthält allgemein Wissenswertes über die Entstehung der Inseln, das Klima, die Meeresströmungen, die Besiedlung mit Pflanzen und Tieren und über Korallenriffe. Außerdem werden die Besiedlung durch den Menschen und die dadurch verursachten Veränderungen erwähnt.

Der **Hauptteil** des Führers widmet sich den einzelnen Reisezielen. Jede der Inselgruppen hat eine Einführung; bei größeren Inseln wurden die naturkundlichen Höhepunkte ausgewählt. Dadurch kann ein Reiseziel, wie z. B. Mauritius, aus mehreren ganz verschiedenen Unterzielen bestehen. Am Anfang jedes Reisezieles werden die wichtigsten Landschafts-, Tier- und Pflanzenformen als Stichwörter (blau unterlegt) vorgestellt, um eine schnelle Orientierung zu erleichtern.

Einige Pflanzen und Tiere, die im gesamten Bereich des Indischen Ozeans anzutreffen sind, konnten jedoch nur bei einem Reiseziel vorgestellt werden. Darum lohnt es sich durchaus, auch die Informationen über die anderen Inseln zu lesen, selbst wenn diese nicht besucht werden.

Viele Arten werden im Foto vorgestellt, das erleichtert das Erkennen. Auf Abbildungen, die in einem anderen Kapitel zu finden sind, wird mit (S. ...) hingewiesen. Hinweise auf Textstellen und ausführlicher beschriebene Arten erfolgen durch (s.S. ...).

Die **Artennamen** wurden nach Möglichkeit auf deutsch geschrieben. Als Vorlage dienten für die Vögel »Wolters, Die Vogelarten der Erde«, für die Säuger »Grzimeks Enzyklopädie« und für die restliche Tierwelt »Grzimeks Tierleben«. Leider gibt es für die Pflanzen dieses Gebietes kaum deutsche Namen, daher wird der wissenschaftliche Name (in Kursivdruck) oder der landesübliche Name (in Anführungszeichen) verwendet. Die Schwierigkeiten bei den landesüblichen Namen bestehen darin, daß die hauptsächlich französischen Namen auf den einzelnen Inseln unterschiedlich gebraucht werden. Z. B. heißt *Terminalia bentzoë* auf Réunion »Benjoin«, auf Mauritius »Bois benzoin«, und auf Rodriguez »Bois charon«. Aus diesem Grund wurde der Pflanzenname verwendet, der auf der beschriebenen Insel gebräuchlich ist. Ein anderes Problem ergibt sich dadurch, daß in örtlichen Büchern der französische Name oft in der kreolischen Umgangssprache angegeben ist. Wenn Sie diesen laut lesen, erkennen Sie leicht den französischen Namen. So wird z. B. »Bois rouge« im kreolischen »Bwa rouz« geschrieben.

Das Auffinden von Orten und **Besuchspunkten** wird durch Querverweise zwischen Text und Karten (Zahlen im Kreis) erleichtert.

Am Ende jeder Einführung in die Inselgruppe und jedes Reiseziels stehen praktische Tips, die speziell für diese Region wichtig sind.

Das Kapitel **Reiseplanung** am Ende des Buches dient der praktischen Reisevorbereitung. Dort finden sich auch Tips zum Reisen zwischen den Inseln.

Im **Anhang** wird auf weiterführende Literatur und genaue Landkarten verwiesen.
Im **Wörterbuch** sind die Tier- und Pflanzennamen alphabetisch nach deutschen Namen geordnet; zusätzlich werden noch die wissenschaftlichen, englischen und französischen Namen angegeben. Sind keine deutschen Namen bekannt, so sind die französischen und wissenschaftlichen angegeben.
Das **Register** enthält alle im Text vorkommenden Tier- und Pflanzennamen, Ortsnamen und viele andere Stichworte mit Seitenzahlen.

Zeichenerklärung für die Karten im Text

Um die Übersichtlichkeit der Karten zu gewährleisten, wurden vor allem die für den Touristen interessanten Informationen aufgenommen. Die verwendeten Abkürzungen und Symbole werden unten erklärt. Weitere Sonderzeichen sind in der jeweiligen Karte erläutert, wenn sie nur in diesem Gebiet verwendet werden.

Eine »befestigte« Straße kann auf größeren Inseln eine Teerstraße sein, auf kleineren eine gut mit dem Auto befahrbare Sandstraße. Durch starke Regengüsse kann es vorkommen, daß selbst eine vorher sehr gut aussehende Teerstraße nach der Regenzeit unbefahrbar ist.
Die Größen- und Höhenangaben variieren in der Literatur zum Teil stark. Darum werden in diesem Buch die offiziellen Daten der entsprechenden Länder benutzt. Von den 4 Inseln der Komoren sind 3 selbständig, eine gehört zu Frankreich. Dadurch kommt es in der Literatur zu Ungenauigkeiten, weil unter Komoren einmal alle 4 Inseln gemeint sind, ein andermal jedoch nur die 3 der Komorischen Islamischen Republik. Da auf den Komoren die nach Luftaufnahmen errechneten Größen von Battistini und Vérin (1984) gelten, werden sie auch in diesem Buch benutzt. Auf Mayotte gelten französische Namen und Schreibweisen. Die Komorische Republik, die auch Mayotte beansprucht, verwendet für alle 4 Inseln komorische Namen, darum werden in diesem Buch beide Schreibarten angegeben.

Verwendete Kartensymbole

befestigte Straße			✈	Flughafen
R2	Straßennummer		△	Berg, Gipfel
beschriebener Wanderweg			●•	Ortschaft
Wanderweg			■	Hütte, Gebäude
Steilkante, Felsabbruch			✱	Aussichtspunkt
Fluß			↘	Wasserfall
Korallenriff				Mangrovenwald
Nationalpark/Naturreservat/ Marinepark				Wald
				Urwald (Primärwald)
See, Meer				Sumpf
Land				Sand, Sanddüne
			③	Besuchspunkte (mit Querverweisen im Text)

Inselkunde

Entstehung der Inseln

Die hier beschriebenen Inseln liegen im südwestlichen Teil des Indischen Ozeans, in einem Gebiet, das sich von West nach Ost zwischen dem 40. und 75. östlichen Längengrad erstreckt und vom Äquator nach Süden bis zum südlichen Wendekreis reicht. Es ist rundum von Tiefseebecken umgeben: das Somali- und das Arabische Becken im Norden, das Zentralindische im Osten, das Madagaskar- im Süden und das Mosambik-Becken im Westen. Mehrere Meeresrücken und -bänke, von denen große Flächen bis dicht unter die Meeresoberfläche reichen, durchziehen diese Region.

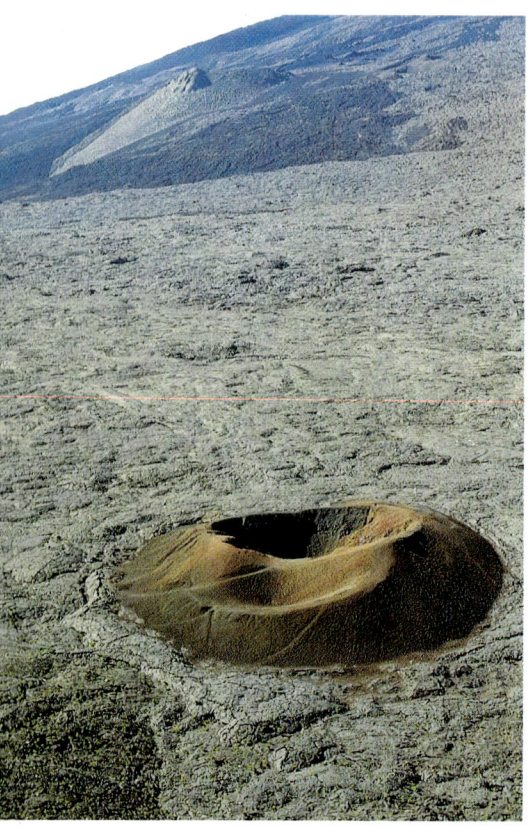

Es gibt 3 grundverschiedene Inseltypen im Indischen Ozean: hohe, bergige Granitinseln, hohe Vulkaninseln, flache Koralleninseln.

Die <u>Granitinseln</u> der **Inneren Seychellen** entstanden, als vor 130 Mio. Jahren der große Südkontinent Gondwanaland auseinanderzubrechen begann. Afrika, Neuseeland und Indien lösten sich, und Indien trieb nach Nordosten auf den Nordkontinent Laurasien zu. Vor 75 Mio. Jahren kam es zu einem erneuten Bruch, der Seychellen-Maskarenen-Rücken löste sich von der indischen Scholle und »strandete« an einer neu entstandenen Ozeanverwerfung. Indien setzte seinen Weg fort, »verlor« noch den Malediven-Rücken, bevor es vor 40 Mio. Jahren auf die eurasische kontinentale Platte prallte, wobei der Himalaja aufgefaltet wurde.

Der 2500 km lange Maskarenen-Rücken erstreckt sich heute in Nord-Süd-Richtung in einem flachen Bogen von den Seychellen bis Réunion. Aus 4000–5000 m Tiefe steigt er steil bis dicht unter die Meeresoberfläche an. Im Norden liegt eine große Granitbank, deren Spitzen die heutigen Inseln der Inneren Seychellen bilden. Die größte Tiefe zwischen ihnen beträgt nur 60 m. Sie sind damit die Ausnahme von der Regel, die besagt, daß ozeanische Inseln entweder korallinen oder vulkanischen Ursprungs sind.

Im Verlauf dieser und späterer tektonischer Unruhen kam es zu Vulkanausbrüchen, und <u>Vulkaninseln</u> entstanden. Viele sind schon wieder versunken, und nur die Korallenatolle von Aldabra und den benachbarten Inseln, die auf Basaltsockeln stehen, zeugen von ihrer früheren Existenz. Die vulkanischen Ausbrüche, die die Ar-

◁ Réunion: Der kleine Parasitenkrater Formica Leo entstand im Kraterboden des noch aktiven Piton de La Fournaise.

Auch Mauritius ist vulkanischen Ursprungs, aber wesentlich älter und dadurch mehr verwittert: Wasserfall bei Chamarel. ▷

chipele der Maskarenen und der Komoren entstehen ließen, sind jüngeren Datums. Es handelt sich um ozeanische »Intraplatten«-Vulkane, die nicht durch vulkanische Tätigkeiten an den Rändern der Platten entstanden, sondern über einem »Hot Spot« gebildet wurden.

Hot Spots sind feststehende Gebiete im Ozeanbecken, in denen Magmablasen dicht unter der Oberfläche liegen. Durch hohe Wärmeströmungen im Erdmantel wird die an dieser Stelle dünne Erdkruste eingeschmolzen, Magma steigt auf und bildet Vulkankegel. Mit der Zeit wandert die Platte über dem Hot Spot weiter und mit ihr der entstandene Vulkan, so daß er erlischt. Ein neuer wird über dem Hot Spot aufgebaut, bis eine Kette von Inseln entsteht, deren älteste am weitesten vom Hot Spot entfernt liegt.

Die **Komoren** liegen auf einer Nordwest-Südost-Achse, und Mayotte, die östlichste, ist mit 3–4 Mio. Jahren die älteste Insel. Anjouan und Mohéli, die mittleren, sind eine halbe bis 2 Mio. Jahre alt, und Grande Comore, die westlichste Insel, ist mit 10 000 Jahren die jüngste. Sie besitzt mit dem Karthala noch einen höchst aktiven Vulkan, der, zusammen mit dem Piton de la Fournaise von Réunion, zu den Vulkanen gehört, die weltweit die meisten Lavamassen produzieren.

Von den 3 Hauptinseln der **Maskarenen** ist Mauritius die älteste, die vor 8 Mio. Jahren als großer Vulkan von einer riesigen vulkanischen Unterwasserplattform emporwuchs.

600 km nordöstlich davon entstand durch unzählige Eruptionen ein Unterwassertafelberg (Guyot) mit einer Fläche von

1200 km^2. Darauf ereignete sich vor 1,5 Mio. Jahren der letzte große Ausbruch, der Rodriguez entstehen ließ. Es erhebt sich als Berg auf der Fläche des Unterwassertafelberges, zehnmal kleiner als sein Untergrund.

Réunion ist als isolierter Vulkan vor 3 Mio. Jahren von einer Tiefsee-Ebene emporgewachsen. Die Insel besteht heute aus 2 Vulkanen, einem alten, erloschenen und einem sehr aktiven, jungen.

Koralleninseln kommen nur in tropischen Meeren zwischen den beiden Wendekreisen vor.

Der Untergrund der Koralleninseln besteht aus Kalk, der über Jahrtausende von Korallen aufgebaut wurde.

Der Anfang ist eine Anhäufung von Sand und Korallenschutt, die von Wellen und Strömung auf das Dach eines Korallenriffes gespült wurde und sich dort verfestigt. Siedeln sich Pflanzen an, wird die Sandoberfläche befestigt und widerstandsfähiger gegen Wind und Wellen.

Die unterschiedlichen Formen der Koralleninseln erklären sich aus ihrer Entstehung aus den verschiedenen Typen der Korallenriffe, die in 4 Gruppen eingeteilt werden.

Am häufigsten kommen **Saumriffe** vor. Sie können an Festlandsküsten und um Inseln herum wachsen. Das Riff bildet einen Saum, der parallel zur Küste verläuft und seewärts weiterwächst. Die Granitinseln der Seychellen sind von Saumriffen umgeben, ebenso die vulkanischen Inseln der Maskarenen und Komoren.

Barriereriffe sind der Küste vorgelagert, oft mehrere Kilometer entfernt. Sie wachsen auf einer vorgelagerten Untiefe; zwischen ihnen und der Küste befindet sich eine breite, tiefe Lagune. Im Indischen Ozean sind sie selten, ein kleineres befindet sich im Nordwesten von Madagaskar, und die Komoreninsel Mayotte ist von ihnen umgeben.

Plattformriffe sind nicht an Festland oder Inseln gebunden. Sie können auch mitten im offenen Ozean vorkommen, wenn der Untergrund nicht tiefer als 50 m ist, wie auf der Maskarenenbank und anderen Meeresrücken. Vom festen Untergrund wächst ein Flecken- oder Hügelriff an die Oberfläche. Wird diese erreicht, so kann das Riff nur noch nach außen wachsen, es entsteht eine Plattform. Durch Sandanhäufung kommt es zur Inselbildung, die rund oder länglich sein kann. Sinkt durch Erosion der ältere mittlere Teil des Riffdaches ab, so bildet sich eine Lagune. Ein »Pseudoatoll« entsteht, das äußerlich nicht von einem echten Atoll zu unterscheiden ist. Bird Island und Denis Island, die beiden einzigen Koralleninseln der Inneren Seychellen, entstanden auf Plattformriffen, wie auch viele Inseln der Äußeren Seychellen und die meisten Inseln im Lakkadiven-Archipel.

Atolle, runde oder ovale Riffe, die eine Lagune umschließen, sind die bekanntesten Rifftypen. Es sind Rifformen der offenen See. Ihr Wachstum beginnt als Saumriff um eine gebirgige Insel. Diese sinkt langsam unter den Meeresspiegel, während die sie umgebenden Riffe mit der gleichen Geschwindigkeit aufwärts wachsen. Ist die Insel schließlich vollständig verschwunden, so bleibt ein Ring aus Riffen zurück, der eine Lagune umgibt. Eine oder mehrere Passagen verbinden diese mit dem offenen Meer. Aufgeschütteter Sand und Korallenschutt führen zur Inselbildung, so daß im Idealfall ein Atoll aus einer Perlschnur von Inseln rund um eine Lagune besteht.

Von den Äußeren Seychellen bilden Aldabra, Farquhar und Cosmolédo Atolle. Die eindrucksvollsten Atolle besitzen die Malediven.

Klima

Inseln im Ozean haben in der Regel durch die geringen jahreszeitlichen Schwankungen der Wassertemperaturen ein ausgeglichenes Klima. Doch durch die Besonderheiten des Indischen Ozeans unterscheiden sich die Klimabedingungen der Seychellen, Komoren und Maskarenen stark voneinander.

Allen gemeinsam ist, daß es im Südwinter-Halbjahr von April bis Oktober trockener und kühler ist als im Südsommer-Halbjahr von November bis März, das als Regenzeit gilt.

Die Windsysteme des Indischen Ozeans sind durch seine geographischen Besonderheiten komplexer als die der anderen Ozeane. Es gibt Passat- und Monsunwinde sowie heftige tropische Wirbelstürme, die Zyklone.

Passatwinde

Passatwinde sind gleichmäßig wehende, tropische Winde, die auf allen Ozeanen in einem breiten Gürtel zwischen den beiden Wendekreisen wehen. Sie entstehen durch die stärkere Erwärmung der Luft im Äquatorbereich, die in die Höhe steigt und dadurch an der Meeresoberfläche ein Tiefdruckgebiet erzeugt, in das kühlere Luftmassen aus den Hochdruckgebieten (subtropischer Hochdruckgürtel zwischen dem 25. und 35. Breitengrad) einströmen. Es herrscht also eine ständige Windströmung zum Äquator hin, sowohl von Norden wie auch von Süden. Durch die Erddrehung und die ablenkende Wirkung der Corioliskraft werden diese Luftströme nach Westen abgelenkt und wehen auf der

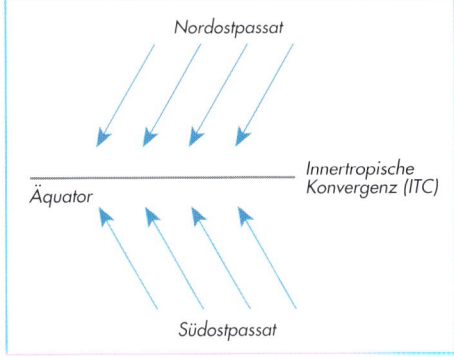

Die Windsysteme des Indischen Ozeans ändern im halbjährlichen Wechsel ihre Richtung.

Die auffälligen Blüten der Bauhinie ähneln einer Orchidee; die zweilappigen Blätter haben die Form eines Kamelhufes.

Nordhalbkugel als stetiger Nordostpassat, auf der Südhalbkugel als Südostpassat (vgl. Abb. S. 13 Mitte).

Im Atlantik wehen sie mit einer Häufigkeit von mehr als 90 %; kein Wunder, daß sie zur Zeit der Segelschiffahrt als die »trade winds« größte Wertschätzung genossen (von »to blow trade« = immer in dieselbe Richtung wehen; genauso wie Passat aus dem niederländischen »passade wind« = Überfahrtswind entstand).

Die Zone, in der die Passatwinde aufeinandertreffen und die erwärmte Luft aufsteigt, ist die Äquatoriale Tiefdruckrinne oder **Innertropische Konvergenz (ITC).** Diese ist keineswegs konstant, sondern verschiebt sich mit den Jahreszeiten. Da die Sonne im Nordsommer (Juni) bis zum nördlichen Wendekreis wandert, verschiebt sich die ITC-Zone nach Norden. Umgekehrt rutscht sie im Südsommer (Dezember), wenn die Sonnenbahn zum südlichen Wendekreis zieht, nach Süden.

Monsunwinde

Da der Indische Ozean, anders als Atlantik und Pazifik, nach Norden von einer riesigen Landmasse begrenzt wird, verändern

sich die Windverhältnisse, und es kommt zur Monsunbildung.

Monsune (von arabisch »mausim« = für die Seefahrt geeignete Jahreszeit) sind beständig wehende Luftströme, die im Halbjahreswechsel ihre Richtung so ändern, daß sie genau entgegengesetzt blasen. Dieser Richtungswechsel wird durch die jahreszeitliche Verlagerung der ITC hervorgerufen. Im Nordsommer erwärmt sich die große Landmasse des asiatischen Kontinents viel stärker als die Wasserfläche, und die ITC-Zone rückt weit nach Norden auf das asiatische Festland. Der Südostpassat der Südhalbkugel weht als stetiger, kühler, trockener Wind zum Äquator und wird dort durch die mit der Erddrehung zusammenhängende Corioliskraft nach Nordosten umgelenkt. Er hat sich inzwischen erwärmt und auf seinem langen Weg über die große Wasserfläche mit Feuchtigkeit angereichert und bringt als Südwestmonsun Indien und Südostasien den lebensnotwendigen Monsunregen (vgl. Abb. S. 13).

Im Nordwinter, wenn das asiatische Festland stark abkühlt, die Wasserfläche jedoch warm bleibt, wandert die ITC-Zone bis nach Madagaskar in den Süden. Verstärkt wird der weite Südrutsch noch dadurch, daß im Indischen Ozean ein kalter, nordwärts ziehender Meeresstrom fehlt. Der Nordostmonsun, der kalt und trocken vom asiatischen Festland kommt, wird am Äquator umgelenkt, erwärmt sich, reichert sich mit Feuchtigkeit an und bringt als Nordwestmonsun den Inseln Wärme und Regen.

In dieser Zeit liegen die **Seychellen** und **Komoren** nördlich der ITC-Zone, sie haben 2 Jahreszeiten mit wechselnden Monsunwinden. Von April bis Oktober ist es während des Südostmonsuns kühl und trocken, der Wind weht ständig, das Meer ist unruhig, der Seegang kann hoch gehen. Von November bis März herrscht Regenzeit, der Nordwestmonsun bläst unregelmäßig, das Meer ist ruhig, es ist heiß und feucht.

Vegetationskarte von Réunion
vor der menschlichen
Besiedlung

Mafate   Salazie

Piton des
Neiges

Cilaos

Piton de la
Fournaise

Legende:
- lichte Palmen-savanne
- Sumpf
- halbtrockener Wald
- Tiefenregenwald
- farbiger Höhenwald
- Höhenwald aus »Tamarin des hauts«
- Hochgebirgsvegetation
- Lava

Der Vergleich mit der heutigen Vegetation zeigt die starken Veränderungen: Die lichte Palmensavanne und der halbtrockene Wald mußten nach der Besiedlung den Zuckerrohrfeldern weichen, der farbige Höhenwald den Geranienkulturen.

Ganz anders ist es auf **Réunion, Mauritius** und **Rodriguez**. Dort weht das ganze Jahr über der Südostpassat, weil sie ganzjährig südlich der ITC-Zone liegen. Trotzdem gibt es eine Regen- und eine Trockenzeit. Die Höhe der Niederschläge hängt vom Relief der Inseln ab. Während des ganzen Jahres trifft der mit Feuchtigkeit beladene Südostpassat auf die höheren Gebirgszüge, steigt an deren Süd- und Osthängen empor und kühlt sich dabei ab. Auch in der Trockenzeit im kühleren Südwinter (Apr.– Okt.) fällt dort ein großer Teil der Feuchtigkeit als Steigungsregen. Im Südsommer liegen die Temperaturen wesentlich höher, der Südostpassat ist so schwer mit Feuchtigkeit angereichert, daß trotz des Regens an den Südosthängen auch die West- und Nordseiten Niederschläge erhalten.

Die Maskarenen liegen innerhalb des Zyklongürtels, aus dem zwischen Dezember und Mai heftige Wirbelstürme entstehen können.

Zyklone

Tropische Wirbelstürme gehören zu den größten Wetterkatastrophen, die die Erde kennt. Es sind schon Windgeschwindigkeiten von mehr als 60 m/sec gemessen worden, das entspricht der doppelten Geschwindigkeit von Windstärke 12 mit der vierfachen Zerstörungskraft (der Winddruck nimmt mit dem Quadrat der Geschwindigkeit zu).

Ihre Entstehung ist ein sehr komplexer Vorgang, bei dem mehrere Vorbedingungen zusammentreffen müssen:
1. Die ITC muß im Südsommer weit polwärts verschoben sein.
2. Die Entfernung muß mindestens 8 Breitengrade vom Äquator betragen, weil erst dort die Corioliskraft für die Entstehung umlaufender Wirbel groß genug ist.
3. Die Wassertemperatur großer Ozeanflächen muß 27 °C überschreiten, damit genügend Wasserdampf geliefert werden kann.

Durch Wirbel ausgelöst, strömen in ein schwaches Tief über der Wasseroberfläche Luftmassen spiralförmig ein, die über dem warmen Wasser große Mengen Wasserdampf aufgenommen haben. Im Zentrum des Tiefs steigt die Luft auf und kondensiert in der Höhe, wobei die im Wasserdampf enthaltene Wärme frei wird. Dadurch wird die Aufwärtsbewegung verstärkt, so daß immer neue Luftmassen angesogen werden, bis schließlich in einem weiten, kreisförmigen Gebiet feuchte Luft aufwärts strömt. Der Durchmesser kann 60–200 km aufweisen. Sobald sich ein solcher Wirbel entwickelt hat, zieht er mit der vorherrschenden Windströmung weiter, im südlichen Indischen Ozean erst einmal mit einer Geschwindigkeit von 16–24 km/h nach Nordwesten, um später meistens polwärts umzubiegen und schließlich sogar in die Westwinddrift einzumünden.

Die Lebensdauer der Zyklone beträgt im allgemeinen 2–5 Tage. Über Land büßen sie wegen der starken Reibung und der fehlenden »Warmwasserheizung« erheblich an Energie ein, wobei ihre Kraft aber noch so groß ist, daß sie ungeheure Schäden anrichten können. Über dem Wasser ersterben sie, sobald sie auf kühlere Wassertemperaturen stoßen.

Das Entstehungsgebiet der Zyklone im südlichen Indischen Ozean liegt südlich von Mauritius (Mauritius-Orkane). Durchschnittlich werden in der Zyklonsaison von Dezember bis Mai 6 Wirbelstürme gebildet. Die meisten verlaufen sich über dem Ozean, einige können aber auch mit zerstörerischer Wucht auf Réunion, Mauritius, Rodriguez, Madagaskar und manchmal auch noch auf die Komoren treffen.

Meeresströmungen

Winde sind die treibenden Kräfte der Oberflächenströmungen der Ozeane. Im Indischen Ozean ist die beherrschende Strömung der **Südäquatorialstrom,** der unter dem Einfluß des Südostpassats als ein breiter Strom unterhalb des Äquators nach Westen fließt. Er ist im August stärker als im Februar, wie auch die Winde, die ihn treiben. Stößt er auf Madagaskar, so spaltet er sich. Ein Teil fließt an der Ostküste Madagaskars nach Süden, der größte Teil strömt nördlich an Madagaskar vorbei und teilt sich vor Afrikas Küste. Davon fließt ein kleiner Strom nach Norden zum Äquator hin, der größte biegt nach Süden in die Straße von Mosambik ein und fließt als warmer Agulhas-Strom (Nadelkap-Strom) vor der Ostküste Südafrikas nach Süden. Im äquatorialen und nördlichen Indischen Ozean wird durch die jahreszeitlich wechselnden Winde die Richtung der Meeresströme nahezu völlig umgekehrt.

Während des Nordostmonsuns im Nordwinter fließt vor der Küste Somalias der Somali-Strom nach Süden. Er vereinigt sich mit dem nach Norden fließenden Teil des Südäquatorialstromes und bildet den äquatorialen Gegenstrom, der zwischen Äquator und 10° südlicher Breite nach Osten fließt.

Mit dem Übergang zum Südwestmonsun im April ändert sich die Strömungsrichtung drastisch. Der starke Südostpassat drückt einen großen Teil des Südäquatorialstromes auf die Nordhalbkugel und bewirkt die Umkehrung des Somali-Stromes. Dieser fließt jetzt nordwärts und bildet nördlich des Äquators den Monsunstrom, der vom Südwestmonsun nach Osten getrieben wird.

Der Regenbrachvogel zieht wie viele Watvögel im Nord-winter an die nahrungsreichen Küsten tropischer Inseln.

Die schlanke, glänzend bronzefarbene Seychellen-Mabuye ernährt sich hauptsächlich von Insekten.

Pflanzen- und Tierwelt

Besiedlung von Inseln

Im Gegensatz zu der Fülle von Pflanzen- und Tierarten der sie umgebenden Kontinente fallen ozeanische Inseln durch ihre Artenarmut auf, die zudem noch recht unausgewogen erscheint. Dies ist ein Ergebnis der zufälligen Besiedlung.

Das umgebende Meer stellt eine gewaltige Sperre dar, die auf verschiedenen Wegen überwunden werden kann: entweder mit eigener Kraft oder durch passiven Transport. Letzteres geschieht durch Meeresströmungen, Winde oder »Flugpassage« im Gefieder oder an den Füßen von Vögeln.
Die erfolgreiche Ansiedlung hängt von vielen verschiedenen Faktoren ab, nicht

Die früchteverzehrenden Flughunde unterscheiden sich von Insel zu Insel, hier ein Mauritius-Flughund.

Die endemische »Coco marron« der Seychellen sieht jungen Palmpflanzen ähnlich, ist aber nicht mit ihnen verwandt.

Die Dronte

Jede der Maskareneninseln hatte ihre eigene Drontenart: Mauritius die Dronte, Réunion die Réunion-Dronte und Rodriguez den Einsiedler. Es waren große, flugunfähige Vögel von so bizarrem Äußeren, daß sie schnell beliebte Objekte von holländischen und deutschen Tiermalern wurden, als sie in den Menagerien Europas auftauchten.

Zum Glück, denn ohne die Gemälde und Radierungen fiele es uns schwer, die Vögel zu rekonstruieren. Außer Knochenfunden ist ein Kopf und ein einziger Fuß alles, was von den Dronten (oder Dodos) übriggeblieben ist. Im Oxforder Museum wurde 1775 der verstaubte, miserabel aussehende Balg der einzig erhalten gebliebenen Dronte weggeworfen. Der zuständige Kustos rettete die noch gut aussehenden Teile, den Kopf und einen Fuß, vor der Vernichtung.

Das Schicksal der Drontenvögel, die ein Jahrhundert nach ihrer Entdeckung schon ausgerottet waren, kann als das Paradebeispiel für das Aussterben von Inselformen angesehen werden. Ihre Lebensweise hatte sich in einer Jahrtausende dauernden isolierten Entwicklung so spezialisiert, daß sie nicht mehr in der Lage waren, sich Umweltveränderungen anzupassen. So traf es die flugunfähigen Vögel mit voller Härte, als sie nicht nur vom Menschen, sondern auch von mitgebrachten Schweinen, Hunden, Katzen und Ratten verfolgt wurden.

Alle drei Arten kamen in den dichten Buschwäldern ihrer Heimatinseln vor und sollen sich von Sämereien und Pflanzen ernährt haben. Sie lebten einzeln oder zur Brutzeit paarweise, wobei jedes Paar sein Territorium heftig gegen Artgenossen verteidigte.

Die Dronte von Mauritius war etwa schwanengroß und wurde zu gewissen Zeiten, besonders am Hinterleib, sehr fett. Auffällig war ihr gewaltiger Hakenschnabel im nackten Gesicht, das Gefieder des Kopfes begann erst oberhalb der Stirn. Es bestand aus schwarzgrauen, kurzen, dichten, flaumartigen Federn. Am Körperende kräuselte sich ein kurioses Federbüschel, von dem nicht bekannt ist, ob es sich um Schwanz- oder Schwanzdeckenfedern handelte.

Der Einsiedler von Rodriguez überlebte etwas länger. Er hatte im Gegensatz zur Dronte gut ausgebildete Federn. Es kamen weiße und braungraue Vögel vor, vielleicht waren Männchen und Weibchen unterschiedlich gefärbt, denn es sollen auch beträchtliche Größenunterschiede zwischen beiden bestanden haben. Bei den Balztänzen drehten sich die Vögel unter heftigem Flügelrasseln um sich selbst, und bei Balzkämpfen sprangen sich die Rivalen an und schlugen sich mit den Flügelstummeln, an deren Bug sich eine kugelförmige Knochenverdickung befand.

Die Réunion-Dronte war weiß bis gelblich befiedert und ähnelte mehr der plumpen Dronte als dem schlanken Einsiedler. Ihre Existenz ist trotz übereinstimmender Beschreibungen und Abbildungen ein Rätsel. Obwohl auf Réunion intensiv nach Knochen gesucht wurde, ist bisher kein einziger aufgetaucht.

Systematiker diskutieren heute darüber, ob die Drontenvögel zu den Tauben oder Rallen gehören.

Das Schicksal der Dronten ist ein Sinnbild für den sinnlosen und unverantwortlichen Umgang mit der Natur. Im Englischen nennt man etwas, das unwiderruflich vorbei ist, »as dead as a Dodo«.

nur vom bloßen Erreichen einer Insel. Ein passender Lebensraum muß gefunden werden und die Fortpflanzung gesichert sein. Vorteile haben dabei einhäusige Pflanzen, die vom Wind bestäubt werden, und Schwarmvögel wie Papageien, Brillenvögel und Weber, die zu mehreren verdriftet werden.

Unabhängig von der Reihenfolge der Ankunft möglicher Siedler erfolgt eine schrittweise Besiedlung. Nur wer zum »richtigen Zeitpunkt« eintrifft, hat eine Überlebenschance. Da die Besiedlung rein zufällig erfolgt, ist die Entstehung der Lebensgemeinschaften von Pflanzen und Tieren von Insel zu Insel ganz unterschiedlich.

Auf Inseln laufen Evolutionsprozesse besonders schnell ab. Mutationen können sich in kleinen, isolierten Gesellschaften sehr rasch durchsetzen. Es entstehen neue Arten, die sonst nirgendwo vorkommen, sie sind endemisch für dieses Gebiet. Inselendemisch nennt man Arten, die nur auf einer Insel vorkommen. Die Inseln im Indischen Ozean zeichnen sich durch eine sehr hohe Endemismen-Rate aus.

Inseln sind immer beschränkte Lebensräume, deren biologisches Gleichgewicht gegen Störungen stark anfällig ist. Es ist daher kaum verwunderlich, daß gerade Inseln durch den Menschen so stark geschädigt wurden.

Die Zerstörung des Insellebens im Indischen Ozean erfolgte in mehreren Wellen. Die ersten starken Schäden verursachten Seefahrer, die durch ihren Bedarf an Frischfleisch große Seevogelkolonien, Riesenschildkröten, Dronten, Tauben und Papageien ausrotteten. Ein Chronist schrieb: »10 Mann hatten in kurzer Zeit so viele Tauben und Papageien erschlagen, daß 40 Männer davon versorgt werden konnten«. Die nächste Welle erfolgte durch das Vernichten des natürlichen Lebensraumes und durch das Ansiedeln von fremden Tieren und Pflanzen. Damals war es üblich, auf Seereisen Tiere mitzunehmen und sie auf Inseln auszusetzen, damit man sich

Dronte, auf einem Gemälde von G. Edwards von 1759.

später immer wieder mit Frischfleisch versorgen konnte. So kamen sowohl Schafe, Ziegen, Schweine auf die Inseln als auch – unbeabsichtigt – Ratten und Mäuse, die die Schiffe verließen. Der Zustrom fremder Arten verstärkte sich, als die ersten Siedler begannen, vertraute Tiere und Pflanzen anzusiedeln. Die Inseltierwelt stand diesen Eindringlingen hilflos gegenüber.

Flora und Fauna

Die wechselnden Richtungen der Wind- und Meeresströmungen bieten die Erklärung für die verwandtschaftlichen Beziehungen der Pflanzen- und Tierwelt zu Afrika und Madagaskar einerseits, Indien, Asien und Australien andererseits. Tiergeographisch bilden die Inseln die westliche Grenze der Orientalischen Region, gleichzeitig die östliche Grenze der Äthiopischen Region.

Pflanzen

Die Pflanzenwelt der Inselgruppen unterscheidet sich stark voneinander, so sind z.B. 500 Blütenpflanzen endemisch für die Maskarenen. Um so mehr fällt es auf, daß überall die gleichen **Küstenpflanzen** wachsen. Ihre Samen sind mit Schwimmgewebe und speziellem Salzwasserschutz ausgestattet und können durch Meeresströmun-

Das eingeführte Pantherchamäleon lebte sich auf Réunion gut ein, ohne einer anderen Tierart zu schaden.

ge vor den anderen Inseln mit Reptilien besiedelt waren, haben **alle** endemischen Palmen in ihrer Jugendform Stacheldickichte ausgebildet. Auf den jüngeren Maskarenen sind es *Acanthophenix rubra* und *Tectifiala ferax*, aber anders als die Seychellenpalmen auch im Erwachsenenalter. Unter den Hyophorben auf Mauritius ist *H. vaughanii* im Jugendstadium sehr stachelig. *H. indica* auf Réunion und *H. verschaffeltii* auf Rodriguez haben einen anderen Schutzmechanismus ausgebildet; sie schützen sich chemisch und verdienen ihren Namen »Palmiste poison«.

Insekten

Die Zusammensetzung der Insektenwelt ist sehr instabil. Die meisten Insekten oder deren Larven sind an bestimmte Nahrungspflanzen gebunden, und gerade die Pflanzenwelt änderte sich seit der Ankunft der Menschen vor 200 Jahren drastisch und ändert sich auch heute noch. Überleben können nur die Arten, die fähig sind, sich auf neue Futterpflanzen einzustellen. An den farbenprächtigen, auffällig gemusterten Schmetterlingen lassen sich die Inselunterschiede am deutlichsten erkennen. Der Bourbonen-Fleckenfalter, dessen schwarze, borstige Raupe an Brennesselarten lebt, hat unregelmäßig geformte rote Flecken auf den schwarzen Vorder- und Hinterflügeln. Diese unterscheiden sich zwischen den Inselformen, es gibt also verschiedene Inselrassen.

Werden diese Unterschiede stärker, entstehen neue Arten. So gibt es je eine endemische Schwalbenschwanzart auf Grande Comore, Mauritius und Réunion, die sich in Aussehen und Verhalten unterscheiden und sich an verschiedene Futterpflanzen angepaßt haben.

Heutzutage kommen infolge der Aktivitäten der Menschen durch Transporte, Umzüge und eingeführte Haustiere und Nutzpflanzen ständig neue Insekten auf die Inseln. Etliche kleine Laufkäferarten und Spinnen haben sich inzwischen gut einge-

gen leicht verbreitet werden. So wundert es nicht, daß es nur eine endemische Küstenpflanze gibt, den Balfour-Schraubenbaum der Seychellen.

Alle Küstenpflanzen müssen extrem salz- und sandtolerant sein. An Sandstränden bilden Strandwinden lange Ausläufer. *Scaevola*- (S.79) und *Tournefortia*-Büsche (S.74), Strandmalve, Lindenblättriger Eibisch und der wuchernde Schmetterlingsblütler *Canavalia* schließen sich an. Die felsigen Küsten sind von Mexikanischem Knöterich, Schraubenbäumen und Pemphissträuchern besiedelt.

Takamaka (S.54), Barringtonia (S.71), Indischer Mandelbaum (S.53), »Gayac« Heritiera und Hernandia gehören zum heimischen Küstenwald. Den häufigen Takamaka gibt es sonderbarerweise nicht an Ostafrikas Küsten. Kasuarinen (S.116) und Kokospalmen wurden schon sehr früh angesiedelt und gehören heute zu den häufigsten Küstenpflanzen.

Charakteristisch für die Inselgruppen des Indischen Ozeans sind die vielen verschiedenen endemischen **Palmenarten**. Die meisten schützen sich mit langen Stacheln gegen den Appetit der pflanzenweidenden Riesenschildkröten, die die Inseln bevölkerten. Auf den Seychellen, die schon lanlebt. Einige der auffälligsten afrikanischen Schmetterlinge, z. B. der große, schwarz-weiße Zitrus-Schwalbenschwanz, wurden zur Zierde auf Réunion eingebürgert.

Amphibien

Ein großes Rätsel für Wissenschaftler ist die Anwesenheit der endemischen Amphibien auf den Seychellen. Wieso gibt es auf Inseln, die über 1000 km vom nächsten Festland entfernt sind, Frösche und Blind-wühlen? Keine andere Insel konnte von Amphibien besiedelt werden. Eine Theorie sagt, daß die Vorfahren der heutigen Am-phibien das mehrere Mio. Jahre dauernde Abdriften und Stranden der Landmasse überlebten.

2 Amphibienarten wurden aus Afrika auf einigen Inseln eingeführt. Die Südafrikani-sche Kröte (S.93) als Freßfeind eines Zuckerrohrkäfers und der Maskarenen-frosch aus kulinarischen Gründen.

Reptilien

Reptilien sind auf allen Inseln im Indi-schen Ozean zu finden, selbst auf kleinen Koralleninseln.

Riesenschildkröten (S.85) existierten mit speziellen Inselarten auf Madagaskar, den Komoren, Réunion, Mauritius, Rodriguez, Aldabra und den Seychellen. Sie wurden innerhalb kurzer Zeit nach ihrer Entdek-kung ausgerottet, nur auf Aldabra über-lebten sie. Die Riesenschildkröten, die heute auf den Seychellen, Mauritius und Réunion vorkommen, wurden von Alda-bra geholt.

Von den **Meeresschildkröten** kommen Grü-ne Meeresschildkröten (S.135) und Echte Karettschildkröten regelmäßig zur Eiabla-ge an die Sandstrände. Aus dem schön braungelb geflammten Panzer der Karett-schildkröte wurde, und wird leider immer noch, Schildpatt hergestellt. Dementspre-chend selten sind sie geworden.

Neben den nachtaktiven **Geckos**, die in den Häusern zu finden sind, beherbergen die Inseln des Indischen Ozeans eine be-

Der eingeführte Halsbandsittich verdrängte auf Mauritius den ähnlich aussehenden endemischen Mauritiussittich.

merkenswerte Geckogruppe, die Tag-geckos (S.35). Sie sind tagaktiv und sehr farbenprächtig. Ihr leuchtend grüner Kör-per ist mit unterschiedlichen roten und orangen Punkten und Strichen gezeichnet. Jede Insel hat ihre eigene Art, die sich in Muster und Größe unterscheidet. Aus-gangsort der Verbreitung war Madagaskar. Trotz der Fülle von **Chamäleon-Arten** auf Madagaskar gibt es nur 2 endemische Ar-ten auf den Komoren und eine endemi-sche Art auf den Seychellen. Das Tiger-chamäleon der Seychellen soll näher mit afrikanischen Arten als mit madegassi-schen verwandt sein. Von Madagaskar wurde das Pantherchamäleon nach Réunion gebracht.

Mit »Caméléon« wird auf Mauritius und Réunion die Indische Schönechse (S.110) bezeichnet. Sie wurde mit Zuckerrohr-pflanzen aus Java eingeschleppt.

Auf allen Inseln leben verschiedene **Glatt-echsen** (Scincidae): die Mabuyen (S.17,61), die *Leiolopisma*-Skinke und die *Scelotis*-Skinke.

Interessant ist, daß es **Boas** und **Leguane** auf einigen Inseln gibt, den Seba-Leguan auf den Komoren und 2 Boa-Arten auf Round Island, einer Insel vor Mauritius. Ihre näch-sten Verwandten sind nur in Südamerika

Querschnitt durch ein Atoll von der Mitte der Lagune bis nach außen ins offene Meer.

und nicht in Afrika heimisch. Die gemeinsamen Vorfahren gehörten zur Gondwanalandfauna und wurden später in Afrika und Asien von den »moderneren« Pythons verdrängt.

Es gibt noch weitere, ebenfalls ungiftige, Schlangen auf den Inseln, die Gewöhnliche Blindschlange und verschiedene Wolfzahnnattern.

Vögel

Vögel sind auf Inseln im Vergleich zu anderen Tierarten überproportional vertreten, denn selbst schlechte Flieger haben geringere Probleme, diese zu erreichen, als z.B. Landsäugetiere.

Meeresvögel schätzen unbesiedelte Inseln und brüten dort zu Tausenden. Obwohl der Krach, der Geruch und die Massen unbeschreiblich eindrucksvoll sind, gibt es auch unauffälligere Kostbarkeiten. Nur auf Réunion brütet der Baraustturmvogel und auf einer Insel vor Mauritius der Südtrinidad-Sturmvogel, den es sonst nur noch auf Südtrinidad gibt. Und überall auf ungestörten Inseln, aber nirgends besonders häufig, ist der Rotschwanztropikvogel (S.58) zu finden.

Für überwinternde und durchziehende Zugvögel aus der Arktis sind die Inseln im Indischen Ozean wichtige Raststätten. Landvögel sind um so isolierter, je weiter die Insel vom nächsten Festland entfernt ist.

Es kommt zu einigen gesetzmäßigen Inselanpassungen. Die auffälligsten sind die geringere Eizahl, das dunklere, weniger auffällige Gefieder und der einfachere Gesang; außerdem besteht eine Tendenz zur Flugunfähigkeit.

Die berühmtesten der flugunfähigen Inselbewohner lebten einst auf den Maskarenen, die Dronten auf Mauritius und Réunion und die Einsiedler auf Rodriguez. Eine einzige flugunfähige Vogelart hat im Indischen Ozean überlebt, die Cuvier-Ralle (S.81) auf Aldabra.

Säuger

Gute Flieger unter den Säugetieren, Flughunde und Fledermäuse, sind die einzigen Landsäuger, die sich aus eigener Kraft auf den Inseln ansiedeln konnten.

Von den Meeressäugern kommen die Dugongs (Gabelschwanz-Seekühe) in den Küstengewässern vor, und über 50 Walarten sind in den Gewässern gesichtet worden. 1832 wurde eine Walfängerbasis auf Ste. Anne (Seychellen) eingerichtet. Es wurden damals hauptsächlich Pottwale gejagt.

Im Laufe der menschlichen Besiedlung wurden Säugetiere auf den Inseln ausgesetzt oder angesiedelt. Besonders katastrophal für Inselpopulationen wirkten sich die Ratten aus, die schon mit den ersten Schiffen eingeschleppt wurden und durch Schiffsunglücke sogar weit abgelegene, unbesiedelte Inseln erreichten. Um der Rattenplage Herr zu werden – sie sollen der Hauptgrund für die Aufgabe der holländischen Besiedlung auf Mauritius gewesen sein – wurden ihre natürlichen Feinde wie Katzen, Schleiereulen, Mungos und Schleichkatzen ausgesetzt. Diese jagten aber die leichter zu erbeutenden heimischen Reptilien und Vögel, so daß deren Bedrohung nur verstärkt wurde.

Von Madagaskar aus wurden Tanreks (Borstenigel; S.131) auf die Komoren und nach Mauritius gebracht, von dort weiter nach Réunion und auf die Seychellen.

Außerdem wurden 2 Lemurenarten, der Mongozmaki und der Braune Lemur, schon sehr früh zu einem unbekannten Zeitpunkt auf die Komoren gebracht.

Korallenriffe

Korallenriffe übertreffen an Farbenpracht und Üppigkeit jeden anderen Lebensraum. Sie wachsen in tropischen Meeren zwischen den beiden Wendekreisen, die Wassertemperatur muß mindestens 20°C erreichen. Die größten Bauwerke, die jemals von lebenden Wesen auf der Erde hervorgebracht wurden, konnten nur durch die Symbiose der riffbildenden Steinkorallen mit kleinen Algen, den Zooxanthellen, entstehen.

Die in den Körperwänden der Korallenpolypen lebenden Zooxanthellen betreiben Photosynthese, und erst der damit gekoppelte ständige Verbrauch von Kohlendioxid fördert die Abscheidung kristallinen Kalks. Diese Partnerschaft erklärt auch, warum Korallenriffe nur in seichtem, klarem Wasser wachsen, wo genügend Sonnenlicht einfällt.

Die riffbildenden Korallen gehören zu den **Steinkorallen**. Die Einzelpolypen sind klein (0,5 bis 1 cm). Sie scheiden den Kalk an der Unterseite ab und bilden einen Sockel, auf dem sie langsam in die Höhe wachsen. Sie vermehren sich hauptsächlich durch Knospung, wobei es zu den arttypischen

Mustern in der Verzweigung und Stockbildung kommt (S.75).

Die Wuchsformen variieren stark, am auffälligsten sind verästelte Geweihkorallen, flach ausgebreitete Tischkorallen und kugelförmige Hirnkorallen. Nicht alle Steinkorallen bilden Kolonien, es gibt auch einzeln lebende Pilzkorallen.

Jeder größere Korallenstock ist eine Welt für sich und bildet ein Ökosystem von verblüffender Vielfalt. Nicht riffbildende Feuer-, Horn-, Weichkorallen und andere seßhafte Tiere siedeln sich darauf an. Eine Vielzahl von Strudelwürmern, Weichtieren, Stachelhäutern, Krebsen und Fischen finden auf und in solch einem Block Nahrung und Schutz. Die Zusammensetzung wird durch Wassertemperatur, Brandung, Strömung, Planktonangebot und Algenbewuchs beeinflußt.

An einem Außenriff leben andere Tiere als am ruhigeren Innenriff, an der Riffkante andere als in der Tiefe. Auf Sand- und Geröllböden gibt es spezialisierte Bewohner, andere im freien Wasser (S.146). Das gleiche Riff bietet tags und nachts zwei völlig verschiedene Welten. Die tagaktiven Tiere ziehen sich nachts in ihre Verstecke zurück und die nachtaktiven entfalten sich oder schwärmen aus und bevölkern das Riff.

Entdeckung und Besiedlung durch den Menschen

Seychellen, Maskarenen, Komoren

»Inseln des Überflusses« nannten die Franzosen die Seychellen, und die Holländer berichteten von Mauritius, daß die Edelhölzer nicht zu erschöpfen seien, selbst wenn 2000 Mann sie ununterbrochen 200 Jahre lang kahlschlagen würden. Die ersten Siedler kamen in ein tropisches Paradies mit einer Fülle von Nutzhölzern, fruchtbaren Böden und schmackhaften Tieren, die zudem zutraulich und wehrlos waren.

Die Blüten des australischen Zylinderputzers wurden von den Brillenvögeln als Nektarspender angenommen.

Die Inseln konnten sich in Jahrmillionen ungestört vom Menschen so üppig entwickeln. Es gab keine Ureinwohner, und vor der Ankunft der ersten Europäer im 16. Jh. sind sie auch nicht besiedelt gewesen. Sie waren jedoch schon lange bekannt, ägyptische und phönizische Handelsschiffe nutzten sogar die Monsune dieser Region für ihre Seereisen aus.
Um Christi Geburt begannen die Einwanderungen malaiisch-polynesischer Seefahrer aus dem indonesischen Raum, die über die nächsten Jahrhunderte in mehreren Wellen erschienen und Madagaskar besiedelten. Ausgrabungen zeigen, daß sie auch die anderen Inseln im Indischen Ozean anliefen, dort jedoch nicht für länger blieben.
Im 9. und 10. Jh. befuhren arabische Kaufleute den Indischen Ozean und gründeten Handelsniederlassungen an Ostafrikas Küste und auf den Komoren und Madagaskar. Sie fuhren auch zu den Seychellen, Aldabra und den 3 Maskareneninseln, siedelten dort jedoch nicht dauerhaft.
1498 umschiffte Vasco da Gama das Kap der Guten Hoffnung und erschloß damit den Portugiesen die Herrschaft über den Indischen Ozean. Diese nutzten die Inseln jedoch nicht zum Siedeln, sondern liefen sie nur zu Versorgungszwecken auf ihren Handelsfahrten nach Asien an. Hauptbasis wurde das heutige Mauritius.
Ende des 16. Jh. war es einem Holländer gelungen, die geheimgehaltenen portugiesischen Schiffahrtsrouten nach Asien auszuspionieren, und damit wurde den holländischen Handelsschiffen der Weg nach Java eröffnet. Die Holländer errichteten 1598 einen festen Stützpunkt auf Mauritius und versuchten zweimal, Siedlungen aufzubauen, gaben aber ihre Niederlassungen 1710 zugunsten ihrer Kolonie am Kap der Guten Hoffnung auf. Sie ließen ein vollkommen verändertes Mauritius zurück. Wälder waren abgeholzt, Edelhölzer fast vollständig verschwunden. Viele neue Nutzpflanzen waren eingeführt worden: Kokospalmen, Zuckerrohr, Tabak, Baumwolle, Ananas, Bananen. Auch in der Tierwelt sah es nicht anders aus, Dronten und Riesenschildkröten waren ausgerottet, Hirsche und Makaken aus Java sowie Kaninchen ausgesetzt.
Die Franzosen hatten seit 1654 die Nachbarinseln Réunion und Rodriguez in ihren Besitz gebracht und übernahmen später auch die verlassene Insel Mauritius. Von dort wurden Erkundungsfahrten unternommen, bei denen die Seychellen von ihnen entdeckt und besiedelt wurden. Unter der französischen Ära veränderten sich die Inseln durch die weitere Abholzung der Wälder und durch den Anbau von Baumwolle, Indigo und Zuckerrohr. Elefantengras wurde zu Futterzwecken aus Afrika geholt und Maniok als Hauptnahrung der Sklaven. Zu Jagdzwecken wurden Schwarznackenhasen, Frankoline, Wachteln und Wildhühner ausgesetzt.
Unter Lebensgefahr schmuggelte Pierre Poivre Gewürzschößlinge und -samen nach Mauritius, und von dort aus wurden Gewürzplantagen auf Réunion, Madagaskar, den Seychellen und Sansibar angelegt.

1810 übernahmen die Engländer die Vorherrschaft im Indischen Ozean, behielten die Inseln Mauritius, Rodriguez und die Seychellen, gaben aber Réunion an die Franzosen zurück. Um den zerstörerischen Kräften der Zyklone zu entgehen, die 1807 die Plantagen auf Mauritius und Réunion vernichtet hatten, wurde der Zuckerrohranbau gefördert. Heute sind Réunion und Mauritius fast ganz mit Zuckerrohr bedeckt.

1841 verkaufte der Sultan der Komoreninsel Mayotte seine Insel an die Franzosen, und in den nächsten Jahrzehnten annektierte Frankreich auch die restlichen 3 Inseln.

Die englisch regierten Inseln der Seychellen wurden 1976, Mauritius und Rodriguez 1968 selbständig.

Von den Inseln unter französischer Herrschaft blieb Réunion französisch, die Komoren wurden 1974 unabhängig; in einer Volksabstimmung sprach sich jedoch die Bevölkerung einer Komoreninsel, Mayotte, für die Zugehörigkeit zu Frankreich aus.

Sprache: Auf den Seychellen und den Maskarenen wird kreolisch gesprochen, eine Sprache, die sich aus dem Französisch der Siedler und afrikanischen Elementen der Sklaven entwickelte. Auf Mauritius sprechen außerdem die indischen Volksgruppen ihre Sprache. Amtssprache auf den Seychellen ist Englisch und Französisch, auf Réunion Französisch, auf Mauritius Englisch. Auf den Komoren wird Shikomore, eng verwandt mit Suaheli, gesprochen. Amtssprache ist außerdem Französisch.

Malediven

Sie wurden um 500 v.Chr. von den Ureinwohnern Ceylons besiedelt, später wanderten Arier aus dem Hindukusch ein, und arabische und malaiische Seefahrer und Händler blieben auf den Inseln. Diese waren als »Geldinseln« bekannt, weil von dort Kaurischnecken, die damalige Handelswährung, exportiert wurden.

1153 wurden die Malediver islamisiert, aus dem Königreich wurde ein Sultanat. Im frühen 16. Jh. bauten die Portugiesen einen Stützpunkt für ihre Route nach Goa und eroberten die Malediven für 15 Jahre. Danach blieben diese trotz verschiedener Vorstöße unabhängig, wurden jedoch zu Schutzzwecken 1887 Britisches Protektorat. 1963 wurde das Sultanat abgeschafft und die Republik ausgerufen.

Sprache: Das maledivische Dhivehi (Dhives Akuru) entwickelte sich aus dem Altsinghalesischen.

Die nierenförmige Cashewnuß sitzt an einem dicken, ebenfalls eßbaren Fruchtstiel.

Die flachkronige *Albizia lebbeck* breitet sich unkontrollierbar aus.

Innere Seychellen

Der Seychellen-Archipel gliedert sich in die Inneren und Äußeren Seychellen. Die Inneren sind die Hauptinseln, die sich aus 29 bergigen Granitinseln und 2 Koralleninseln zusammensetzen. Die Küsten der Granitinseln sind felsig, unterbrochen von kleinen und größeren sandigen Buchten (frz. »Anse«).

Die Hauptstadt Victoria auf Mahé ist das politische und wirtschaftliche Zentrum. 90 % aller Einwohner der Seychellen leben auf dieser größten Insel.

Die Granitinseln waren früher ganz mit Wäldern bedeckt, ehe diese für Plantagen gerodet wurden. Der Zusammenbruch der Kokoswirtschaft in den 80er Jahren beendete die intensive Plantagenarbeit, und einige einheimische Pflanzen breiten sich jetzt wieder aus. Jedoch verdrängen auch viele der eingeführten Pflanzen die heimischen Pflanzen, am stärksten der Zimt (S.48), der sich überall angesiedelt hat. Zimtrinde und Zimtblätteröl gehörten einst zu den Hauptexportgütern.

Auf Hängen, die durch Raubbau und Feuer kahl waren und erodierten, wurden Zitronengras, Icacopflaumen (S.45) und Albizias angepflanzt, um den Boden zu festigen. Sie breiteten sich jedoch unkontrollierbar rasend schnell aus und sind zu einem großen Problem in den Schutzgebieten geworden. Heute leuchten selbst in den höchsten Lagen die silbrig-grauen Stämme der dekorativen, flachkronigen Albizias (S.25).

Auch ehemals eingeführte Fruchtbäume, deren Früchte von Flughunden und Vögeln weit verbreitet werden, gedeihen wild in den Wäldern. Am häufigsten Jackfruchtbäume (S.29) mit ihren dicken, stacheligen Früchten und Aprikosen-Jambosen (S.30), die zur Fruchtzeit so viele cremefarbene, wohlschmeckende Früchte produzieren, daß der Boden damit bedeckt ist.

Die Vogelwelt der Inneren Seychellen zeigt keine der altertümlichen oder flugunfähigen Formen der Maskarenen, obwohl

Eine typische Seychelleninsel mit Granitfelsen und weißen Sandstränden ist Frégate.

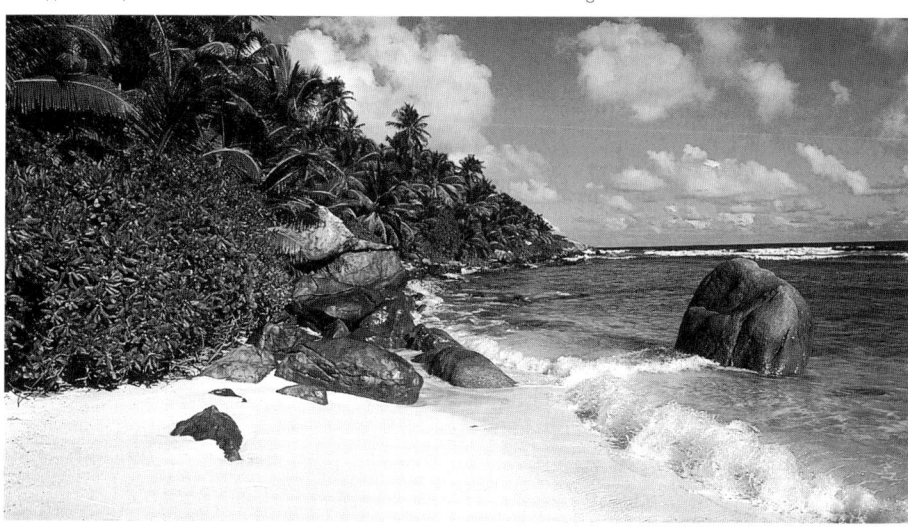

die Seychellen geologisch sehr viel älter sind. Die meisten der endemischen Landvögel leben nur auf einzelnen Inseln. Durch die geringe Anzahl und geographische Isolation ist ihr Fortbestand höchst gefährdet.

1952 wurden Schleiereulen aus Afrika ausgesetzt, um die Rattenplage einzudämmen. Sie spezialisierten sich jedoch auf Feenseeschwalben (S.73), die durch ihr weißes Gefieder sehr gut in der Nacht zu sehen sind. Die Folge war, daß diese auf Mahé und Praslin fast ganz ausstarben, auf La Digue sehr selten wurden.

Innere Seychellen

Praktische Tips

Klima/Reisezeit

Die Seychellen liegen in der tropischen Zone, außerhalb des Zyklongürtels. Die Tageslänge ist ganzjährig von 6.30 Uhr bis 18.30 Uhr gleichbleibend.

Von April bis Oktober ist es regenarm und relativ kühl mit Durchschnittstemperaturen von 24–30 °C. Von November bis März bringt der Nordwestmonsun heftige Regengüsse und Böen. Es ist wärmer mit Durchschnittstemperaturen von 31–32 °C, die Luftfeuchtigkeit kann 90% erreichen. Im April/Mai und Oktober/November, in den Monaten »zwischen den Winden«, ist es windstill, es wird unangenehm heiß und drückend.

Reisezeit ganzjährig. Die Sicht beim Tauchen ist wegen des ruhigen Meeres während der Übergangsmonate am besten. Für Vogelfreunde ist die Brutzeit der Meeresvögel von Mai bis September am interessantesten, ab Oktober sind jedoch Zugvögel zu erwarten, und Landvögel sind ganzjährig gut zu beobachten.

Anreise

Mahé wird von vielen europäischen Flughäfen und von Nairobi aus direkt angeflogen. Der Nationale Flughafen ist Ausgangspunkt für Flüge zu den anderen Seychelleninseln.

Verkehr

Das Busnetz ist auf Mahé und Praslin sehr gut ausgebaut, man erreicht tagsüber alles bequem mit lokalen Bussen. Problematisch wird es abends und nachts, dafür sollte man ein Taxenarrangement treffen. Leihwagen gibt es auf Mahé und Praslin. Fahrräder können auf Praslin und La Digue gemietet werden.

ACHTUNG: Auf den Seychellen herrscht Linksverkehr!

Unterkünfte

Auf Mahé und Praslin gibt es ein breites Spektrum an Hotelangeboten. Die kleinen Inseln besitzen je eine Hotelanlage. Camping ist nicht erlaubt.

Adressen

➪ Bootcharter: Independence House, Marine Charter Association, Victoria, Tel. 322126, Fax 224679.

➪ Tourist Office, Independence House, Independence Avenue, Victoria, Tel. 225333.

1 Mahé (Ste.-Anne-Marine-Nationalpark, Victoria, La Reserve)

Ste.-Anne-Marine-Nationalpark mit Korallenformationen; Victoria: Watvögel auf großen Schlammflächen im Hafenbecken, Seychellen-Turmfalke; La Reserve: besterhaltener Palmenwald, zahlreiche Orchideen wie Wilde Vanille und *Angraecum*-Arten.

Mahé ist die größte und höchste der Seychelleninseln, ganz gebirgig mit steil abfallenden Hängen zum Meer. Mit 27 km Länge und 8 km Breite bedeckt es eine Fläche von 152 km². Der gesamten Ostseite ist ein Korallenriff vorgelagert. Um die schönsten Korallengebiete zu schützen, wurde schon 1973 der Ste.-Anne-Marine-Nationalpark als erster Nationalpark im Indischen Ozean gegründet. 2 weitere, der Baie-Ternay- und der Port-Launay-Marine-Nationalpark an der Nordwestküste, folgten später.

Der <u>Ste.-Anne-Marine-Nationalpark</u> liegt 5 km östlich des Hafens von Victoria und umfaßt ein rund 1,5 ha großes Gebiet, in dem 6 kleine Granitinseln liegen. Auf der größten von ihnen, Ste. Anne, wohnten die ersten Siedler der Seychellen, wahrscheinlich, weil die Mahé umgebenden breiten Mangrovensümpfe und die in ihnen lebenden Krokodile das Landen dort erschwerten.

<u>Victoria,</u> die einzige Stadt der Seychellen, ist eine der kleinsten Hauptstädte der Welt. Im Kirchturm nisten mitten im Zentrum Seychellen-Turmfalken. Der bunte Markt (Sir Selwyn Clarke Market) bietet alles, was auf den Seychellen an Gewürzen, Früch-

Die stärkehaltige Frucht des Jackfruchtbaumes wächst direkt aus dem Stamm oder aus dicken Ästen; sie wird bis zu 50 kg schwer und wird roh oder gekocht verzehrt.

ten und Gemüse wächst, und alles, was im Meer gefangen werden kann. Auf den Tischen spazieren Kuhreiher nahrungsuchend umher.

La Reserve, ein Waldreservat, in dem noch alle endemischen Palmenarten Mahés wachsen, liegt im hügeligen Innern, am Fuße des Brulée, zwischen 250 und 350 m Höhe.

Pflanzen und Tiere

Bei Ebbe fällt der größte Teil des alten Hafenbeckens von **Victoria** trocken, und ein reges Tierleben beginnt. Unzählige Winkerkrabben (s.S.141) kommen aus ihren Wohnröhren hervor und verschwinden bei jeder Beunruhigung blitzschnell in ihren Löchern. Die schwarz-weißen hochbeinigen **Reiherläufer** ernähren sich von ihnen. Sie fixieren eine etwas weiter entfernte Krabbe und rennen plötzlich mit hoher Geschwindigkeit los, zielgerichtet auf die angepeilte Krabbe zu, ohne sich von den anderen ablenken zu lassen. Mit ihrem kräftigem Schnabel zerknacken sie den Krabbenpanzer. Sie sind im Nordwinter regelmäßig auf den Seychellen zu sehen. Auch viele andere Watvögel rasten oder überwintern hier, z.B. Regenbrachvogel (S.17), Pfuhlschnepfe, Grünschenkel, Bruchwasserläufer und Terekwasserläufer aus den Tundren Skandinaviens und Sibiriens. Aus kleinen Gebieten in Nordrußland kommen Sichelstrandläufer, Sanderling

und der Sibirische Sandregenpfeifer, aus den Wüsten Zentralasiens der Wüstenregenpfeifer.

Bei Hochwasser ziehen sich Watvögel und Seeschwalben in die Marco-Polo-Becken (Roche caiman) zurück. Dort kommen außerdem je nach Jahreszeit verschiedene Reiher, Enten und Möwen vor.

Die ursprüngliche Vegetation der Wälder der mittleren Höhenlagen ist im Waldreservat **La Reserve** gut erhalten.

◁ Sechs kleine Inseln liegen mitten im türkisblauen Wasser des artenreichen Ste.-Anne-Marine-Nationalparkes.

Seychellen-Flughunde benutzen die Tagesrast in den ▷ Kronen hoher Bäume zum Pflegen ihrer Flughäute.

den langen, gelben Stacheln zu erkennen; die anderen Palmen schützen sich mit schwarzen Stacheln.

Sehr selten geworden ist der mit dem Mangobaum verwandte »Bois de montagne«, endemisch für Mahé, und das Seychellen-Ebenholz.

Von den 2 Dutzend heimischen Orchideenarten der Seychellen sind nur einige auffällig. Die schönste endemische Orchideenblüte besitzt die **Wilde Vanille.** Mit ihren fleischigen, grünen, blattlosen Stengeln klettert sie an Bäumen, Felsen oder über Büsche hinauf ins Licht. Die dicken, runden, grünen Schoten eignen sich nicht zur Fermentation.

Die **Kultur-Vanille** wurde 1866 eingeführt und in großen Plantagen angebaut. Sie verwilderte bald und klettert nun in dekorativem Zickzackmuster in den schattigen Wäldern an Baumstämmen und Felsen hinauf. Sie blüht selten und fruchtet nie.

Zur Nationalblume wurde die Elfenbein-Angraecum (S.40) ausgewählt, eine wunderschöne, aber nicht endemische Orchidee. Zwischen langen, schwertförmigen Blättern kommt ein Blütenstand aus mehreren weißen Blüten mit je einem 15 cm langen Sporn hervor.

Die häufigste endemische **Seychellenpalme** ist »Latanier feuille«, deren Wedel zum Dachdecken benutzt werden. Die seltenste ist die zierliche »Latanier hauban«, die nur in den höheren Lagen von Mahé und Silhouette zu finden ist. Ihre jungen Blätter sind rot, die älteren sind grün und in breite, unregelmäßige Abschnitte geteilt. Aus der hohen, schlanken »Palmiste« (S.43) wird der Palmherzen- oder Millionärssalat hergestellt. Sie ist im Jugendstadium an

Der Seychellen-Turmfalke war früher sehr viel häufiger als heute. Er ernährt sich hauptsächlich von Geckos und Skinken. Die Zerstörung der Wälder, die durch gleichförmige Kokosplantagen ersetzt wurden, dazu noch die eingedrungene Konkurrenz der Ratten, Katzen und Schleiereulen machen die Nahrungssuche so schwierig, daß jedes Paar ein riesengroßes Territorium zum Überleben braucht.

Die Aprikosen-Jambose bildet aromatische, cremefarbene Früchte, die bei Vögeln sehr beliebt sind.

Mahé

N

0 1 2 3 4 5 km

North Point

Glacis

North East Point

Baie Beau Vallon

Anse Etoile

Ste. Anne Marine National Park

⑤ Ste. Anne

Beau Vallon

Moyenne

Danzil

Victoria

Round Island

⑨

Long Island

Anse Major

Baie Ternay Marine National Park

Morne Seychellois National Park

Mission Lodge

Plaisance

Cerf Island

Pointe Matoopa

Morne Seychellois 905 m

Sans Souci Road

Cerf Passage

Port Launay Marine National Park

Morne Blanc 667 m

Copolia 497 m La Misère

La Misère

Ile Anoyme

Conception

⑧

Port Glaud

Teefabrik

⑦

Cascade

Ile Thérèse

Ile aux Vaches Marines

Grande Anse

La Misère Road

Seychelles International Airport

Pointe La Rue

Hafen von Victoria

Union-Vale-Schlickfläche

Montagne Posée Road

Anse aux Pins

①

Oceangate-Schlickfläche

Anse Boileau

⑥

Bushalte-stelle

Fähr-anleger

Boileau Bay

Cable + Wireless Station

La Brulée 501 m

Anse à la Mouche

Pointe au Sel

Le Chantier-Kreisel

Neuer Hafen

Anse à la Mouche

Anse Royale

④

Anse Soleil

Chemin Les Canelles

Anse Royale Bay

"Comblage"

Aufschütt-gebiet

②

Botanischer Garten

Pointe Lazare

Baie Lazare

Chemin Quatre Bornes

Quatre Bornes

Cap Lascars

N

Anse Intendance

Takamaka

Bushalte-stelle

Pointe Golette

0   500 m

③ Marco Polo Pools

Pointe Police

Police Bay

Pointe du Sud

La Misère Flughafen

Reiherläufer überwintern regelmäßig auf den Seychellen.

Im Gebiet unterwegs

Auf kleiner Fläche bietet der **Ste.-Anne-Ma-rine-Nationalpark** ⑤ abwechslungsreiche Unterwasserlebensräume. Es gibt ein informatives Faltblatt mit Karte und Beschreibungen der Schnorchelplätze. Die 7 interessantesten Gebiete sind durch Bojen markiert und dürfen nur von lizenzierten Glasbodenbooten besucht werden. Besonders beeindruckend sind Fahrten mit Tauchbooten (semi-submersible), in denen die Betrachter im gläsernen Kiel des Bootes sitzen. Die Fahrten starten alle vom alten Hafen aus.

Die farbenprächtigen Warzenfruchtauben ernähren sich von Früchten. Sie sind still und unauffällig.

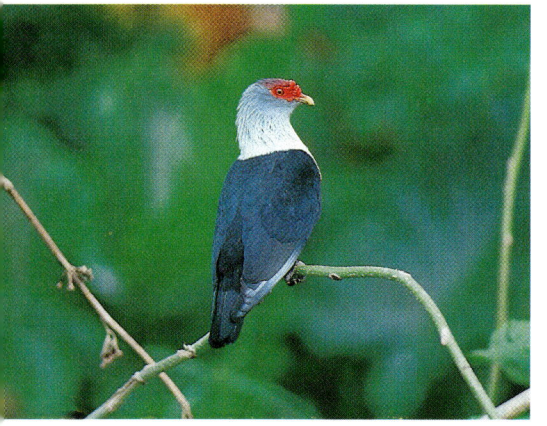

Besucherinseln sind Round, Moyenne und Cerf. Auf Moyenne kann übernachtet werden. Wer intensiv in einem der schönsten Gebiete schnorcheln will, sollte dorthin fahren:
↪ Maison Moyenne, P.O. Box 577, Victoria, Mahé, Seychellen, Tel. 322414, Telex SZ230.

Der **Botanische Garten** ② von <u>Victoria</u> ist der beste Platz auf Mahé, um Warzenfruchtauben und Seychellenflughunde (s.S.46) zu sehen und zu fotografieren. Die großen Bäume im hinteren, »wilden« Teil des Gartens sind Tagesrastplätze der Flughunde. Warzenfruchtauben sind in den gerade Früchte tragenden Bäumen zu finden, manchmal selbst links und rechts des Hauptweges.

Nördlich des Stadtzentrums liegt der alte **Hafen** ①. Zu den **Marco Polo Pools** ③ im neuen Hafengebiet führt vom Le-Chantier-Kreisel die Straße in die Bois de Rose Avenue. Am Anfang rechts stehen **Mango-bäume** ④, in denen Kuhreiher nisten. Die Straße folgt einem mit Mangroven bewachsenen Gezeitenwasserlauf, in dem Zugvögel zu finden sind. Nach knapp 2 km sind die Marco Polo Pools erreicht.

<u>La Reserve</u> ⑥ wird von Victoria aus auf der Küstenstraße in den Südteil Mahés angesteuert. Am Anse aux Pins muß man rechts in die Montagne Posée Road einbiegen, die die Insel durchquert.

Auf der Hügelkuppe zweigt links eine Straße ab, die zur »Cable and Wireless Station« führt. Am Anfang dieser Straße ist ein kleiner Parkplatz, an dem der ausgeschilderte Wanderweg beginnt. Der Weg ist gut begehbar, einige steilere Stellen sind leicht zu bewältigen. Er führt zu 3 Aussichtspunkten, bis zum ersten Aussichtspunkt benötigt man 2 Stunden, eine weitere bis zum Ende.

Im Nordwesten der Insel liegt der **Morne-Seychellois-Nationalpark.** Er wird mit einigen angrenzenden Gebieten (Verweiszahlen ⑦ bis ⑨ der Karte) im nächsten Kapitel beschrieben.

Schlammspringer – Wanderer zwischen Wasser und Land

Auf dem Schlick schlängeln sich zwischen den Mangrovenwurzeln hindurch kleine Fischchen. Naht eine vermeintliche Gefahr, so springen sie mit langen Sätzen davon. Es sind Schlammspringer, eigentlich Meeresbewohner, die sich aber einem Leben anpaßten, das sich teilweise im Wasser und teilweise an Land abspielt. Auf dem Land atmen die Schlammspringer mit Hilfe von Aussackungen der Mundhöhle und Kiemenkammer, die stark durchblutet sind. Die Fische füllen sie mit Wasser und erneuern diesen Vorrat, sobald der Sauerstoff daraus verbraucht ist. Ein großer Teil des benötigten Sauerstoffes kann durch die Haut aufgenommen werden, die aber dafür feucht sein muß. So lassen sich Schlammspringer in regelmäßigen Abständen von den Wurzeln und Steinen, auf denen sie sitzen, in den feuchten Schlamm fallen und benetzen sich. Schlammspringer leben räuberisch und jagen Krabben und Insekten. Die Augen liegen wie Kugeln auf der Oberseite des Kopfes, sie sind für ein Sehen über Wasser eingerichtet und können sogar auf nahe Gegenstände eingestellt werden. Die beiden Brustflossen sind armartig verlängert, durch Knochen verstärkt und sehr muskulös.In der Mitte befindet sich ein Gelenk, so daß es aussieht, als ob die Schlammspringer auf den Ellenbogen über den Boden robben. Bei schneller Flucht oder um Beute zu jagen, schnellen sie sich in großen Sprüngen dahin. Dabei wird der Schwanz zur Seite geschlagen und der Körper durch Hebelwirkung vorwärts katapultiert. Sie klettern geschickt an Pfosten und Mangrovenwurzeln empor, wobei sie sich mit ihren verwachsenen Bauchflossen festhalten.

Auch die Balz findet außerhalb des Wassers statt. Die beiden langen Rückenflossen des Männchens, die normalerweise flach anliegen, werden hoch aufgerichtet und lassen ihre prächtige blaue und orange Färbung sehen.

2 Mahé (Morne-Seychellois-Nationalpark, Port Glaud, Glacis-Gebiete)

Alle endemischen Vogelarten von Mahé; davon sind Mahé-Brillenvogel, Seychelleneule, Dickschnabel-Fluchtvogel nur hier zu finden; ursprünglicher Nebelwald mit einigen der seltensten Pflanzen der Erde; 5 endemische Palmenarten, 4 Pandanusarten; Port Glaud: größtes noch erhaltenes Mangrovengebiet mit 7 Mangrovenarten; Glacis: verwitterte abgerundete Granitfelsen, in deren Erdtaschen an Trockenheit angepaßte Pflanzen wachsen; Lehmwespen.

Der 30 km² große **Morne-Seychellois-Nationalpark** umfaßt mit dem Zentralmassiv und dem gesamten Nordwesten den wildesten und rauhesten Teil Mahés. In der Mitte liegt der höchste Berg der Seychellen, der Namensgeber Morne Seychellois mit 905 m.

Durch die Höhenunterschiede gibt es im Park viele verschiedene Lebensräume. Flüsse entwässern die Hochlandregion, in der die jährliche Niederschlagsmenge 4000 mm beträgt. Selbst in der trockenen Jahreszeit sind die hohen Gipfel ständig in Wolken gehüllt.

Riesige, abgerundete Granitblöcke bilden Kuppen und Abhänge. Zwischen ihnen liegen glatte, gelbrote Doleritfelsen, ganz unterschiedlich zu dem rauhen, gesprenkelten Granitgestein. An verschiedenen Stellen auf Mahé finden sich diese Doleritlager, die entstanden sind, als Magma in feine Risse im älteren Granitgestein ge-

Der Grande Anse von Mahé: An den Sandstränden spenden große Takamakabäume Schatten.

preßt wurde. Durch chemische Einflüsse
wechselte auf Mahé die Farbe zu gelb und
rot, auf Praslin sind die Doleritfelsen
schwarz.
Als **Glacis-Gebiete** (frz. »Abhang«) werden
größere Flächen nackter Felsblöcke bezeichnet. Die hohen Granitwände und
großen Granitblöcke sind ein Teil der typischen Landschaftsform der Seychellen. Sie
befinden sich in allen Höhenlagen, hoch
oben auf Bergkuppen bis hinunter zur Küste, oft bis ins Meer reichend. Jahrmillio-
nenlang der Sonne und dem Regen ausgesetzt, zeigen sie auffällige Verwitterungs-
formen. Sie sind abgerundet, dicke Schichten »blättern« von der Oberfläche ab, sanf-
te und tiefe Regenrinnen verlaufen von
oben bis unten. In den Zwischenräumen
sammelt sich Erde an, und es entstehen
kleine, bewachsene Inseln.
Nur noch in **Port Glaud** und Barbaron sind
kleine Reste von den undurchdringlichen
Mangrovesümpfen rund um die Küste
übriggeblieben.

Pflanzen und Tiere

Der ursprüngliche Wald der tieferen Lagen
im Morne-Seychellois-Nationalpark ist
abgeholzt worden und durch reine Maha-
goni- und gemischte Edelholzplantagen
ersetzt.
Mahagonibäume sind bereits nach
25–35 Jahren, sehr kurz für tropisches
Edelholz, reif zum Fällen.
In den Edelholzplantagen wachsen heimische Takamaka- (S. 54), Drachenblut-, Ipé-
(S. 74) und Paternosterbäume. Sie sind un-

Das Atemwurzeldickicht der Mangroven hält und festigt ▷
den Schlick in der Gezeitenzone.

Mahé
Fairview Estate

An offenen Stellen, über denen feuchte Luft hochsteigt, wuchert die Klippen und Büsche überwachsende **Kannenpflanze**. Ihre Kannen sind insektenfangende Fallgruben. Die durch Nektar angelockten Insekten rutschen von dem spiegelglatten Rand in die mit Verdauungsflüssigkeit gefüllten Kannen. Diese können sogar den kleinen Seychellenfröschen zum Verhängnis werden. Kannenpflanzen wachsen in Gemeinschaft mit endemischen Randiabäumen, die die schönsten Blüten aller einheimischen Pflanzen hervorbringen. Zur Blütezeit ist der ganze Baum mit Büscheln aus kleinen, zierlichen, röhrenförmigen, cremeweißen Blüten überladen, deren Duft weit trägt.

Ab 700 m beginnt der Moos-Wald, ein ständig wolkenverhangener **Nebelwald**, in dem Pilze, Moose, Farne und Epiphyten die Felsen, Baumstämme und Äste überziehen.

Zwischen ihnen wachsen zahlreiche kleine, heimische Erdorchideen, von denen die Weichorchis mit kleinen, gelbgrünen Blüten die häufigste ist.

Der ständig feuchte Nebelwald ist ein idealer Lebensraum für die winzigen endemischen Frösche, die in der verrottenden Laubschicht am Boden leben. Der Körper-

ter guten Bedingungen nach 40 Jahren schlagreif. Im Gegensatz zu den Mahagoniplantagen gedeiht der Unterwuchs sehr üppig, und viele endemische Kräuter und Büsche siedeln sich wieder an.

Die Hänge der höheren Lagen zwischen 400 und 700 m sind wolkenbedeckt und ständig feucht. Sie sind mit hohen einheimischen Bäumen bewachsen, viele von ihnen endemisch, einige so selten, daß sie auf der Roten Liste der gefährdeten Pflanzenarten stehen. Der seltenste ist der Ostindische Kapalbaum. Sein sehr hartes und haltbares Holz fand im Segelschiffbau Verwendung. Es blieben nicht mehr als ein Dutzend Bäume übrig, die im Nationalpark streng geschützt sind.

Der »Bois méduse« galt seit 1908 als ausgestorben; es war eine botanische Sensation, als er 1970 wiederentdeckt wurde. Der kleine, 10 m hohe Baum ist einzigartig auf der Welt; er scheint eine sehr primitive Blütenpflanze zu sein, die keiner anderen Pflanze ähnelt. Seine weißlila Blütenbüschel wachsen zu braunen, runden, gerillten Kapseln heran, die – wenn sie sich öffnen – einer kleinen Qualle ähnlich sehen. Eine neue Familie, die Medusagynaceae, mußte für ihn aufgestellt werden.

Die pinselartigen weißrosa Blüten der Blütenmangrove werden von Flughunden bestäubt.

bau des **Seychellenfrosches** (2,5 cm groß) und des Gardiners Seychellenfrosches (1–1,5 cm) ist schlank und elegant, während der größere und seltenere Thomassets Seychellenfrosch gedrungener, krötenähnlicher ist. Ihre hohen Pieptöne, die wie zarte Vogelrufe klingen, ertönen in dem sonst ganz ruhigen Wald.

Ihre Entwicklungsbiologie ist einzigartig. Da stehende Gewässer in den hohen Bergen fehlen, werden die dotterreichen Eier des Seychellenfrosches auf dem Boden abgelegt und vom Männchen bewacht. Die schlüpfenden Kaulquappen kriechen auf seinen Rücken, wo sie sich, ohne Nahrung aufzunehmen, zu kleinen Fröschen weiterentwickeln. Beim Gardiners Seychellenfrosch wird sogar das Kaulquappenstadium übersprungen. Die gesamte Entwicklung erfolgt im Ei, aus dem ein winziges, fertiges Fröschlein kriecht.

Andere Amphibien sind die **Erdwühlen,** die zu der Ordnung der Blindwühlen (Schleichenlurche) gezählt werden und zu den am wenigsten bekannten Wirbeltieren gehören. Es sind wurmähnliche Lurche ohne Gliedmaßen, die im sumpfigen Erdreich, in morschen Baumstämmen, in der vermodernden Laubschicht oder in Gewässern leben. Die Erdwühlen im Hochwald von Mahé ernähren sich von den kleinen Seychellenfröschen, andere von Ameisen, Termiten, Regenwürmern und kleinen Wirbeltieren.

2 endemische Vogelarten sind nur im mittleren Hochland (300–600 m) von Mahé zu finden, der Mahébrillenvogel und die Seychelleneule. Beide galten jahrzehntelang als ausgestorben, ehe sie Anfang der 60er Jahre wiederentdeckt wurden. Vom Mahébrillenvogel gibt es weniger als 20 Paare. Es sind kleine, graubraune Vögel mit weißem Augenring, die hoch oben in der Krone von hohen Bäumen lebhaft auf Insektenfang hin und her huschen. Ihr Gesang, durch den man am ehesten auf sie aufmerksam wird, ist ein klarer melodischer Triller.

Die unregelmäßigen Samen der Puzzle-Nuß können mit viel Geduld wieder zu einem Ball zusammengefügt werden.

Den gleichen Lebensraum, bewaldete Täler mit Geröllblöcken durchsetzt, bevorzugt auch die Seychelleneule, von der es noch ungefähr 80 Paare gibt. Ihr erstaunlicher Ruf, der in der Dunkelheit ertönt, klingt, als ob Holz gesägt wird, oder wie ein lautes, gleichmäßiges Schnarchen. Dickschnabel-Fluchtvögel (Seychellenbülbül) begleiten neugierig und lautstark den Wanderer.

In den **Glacis-Gebieten** sind die Pflanzen Wind und Wetter ausgesetzt, müssen mit wenig Erde und Nahrung und auch mit wenig Wasser auskommen, denn die kleinen Bodentaschen können das Wasser nicht lange speichern. Die meisten bildeten als Anpassung dicke, harte Blätter mit einer glänzenden Wachsoberfläche aus, um die Verdunstung gering zu halten. Einige der heimischen Edelhölzer der Tiefland-Urwälder konnten an diesen unzulänglichen Stellen überleben, sind jedoch durch den kargen Boden kleinwüchsig geblieben. Dazu gehören: *Mimusops sechellensis,* der stark nach Moschus duftet, wenn sich die rostbraunen, pelzigen Knospen öffnen;»Gayak«, der an der blaßgrauen Rinde und den ovalen, leicht gebogenen Blättern zu erkennen ist; und »Bois dur«, der als Busch mit horizontalen

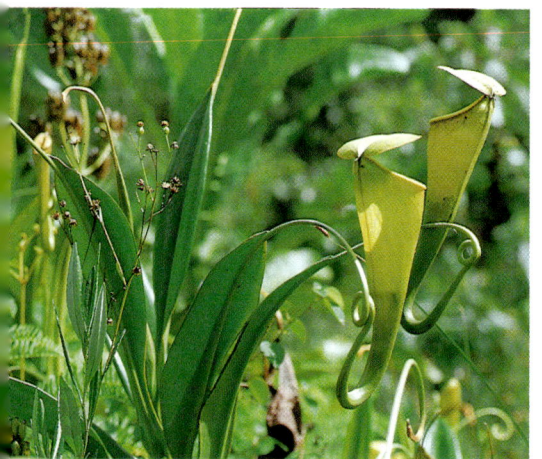

Ästen wächst; seine gegenständigen 10 cm langen Blätter besitzen eine rote Mittelrippe.

Viele Pflanzen dieser Gebiete, hauptsächlich Drachenbäume und verschiedene Wolfsmilchgewächse, werden auch heute noch medizinisch genutzt.

Die Insektenfallen der Kannenpflanzen bilden sich als Fortsätze der Blätter aus; die Blüten sind unscheinbare Rispen.

Unter geschützten Felsüberhängen bauen die großen, aber grazilen Grabwespen ihre Lehmbauten. Das Weibchen formt aus Lehmkügelchen eine ovale Kammer, füllt diese mit mehreren kleinen, durch Stiche gelähmten Spinnen, legt ein Ei zwischen sie und verschließt die Zelle. Direkt dane-

Die nachtaktiven Seychellen-Laubfrösche brauchen Bergbäche zur Entwicklung ihrer Kaulquappen.

◁ Riesige, abgerundete Granitfelsen überragen die Bergwälder, die noch weitgehend unberührt geblieben sind

Zum Aussichtspunkt der Mission Lodge führt eine ▷
eindrucksvolle Allee aus alten Drachenblutbäumen.

ben beginnt der Bau der nächsten Kammer. Da mehrere Weibchen am selben Ort bauen und guterhaltene Kammern wieder genutzt werden, können Bauten bis zu mehreren Quadratmetern entstehen. Die handtellergroßen Weibchen der Seidenspinnen weben Netze, die von der Spitze eines Telegrafenmastes bis zur Erde reichen. Sie sehen erschreckend aus, sind aber vollkommen harmlos. Durch ihre Größe sind die Spinndrüsen, die an der Unterseite am Ende des ungegliederten Hinterleibes sitzen, mit bloßem Auge gut zu erkennen (S.116). Die kleinen, nur einige Millimeter großen Spinnen, die sich mit im Netz befinden, sind Männchen. Die gesponnene Seide des Riesennetzes ist so stark und haltbar, daß öfters Weibchen des Seychellen-Nektarvogels, die die Fäden zum Nestbau verwenden, im Netz gefangen werden und sich nicht mehr befreien können.

In Port Glaud wachsen die 7 verschiedenen **Mangrovenarten** der Seychellen. Obwohl sie sich ähneln und die gleichen Anpassungen an ihren extremen Lebensraum ausgebildet haben, gehören sie 5 verschiedenen Pflanzenfamilien an. Sie wachsen innerhalb der Gezeitenzone, wo sie sich mit Stelzwurzeln fest im Schlick verankern. Ihr Wurzelsystem bildet in die Luft ragende Fortsätze aus, die bei Niedrigwasser Sauerstoff aus der Luft aufnehmen können. Mit der hohen Salzkonzentration des Meerwassers werden sie auf verschiedene Art fertig: durch Salzdrüsen in den Blättern, durch Filter in den Wurzeln oder durch Salzspeicher in den Blättern. Die auffälligste Mangrove ist die Blütenmangrove, deren große, runde Blüten sich nachts öffnen und von Flughunden bestäubt werden. Ihre senkrecht aus dem

Schlick herausragenden Atemwurzeln enden mit einer kugeligen Verdickung. Brettwurzeln mit Fransen zum Atmen stützen die Puzzle-Nuß (ein Zedrachgewächs), deren runde, mehrteilige Früchte bei Kindern und Erwachsenen als Geduldsspiel sehr beliebt sind. Mangrovengürtel bilden einen wichtigen Lebensraum für viele Tierarten, der Schlamm bietet ein überaus reiches Nahrungsangebot.

Im Gebiet unterwegs

Eine Rundfahrt, die alles Wichtige im Morne-Seychellois-Nationalpark und Port Glaud abdeckt, führt von Victoria über die La-Misère-Straße zur Westküste zum Grande Anse bis nach Port Glaud, zurück über die Sans-Souci-Straße nach Victoria (s. hierzu die Karte auf S.31).

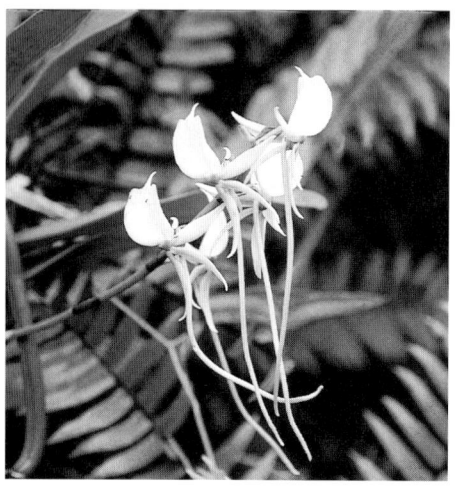

Nur der Rüssel einiger Schwärmer ist lang genug, um an den Nektar im Sporn der Elfenbein-Angraecum zu gelangen.

Von Victoria Richtung La Misère – Grande Anse liegt am Kilometerstein 2 der **La-Misère-Aussichtspunkt**. 500 m hinter dem Kilometerstein 4 biegt nach rechts eine Straße ab ⑦. Obwohl mit »Fairview Estate-Private Road« ausgeschildert, ist sie öffentlich befahrbar. Sie führt in einer Schleife wieder auf die La-Misère-Route. An ihr befindet sich ein weiterer Aussichtspunkt. In den frühen Morgenstunden und am Nachmittag hat man hier eine gute Chance, in den hohen Bäumen Mahé-brillenvögel zu finden.

Die Hauptstraße führt weiter zur Westküste und dann nordwestlich nach **Port Glaud** ⑧ ins Mangrovengebiet links und rechts der Straße. Die Sans-Souci-Straße ist ausgeschildert mit Sans-Souci und Victoria. Sie führt in vielen Kurven aufwärts, bis an der rechten Seite eine kleine Teefabrik und eine Teeplantage liegen. Folgt man einem Trampelpfad am Beginn der Teeplantage, der nach rechts aufwärts führt, so erreicht man schon nach 5 Minuten ein Gebiet, in dem die Kannenpflanzen und viele andere endemische Pflanzen wie »Coco marron« und Schraubenbaumarten wachsen.

Einen halben Kilometer hinter Kilometer-stein 8 ist links der Aussichtspunkt der »Mission Lodge«. Eine eindrucksvolle Allee aus großen Drachenblutbäumen wurde als Denkmal der Freiheit gepflanzt, als eine englische Missionsgesellschaft 1875 hier eine Schule für die Kinder der befreiten Sklaven baute. Ruinenreste, nun überwachsen mit Moosen und Farnen, sind noch zu erkennen. Die riesigen Drachenblutbäume, von kräftigen Brettwurzeln gestützt, sind mit Moosen und Epiphyten bewachsen. Leider sind sie auch schandbar verletzt und vernarbt, weil jeder Taxifahrer seinen Kunden den roten Saft, das Drachenblut, zeigen will. BITTE : Halten Sie Ihren Führer ab, den Baum aufs Neue zu verletzen!

Das leise, melodische Piepen sind die Rufe der Seychellenfrösche! 300 m weiter auf der Hauptstraße führt rechts eine Straße zur Salazie-Teeplantage. Das ist noch ein guter Platz, um in der Dämmerung die Rufe der Seychelleneule zu hören. Die Rundfahrt endet wieder in Victoria.

Um in die interessantesten **Glacis-Gebiete** zu gelangen, fährt man von Victoria die Straße nach Beau Vallon, links nach Bel Ombre, immer an der Küste entlang bis nach Danzil (Danzilles) ⑨. Dort beginnt der ausgeschilderte Natur-Wanderweg »Danzil – Anse Major«. Er führt in etwa 1 1/2 Stunden zu dem wunderhübschen kleinen Strand Anse Major.

Wanderwege

Es gibt viele schöne Wandermöglichkeiten auf den Seychellen, jedoch sind die wenigsten markiert. Das Ministerium für Tourismus hat einige Wanderwege eingerichtet und gibt auch Broschüren heraus, in denen die Wege gut erklärt und Pflanzen und Tiere beschrieben sind. Sie werden im Tourist Office (s.S.27) verkauft.

1. **Vom Fairview Estate zur Salazie-Teeplantage** (2–3 Stunden). Dieser Weg verbindet die La-Misère-Straße mit der Sans-Souci-Straße. Ausgangspunkt ist die Fairview Estate-Private Road ⑦. Nahe der Sans-

Souci-Straße rauscht rechts unter hohen Bäumen ein kleiner Wasserfall herunter. Dies ist auch ein guter Ort, um die Seychelleneule zu hören.

Alle anderen Wanderwege gehen von der Sans-Souci-Straße aus.

2. Zum Gipfel des 667 m hohen **Morne Blanc.** Von der Sans-Souci-Straße von Port Glaud Richtung Victoria liegt die Teefabrik rechts. Von der Hauptstraße, 250 m vom Parkplatz aufwärts, biegt links der mit gelben Punkten markierte Wanderweg zum Gipfel des Morne Blanc ab (oder 300 m hinter Kilometerstein 10). Gleich am Anfang ist eine kurze, steile Strecke zu bewältigen, später steigt der Weg gleichmäßig an. Bis zum Gipfel sind 250 Höhenmeter zu überwinden, die bequem in einer Stunde zu schaffen sind. Es geht den gleichen Weg wieder zurück.

3. **Congo rouge:** 500 m hinter Kilometerstein 9 macht die Straße eine scharfe Rechtskurve und führt über den Grand Bois River. An dieser Stelle geht der Fußweg nach links ab, leider nicht ausgeschildert. Um einen richtigen Eindruck vom ursprünglichen Nebelwald zu bekommen, ist dies der beste Wanderweg auf ganz Mahé. Gleich am Beginn stehen *Northea*- und Rosenapfelbäume (s.S.45), bedeckt mit Moosen und Farnen; dann folgt ein vollkommen mit Kannenpflanzen überwuchertes Gebiet. Baumfarne und »Coco marron« (S.17) wachsen zwischen Felsen, und viele der unscheinbaren Orchideen sitzen als Epiphyten auf Bäumen und Felsen. Man muß auf dem gleichen Weg wieder zurückgehen. Der Pfad führt zwar weiter bis Le Niol, diese Tour sollte man aber nicht ohne Führer machen.

4. **Morne Seychellois:** Auch die Besteigung des Morne Seychellois sollte nicht ohne Führer gemacht werden. Es gibt keine Markierung, und man kann sich leicht verlaufen. Der ausgeschilderte Wanderweg führt zum ersten Gipfel der Trois Frères. Der Weg selber führt weiter und mündet in die Le-Niol-Straße oberhalb von Beau Vallon, dem nördlichen Ende des Nationalparks.

5. **Trois Frères:** Der Weg zum 699 m hohen Gipfel der Trois Frères ist nicht viel länger als 1 km, aber der Höhenunterschied beträgt 470 m. Es sind einige felsige und steile Strecken zu bewältigen, mit 2 Stunden für den Hinweg und eine für zurück sollte gerechnet werden. Der Weg durch den Nebelurwald und der Blick vom Gipfel lohnt alle Mühe! Der ausgeschilderte Wanderweg beginnt bei der Forststation an der Sans-Souci-Straße, 4 km hinter Victoria rechts. Hinter der Forststation liegt der Parkplatz, von dem der mit gelben Punkten gekennzeichnete Fußweg abgeht.

Blick in die Umgebung

Silhouette liegt 19 km nordwestlich von Mahé. Durch ein Korallenriff geschützt, war sie früher schwierig zu erreichen und durch ihre steilen Hänge schwierig zu besiedeln. Darum ist sie noch relativ unberührt erhalten geblieben. Der Mont Dauban ist mit 740 m Höhe der zweithöchste Gipfel der Seychellen. Durch die Höhe ist Silhouette neben Mahé als einzige Insel mit Nebelwald bewachsen. Die Hänge des Mont Daubans und des Mont Pot à Eau haben den größten Bestand an Kannenpflanzen und Randiabäumen auf den Seychellen. Seychellennußpalmen (s.S.46) und andere endemische Palmen bilden dichte Wälder.

Wanderwege führen zum Gipfel des Mont Pot à Eau und durchqueren die Insel von Ost nach West.

Es gibt keine Flugverbindung, Anreise nur per Boot. Von Victoria dauert die Fahrt mit dem Schnellboot 1 1/2 Stunden, mit dem Schoner 3 Stunden. Von der anderen Seite Mahés, von Beau Vallon aus, braucht man 45 Minuten bzw. 2 Stunden.

Entweder Tagesausflug oder Lodge-Unterkunft:
↪ Silhouette Lodge, Silhouette,
   Tel. 24003, Fax 344178.

3 Praslin

Vallée de Mai mit einem Wald aus Seychellennußpalmen; Seychellen-Flughunde; einziges Vorkommen des Rabenpapageis; Seychellen-Fluchtvogel, Seychellen-Turmfalke; schwarze Doleritfelsen; ausgezeichnete Schnorchelgebiete, kilometerlange Sandstrände, Ausgangspunkt für Bootsfahrten nach Cousin, Aride, La Digue und Curieuse.

Praslin ist eine der abwechslungsreichsten Inseln der Seychellen. Sie liegt 45 km nordöstlich von Mahé und ist nach dieser mit 27 km² die zweitgrößte Granitinsel. Von der Nordwest- bis zur Südostspitze ist sie 12 km lang, die breiteste Querverbindung beträgt 5 km. Sie ist nicht so gebirgig wie Mahé, die höchste Kuppe, der Fond Azore, erhebt sich im Südosten zu 367 m Höhe, im Nordwesten erreicht der Grand Fond 340 m. Herrliche kilometerlange, weiße Sandstrände umgeben die Insel. Mehrere Flüsse kommen aus dem bergigen Inneren, an ihren Mündungen bilden sich Brackwasser-Lagunen, Sümpfe und feuchte Niederungen, die mit Küstenwald bewachsen sind.
Geologisch besonders interessant sind glatte, schwarze Doleritfelsen, die in den Flüssen liegen. Ein breites Korallenriff umgibt die Insel im Süden, Osten und Nordosten. Die Nordküste ist Teil des Curieuse-Marine-Nationalparks.

Der Urwald des Vallée de Mai ist dicht mit Palmen bewachsen, im Vordergrund die elegante »Palmiste«.

Früchte der Schraubenbäume setzen sich aus vielen kegelförmigen Segmenten zusammen.

Pflanzen und Tiere

Einzigartig auf den Seychellen ist der auf Praslin wachsende **Palmenwald**; ein Wald, in dem alle 6 endemischen Palmenarten, hauptsächlich die berühmte Seychellennußpalme, zusammen mit verschiedenen Schraubenbäumen vorkommen. Reste dieses Waldes stehen im Vallée de Mai und Fond Ferdinand. Das Vallée de Mai ist ein Teil des Praslin-Nationalparks; 1983 erhielt es den Status Welterbe der UNESCO (World Heritage Site).
Bis 1930 war das Tal völlig unberührt von menschlichen Eingriffen, danach wurden Fruchtbäume, Nutz- und Schmuckpflan-

◁ Das Inselchen Chauve Sourie liegt direkt vor Praslins Nordostküste, an der Grenze des Marine-Nationalparkes.

Schraubenbäume stützen sich auf Stelzwurzeln, ihre ▷
Blätter sind schraubenförmig um den Stamm angeordnet.

Praslin

zen angepflanzt. Heute wird versucht, den Wald wieder in seinen natürlichen Zustand zu bringen und die eingeführten Pflanzen so vorsichtig und sorgfältig zu entfernen, daß das natürliche Gleichgewicht nicht zu sehr gestört wird. Hauptanziehungspunkt sind die 6000 **Seychellennußpalmen**. Die männlichen sind an den 2 m langen Blütenständen zu erkennen, die mit braunen Schuppen bedeckt sind, zwischen denen die kleinen, sternchenartigen gelben Blüten hervorkommen. Die weiblichen Blüten sind fast ganz von einer runden, holzigen Kapsel eingeschlossen. Die Frucht braucht 6–8 Jahre, um reif zu werden. Das Innere ist erst geleeartig, später wird es steinhart und füllt die Nuß vollkommen aus. Mit 20 kg ist es der größte und schwerste Samen der Erde.

Fällt eine Nuß zu Boden, so erscheint nach einem halben Jahr ein Strang, der oft mehr als 10 m am Boden entlangwächst, bis eine Stelle mit genügend Erde erreicht ist, in die er sich versenkt. Die angeschwollene Strangspitze enthält die Keimanlage, von hier wächst die neue Pflanze, nicht von der Nuß aus. Als erstes werden Wurzeln ausgebildet, und erst ein gutes Jahr später erscheint das erste Blatt. Noch weitere 2 Jahre lang wird die junge Pflanze von der Nuß ernährt, danach vertrocknet der »Nabelstrang«. Pro Jahr wachsen 3–4 Blätter, die 14 m lang und 5 m breit werden können. Erst nach 15 Jahren erscheint der Stamm und schiebt die Krone in die Höhe.
Palmen haben kein sekundäres Dickenwachstum, der Stamm wächst nur in die

Das weiße Fruchtfleisch der dunkelroten Früchte der Icacopflaume schmeckt wie feuchte Watte.

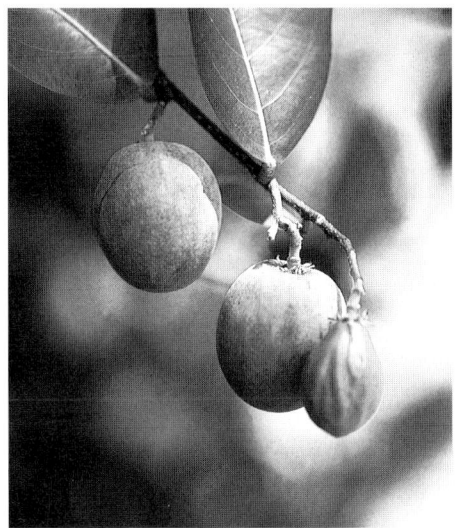

Höhe, nicht in die Breite. Männliche Palmen erreichen 30 m Höhe, weibliche sind mit 24 m etwas kleiner. Erst mit 20–40 Jahren werden sie geschlechtsreif, ihr Lebensalter beträgt 200–400 Jahre.

Zwischen den Seychellennußpalmen wachsen andere endemische **Palmenarten** und **Schraubenbäume**.

Bläst der Wind durch die langen, feingefiederten Wedel der schlanken »Latanier millepattes«, soll es so aussehen, als bewegten sich die vielen Beine eines Tausendfüßers (»Millepattes«).

»Latanier latte« ist leicht an ihren Stelzwurzeln an der Basis des Stammes zu erkennen. Es ist eine schlanke Palme mit dunkelgrünen, ungeteilten, am Rand ausgefransten Blättern.

Alle jungen Pflanzen der 6 endemischen Palmen sind mit langen Stacheln bewehrt, wahrscheinlich ein Schutz gegen die pflanzenessenden Seychellen-Riesenschildkröten, die früher in großer Zahl die Inseln bevölkerten.

Hornes-Schraubenbaum bildet an der Basis des schlanken Stammes einen Kegel von gleichförmigen Stelzwurzeln aus, die Krone wird aus Schöpfen von lang herabhängenden Blättern gebildet, die am Ende der mehrfach dreigeteilten Äste sitzen. Die weiblichen Pflanzen bilden große, orangefarbene, zusammengesetzte Früchte aus, die männlichen große, cremeweiße, flaumige Blütenstände.

Die Stelzwurzeln des Seychellen-Schraubenbaumes wachsen direkt unterhalb der Krone aus dem Stamm heraus und können riesige »Stelzwurzeldickichte« bilden, die bis tief zwischen den Felsen in die Schluchten hinabwachsen. Mancherlei Aberglauben und unzählige Legenden sind über die herabwachsenden Spitzen, die einem Phallussymbol ähneln, im Umlauf.

An den Hängen stehen *Northea*-Bäume, deren lange, schmale Blätter rostigbraun und an der Unterseite behaart sind. Die eiförmige Frucht enthält einen einzigen großen braunen Samen, der im Aussehen an einen mit einer Kapuze bedeckten Mönchskopf erinnert (»Capucin«).

Auffällig ist, daß die großen ovalen, kräftig gerippten Blätter des Rosenapfelbaumes (»Bois rouge«) immer zerfressen sind. Beide Bäume waren früher weitverbreitet, aber da ihr haltbares Holz sehr wertvoll ist, findet man sie außerhalb der geschützten Gebiete sehr selten.

Einige endemische Gehäuseschnecken leben nur im Vallée de Mai in enger Gemeinschaft mit den Seychellennußpalmen. Die weiße Nacktschnecke weidet auf den männlichen Blütenständen die gelben Blütchen ab.

Im Vallée de Mai überlebte ein Restbestand des **Rabenpapageis**. Im Gegensatz zu den meist bunten Verwandten ist er einfarbig dunkel, scheu, still und heimlich. Er sucht hoch oben in fruchtenden Bäumen seine Nahrung, benutzt dazu Füße und Schnabel zum Klettern und hängt oft kopfüber an den Fruchtständen. HINWEIS: Das

Geräusch der fallenden Kerne ist oft hilfreich bei der Suche! Die Papageien verständigen sich untereinander mit hohen, durchdringenden Pfiffen. Es gibt noch ungefähr 90 von ihnen, die im Moment zwar nicht gefährdet sind, jedoch Brutplatzprobleme haben.

Für Verwirrung können Hirtenmainas und Dickschnabel-Fluchtvögel sorgen, die die Papageienpfiffe hervorragend nachahmen.

Seychellen-Flughunde (S.29) fliegen in der Dämmerung oder bei bedecktem Himmel auch tagsüber mit langsamen Flügelschlägen von ihren Schlafplätzen auf Nahrungssuche. Ihr ausgezeichneter Geruchssinn leitet sie zu aromatisch duftenden Früchten, deren Fruchtfleisch sie auslutschen. Tagsüber hängen sie in den Spitzen hoher Bäume, allen Witterungseinflüssen ausgesetzt. Bei kühlem Wetter und Regen schlagen sie die Flughäute wie einen Mantel fest um den Körper, bei Sonnenschein werden sie gelüftet, und bei ganz praller Sonne fächeln sie sich damit Luft zu. Die dünnen Flughäute müssen gut gepflegt werden; sie werden beleckt und eingeölt, um elastisch zu bleiben.

Eigentlich nachtaktiv, durchwühlt der Tanrek (S.131) im tiefen Schatten des Vallée de Mai auch tagsüber laut raschelnd die dichte Laubschicht nach Nahrung.

Im Gebiet unterwegs

Das **Vallée de Mai** ① ist der wichtigste Besuchspunkt auf Praslin. Die Verbindungsstraße zwischen Grande Anse und Baie Ste. Anne führt direkt am Eingang vorbei. Gleich am Parkplatz steht ein großer *Northea*-Baum. Ein Faltblatt erklärt die wichtigsten Sehenswürdigkeiten. Der beste Platz, um den ursprünglichen Palmenwald zu sehen, ist der Pfad, der abwärts zum Fluß führt (Punkt 5 im Faltblatt). Achten Sie auf Feigenbäume mit reifen Früchten. Es kann vorkommen, daß 4 der

Seychellennuß – kostbarer als Gold

Es gibt keine Frucht, die geheimnisvoller und kostbarer war als die Seychellennuß. Jahrhundertelang rätselte man über den Baum, der diese Früchte hervorbrachte. Selten nur wurde sie an den Küsten der Malediven, Indiens und Ceylons angeschwemmt. Auf den Malediven gehörte jede gefundene Nuß dem König, einem unehrlichen Finder wurde die Hand abgehackt. Auf Ceylon galt der Finder als von Gott begünstigt, durfte die sa-

Seychellennuß, ein Symbol der Fruchtbarkeit.

Die Blütchen des männlichen Blütenstandes sind begehrte Nahrung für Nacktschnecken, Insekten und Taggeckos.

Nur aus einigen der weiblichen Blüten in ihren hölzernen Kapseln entwickeln sich Nüsse.

frangelbe Robe tragen und die Hälfte der gefundenen Nuß als Bettelschale benutzen.

Nach Europa gelangte die Nuß Mitte des 16. Jh. durch portugiesische Entdecker. Der deutsche Kaiser Rudolf II. bot vergeblich 4000 Gulden, das entsprach 122 kg Gold, für ein Trinkgefäß, das aus einer Meereskokosnuß geschnitzt war.

Die Nuß sollte wahrhaft Wunder vollbringen, sie galt als Aphrodisiakum, und außerdem hieß es, sie mache alle Gifte unwirksam und heile Gehirnerweichung und Fallsucht. Ein holländischer Arzt widmete in einem medizinischen Werk von 1634 allein 57 Seiten der Heilkraft der Meereskokosnuß.

Da niemand die Bäume mit den Wunderfrüchten gesehen hatte, glaubte man, sie stammten von Palmen auf dem Meeresgrund, die nur zur Blüte- und Fruchtzeit über die Meeresoberfläche hinauswüchsen; daher der Name Meereskokosnuß oder »Coco de Mer«.

Erst 1768 stand der französische Forscher Barré fassungslos im Vallée de Mai auf Praslin vor den seltenen Palmen. Er brachte 30 Nüsse nach Mauritius, danach Hunderte nach Indien, mit dem Ergebnis, daß der gesamte Markt zusammenbrach. Obwohl jetzt bekannt war, daß die Pflanze von den Seychellen stammte, mußte sie den irreführenden wissenschaftlichen Namen *Lodoicea maledivica* »Maledivenkokosnuß« wegen der Nomenklaturregeln behalten.

Auf den Seychellen geht die Sage, daß sich in stürmischen Nächten die männlichen und die weiblichen Palmen treffen und sich paaren. Erblickt ein Mensch dieses Schauspiel, so muß er sterben.

1881 besuchte General Charles Gordon, der spätere Held von Khartoum (Gordon Pascha), Praslin und war so beeindruckt, daß er seine Theorie veröffentlichte, Praslin müsse der Garten Eden mit der Seychellennußpalme als Baum der Erkenntnis gewesen sein. Inspiriert wurde er von der männlichen, phallusähnlichen Blüte und den herzförmigen Früchten, die einen Samen wie ein weibliches Becken ausgebildet haben.

endemischen Arten, Rabenpapageien, Warzenfruchttauben, Dickschnabel-Fluchtvögel und Seychellen-Nektarvögel auf demselben Baum zu finden sind.

Wanderwege

Praslin ist durchzogen von wunderschönen Wanderwegen, aber keiner ist ausgeschildert.

Der weiße Bethlehemstern wächst im Schatten. Sein Pflanzensaft ist stark giftig.

1. Der lohnendste ist der **Salazie-Track** ② (3 km, 2–3 Stunden). Er steigt von Grande Anse aus bis auf eine Hochebene. Sie ist zum Teil sumpfig und mit einem wunderschönen Bestand der endemischen Hornes-Schraubenbäume bewachsen. Danach führt der Weg abwärts durch Palmenwald, Mango- und Brotfruchthaine und endet an der Nordseite Praslins am Anse Volbert im Anse Volbert Village.

2. Die Inseldurchquerung auf dem **Pasquière-Track** ③ (2km, 2 Stunden) hat ebenfalls Grande Anse als Ausgangspunkt und den ersten Teil gemeinsam mit dem Salazie-Track. Auf der Hochebene an der Weggabelung folgt man jedoch dem Hauptweg nach links. Am Pasquière-Fluß entlang geht es durch Sekundärwald zu der Ansiedlung Pasquière am Anse Possession.

3. **Fond Ferdinand** ④ (3 km, 2 Stunden) ist der zweite Ort mit ursprünglichem Palmenwald, aber kleiner als das Vallée de Mai. Ein verheerendes Feuer vernichtete 1990 weite Teile, die Vegetation beginnt sich zu erholen. Mehrere Seychellennußpalmen trieben aus, und viel Interessantes blieb erhalten.

Am Südende des Ortes Baie Ste. Anne verläuft die Straße direkt am Strand, danach steigt sie leicht an und überquert einen Fluß. An diesem Punkt geht der Weg zum Fond Ferdinand nach rechts ab. Wer vom Fond Ferdinand weiterwandern möchte, folgt dem Pfad bis zu einem Aussichtspunkt.

Hier ist Endstation, man geht entweder den gleichen Weg zurück (1/2 Stunde), oder man folgt an der letzten Gabelung dem linken Pfad, der hinunter in das Flußtal führt und weiter bis zum Anse Marie-Louise.

4. Der schönste Strand Praslins, der **Anse Lazio** ⑤ im Nordwesten, ist nur auf Fußpfaden zu erreichen oder mit dem klein-

Der Lebensraum des dunkelgrauen Rabenpapageis verschwand mit dem Abholzen der Palmwälder.

sten Leihwagen, dem Minimoke. Busendstation ist in Anse Boudin, von dort sind es 1,5 km Fußweg. Anse Lazio besteht aus samtweichem, weißem Sand, der bis tief ins Wasser reicht. An den felsigen Seiten der Bucht befindet sich ein hervorragendes Schnorchelgebiet mit herrlichen Korallenformationen. Der Anse Lazio River bildet große Teiche und Brackwasserlagunen aus.

Praktische Tips

Anreise
Flug: Von Mahé aus mehrmals täglich. Flugdauer 15 Minuten.
Boot: 3 Fähren verkehren zwischen Praslin und Mahé. Die Fahrt dauert je nach Seegang ungefähr 3 Stunden. Fahrkarten gibt es in Victoria am Fähranleger.

Verkehr
Busse: Nur die Westecke hat keine Busverbindung, sonst kann alles mit dem Bus erreicht werden. Es gibt Taxis und Mietautos, meistens Minimokes (offene Kleinwagen).
Boote: Boote können in den Hotels und Touristenunternehmen gemietet werden.
Ausflüge: Von Praslin starten Tagesausflüge mit Booten nach Cousin (s.S.65), Aride (s.S.60) und Curieuse.
Regelmäßiger Fährverkehr verbindet Praslin mit La Digue (s. auch S.55).

Kauf einer Seychellennuß
Am besten kauft man Seychellennüsse im Fond Boffay Forestry Division Store, 1 km hinter Baie Ste. Anne an der Straße zum Vallée de Mai. Sie sind naturbelassen, aber ausgehöhlt, denn eine 20-kg-Nuß würde das Gewichtslimit des Fluggepäcks sprengen.
ACHTUNG : Nüsse können nur mit schriftlicher Lizenz ausgeführt werden!

Blick in die Umgebung

Nur 1 km von der Nordküste Praslins entfernt liegt die kleine, bergige Granitinsel <u>Curieuse</u>.
Die ganze Insel ist Naturreservat, um das, neben Praslin, zweite natürliche Vorkommen der Seychellennußpalme zu schützen. Leider wurde das Gebiet 1980 durch Feuer stark zerstört, aber ein Wiederaufforstungsprojekt half, die Schäden zu begrenzen. Botanisch interessant ist die inselendemische Schlingpflanze *Toxocarpus schimperianus.*
Die Ostseite wird von einer großen Bucht, der Baie Laraie gebildet, die von Mangrovensümpfen umgeben ist.
Die gesamte Insel Curieuse ist im **Curieuse-Marine-Nationalpark** ⑥ eingeschlossen. Der Park umschließt 14 km² Wasserfläche mit den schönsten Korallenriffen der Seychellen.
Das beste Schnorchelgebiet liegt rings um das St.-Pierre-Inselchen. Man erreicht es entweder mit einem gemieteten Boot oder vom Anse Volbert aus, wo gegenüber des Paradise-Hotels ein Boot stündlich zwischen 9.00 und 17.00 Uhr pendelt.
Der beste Schnorchelplatz, der zu Fuß zu erreichen ist, ist der Anse Petite Cour an der Basis der Halbinsel Pte. Zanguilles.

4 La Digue

Pittoreske, rosafarbene Granitblöcke; typischer Küstenwald; Seychellen-Paradiesschnäpper; Bruthöhlen der Seychellen-Salanganen am Berggipfel; Sumpfland mit Chinesendommel.

La Digue besitzt einen ganz einzigartigen Reiz von Gelassenheit und Ruhe. Ihr Wahrzeichen sind riesige, glattgeschliffene Granitblöcke, die durch eingelagerten rosafarbenen Feldspat charakteristisch gefärbt sind. Weit über der jetzigen Hochwasserlinie befinden sich Reste von festsitzenden Meerestieren; ein Zeichen, daß die Insel im Laufe der Zeit hochgehoben wurde.

Die 5,2 km lange Insel gliedert sich in Längsrichtung in 2 sehr unterschiedliche Regionen. Die gesamte westliche Hälfte ist flach und bildet bis zur 20-m-Höhenlinie das Küstenplateau. Steil ragt der Gebirgsstock Nid d'Aigles dahinter auf, erhebt sich bis zu 333 m Höhe und fällt nach Osten gleichmäßig bis zum Meeresspiegel ab.

Die Flüsse, die das Plateau durchziehen, bilden Sumpfgebiete aus. Während des Südostmonsuns trocknen die meisten aus, aber zur regenreichen Zeit des Nordwestmonsuns sind weite Gebiete überflutet.

Pflanzen und Tiere

Typischer Küstenwald (s.S.20) bedeckte früher die gesamte große Fläche des Plateaus. Er ist noch im René-Payet-Reservat ① und in einigen Restgebieten erhalten.

La Digue verkörpert für den Besucher das Bild eines typischen, tropischen Paradieses.

Takamakas sind die häufigsten und auffälligsten Strandbäume der Seychellen . Die gekrümmten Äste setzen schon tief unten am Stamm an, die ledrigen, dunkelgrünen und glänzenden Blätter sind immergrün. Der Indische Mandelbaum hat weit gespreizte, horizontale, in Etagen wachsen-

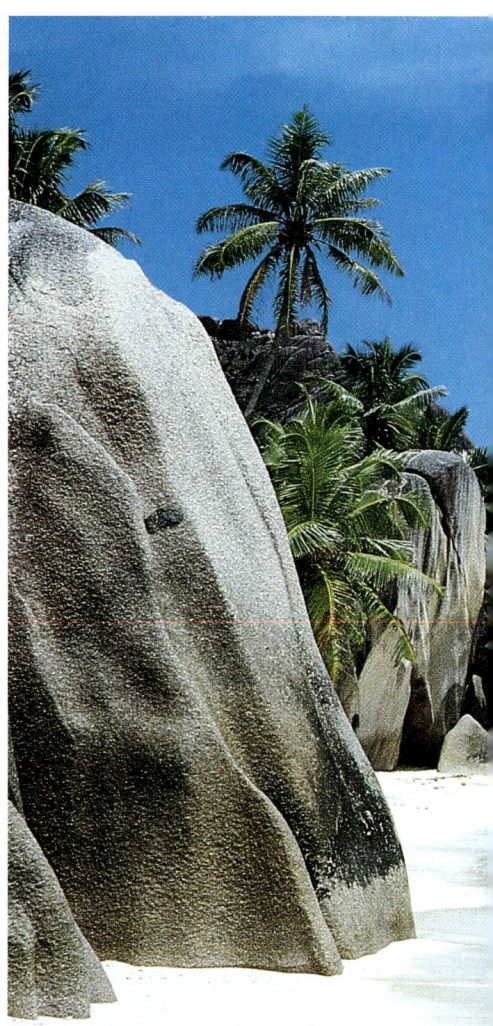

de Äste. An ihnen sitzen Rosetten von ovalen, kurzstieligen Blättern, die vor dem Abfallen leuchtend rot werden. Die 6 cm großen, mandelartig schmeckenden Früchte sind eßbar. Der mittelgroße Heritierabaum mit gleichmäßig runder Krone hat ovale, bis 20 cm lange Blätter, deren Unterseiten silbrig glänzen (darum engl. »Looking Glass Tree«) und braune, gekielte Früchte. Die Hernandia (ein Eierfruchtbaumgewächs) mit großen, herzförmigen Blättern bildet ihre Früchte als weiße, fleischige Laternchen aus. Gleich am Landesteg rahmen 2 der stattlichen Bäume den Weg ein.

Der Küstenwald ist der Lebensraum der endemischen **Seychellenparadiesschnäpper.** Sie brauchen dichten Wald mit feuchtem Untergrund, in dem genügend Insekten leben, von denen sie sich ernähren. Männchen und Weibchen unterscheiden sich sehr in Verhalten und Aussehen. Unver-

La Digue

Map labels:
Anse Patates, Anse Sévère, Anse La Réunion, Anlegestelle, La Passe, Nid d'Aigles, 5, Anse La Réunion, 1, Bellevue, La Digue Island 333m, Anse Union, Roche Bois, Grande-Anse-Fluß, Pte. Source d'Argent, Anse Source d'Argent, Granitfelsen, La Rétraite, 4, Anse Cocos, Petite Anse, Grande Anse, Anse Marron, N

Inset map labels:
Anlegestelle, Polizei, Hospital, Bank, 1, René-Payet-Paradiesschnäpper-Reservat, Pte. Source d'Argent, 2, 3, Felsblöcke, Grande Anse, Anse Caiman, 0 — 500 m

— Piste

0 — 1 — 2 km

wechselbar ist das blauschwarze Männchen, dessen lange Schwanzfedern es bei seinen akrobatischen Flugspielen auffällig umwehen. Das braun-schwarz-weiße Weibchen dominiert während der Brutzeit und Jungenaufzucht über das Männchen. Nur wenn das Weibchen nicht da ist, darf das Männchen brüten oder füttern und muß sofort Platz machen, wenn dieses kommt.

Der Indische Mandelbaum wird auf den Seychellen wegen seines rötlichen und festen Holzes geschätzt. Das Foto zeigt die großen Blätter und Früchte.

Das winzige Nest, aus feinen Kokosfasern und Kasuarinennadeln gebaut und mit Spinnweben umwickelt, wird an der Spitze von dünnen, äußeren Zweigen gebaut. So ist das einzige Ei vor nesträubernden Mabuyen geschützt. Trotzdem ist der Bruterfolg niedrig, nur aus einem Viertel der Eier schlüpfen Junge. Das René-Payet-Reservat ist mit 6 ha das kleinste der Seychellen, es bietet jedoch mehreren Paradiesschnäppern Lebensraum. Einige besiedelten von dort aus schon wieder andere kleine Restwälder. Der jetzige Bestand von 75–80 Vögeln ist jedoch das Maximum, das in dem übriggebliebenen Lebensraum existieren kann.

Mehrere Flüßchen, vom Gebirge kommend, durchziehen das Küstenplateau und bilden kleinere und ausgedehntere Sümpfe. Teichhühner schwimmen zwischen Rohrkolben, Sumpfried, Mangrove- und Hornfarnen umher. Farblich gut getarnt, versteckt sich die braungelbe Chinesendommel zwischen den Schilfstengeln; unsichtbar für den Beobachter, wenn sie sich bei Beunruhigung mit emporgestrecktem Schnabel hoch aufrichtet und regungslos stehenbleibt. Sie ist an Süßwasser gebunden, kommt darum nur auf Mahé, Praslin und La Digue vor.

Kleine braune Wellenastrilde, mit rotem Schnabel und Augenstreif, sind immer im Schwarm von 20–30 Vögeln zu finden. Sie ernähren sich hauptsächlich von kleinen Grassamen und bevorzugen feuchte, mit Gras bewachsene Gebiete. Durch das Trockenlegen der Sümpfe verschwand ihr Lebensraum. Heute kommen sie nur noch auf dem Plateau von La Digue und im Nordteil von Mahé vor.

Besonders nach Regenfällen sausen in rasendem Flug **Seychellensalanganen** auf Insektenjagd über den dampfenden Erdboden. Die zierlichen, graubraunen Segler nisten in tiefen Granithöhlen hoch oben auf den Berggipfeln. An der Höhlendecke kleben wie kleine Schüsselchen mehrere nach vorne offene Nester. Die aus dem hellen Sonnenlicht durch die schmale Öffnung hereinsausenden Salanganen orientieren sich in der Dunkelheit durch Echolot mit hörbaren Klicklauten. Die Gesamtzahl der Salanganen beträgt auf den Seychellen 1000 Paare; regelmäßig zu sehen sind sie nur in der Nähe ihrer Brutplätze auf Mahé, Praslin und La Digue.

Im Gebiet unterwegs

La Digue kann als Tagesausflug besucht werden, dann empfiehlt es sich jedoch, mit der ersten Fähre hin (7.30 Uhr) und mit der letzten (17.30 Uhr) zurückzufahren. Mindestens eine Übernachtung ist empfehlenswert.

Die Insel kann gut zu Fuß entdeckt werden. Fahrräder können überall ausgeliehen werden.

Tagesausflügler sollten einen **Rundgang** um das westliche Küstenplateau machen, der alles Wesentliche abdeckt.

Vom Anlegesteg führt die Hauptstraße in südlicher Richtung am Strand entlang, der mit sehenswerten großen Takamakabäumen bewachsen ist. In den großen, offenen Hallen der Bootswerft werden Holz-

Die langen Schwanzfedern des Seychellen-Paradies-
schnäppers gaben ihm den Namen »veuve« (Witwe).

schoner mit Takamakaholz neu gebaut
und alte ausgebessert. In der Kokosplantage sieht man werktags den Ablauf der Kopragewinnung (S. 76) und -trocknung. Es
wird auch Vanille angebaut, deren fermen-
tierte Schoten im Plantagenbüro gekauft
werden können. Die La-Digue-Vanille soll
die beste der Seychellen sein!
Linkerhand erhebt sich der gewaltige **La-
Digue-Felsen** ②. An seinem Fuße leben in
einem Gehege Seychellen-Riesenschild-
kröten. Der Pfad führt weiter durch ein
Mangrovengebiet, in dem Watvögel und
Rotklauenkrabben vorkommen, und endet
am **Pointe Source d'Argent** mit einer An-
sammlung von riesigen Granitblöcken ③.
Bis zum La-Digue-Felsen geht derselbe
Pfad wieder zurück, danach führt der
Rundweg nach rechts und durch ein
Sumpfgebiet. TIP: nach der Chinesen-
dommel Ausschau halten!
Der Pfad führt nach links in den dichten
Wald des **René-Payet-Paradiesschnäpper-
Reservates** ①. TIP: Fotografen brauchen
hochempfindliche Filme (400 ASA) ! Wer
im Reservat keine Paradiesschnäpper
sieht, sollte die anderen Waldgebiete ab-
suchen (siehe kleine Karte).
Der Weg zum <u>Grande Anse</u> ④ führt erst
durch Kokos- und Vanilleplantagen. An
der T-Kreuzung nach rechts abbiegen, die
Straße folgt dem Grande-Anse-Fluß, ein-
gesäumt von vielen Fruchtbäumen. Der
Abstieg zum Grande Anse führt durch farn-
reichen Wald, in dem Dickschnabel-
Fluchtvögel leben. An dem langen Sandstrand von Grande Anse brechen sich rie-
sengroße Wellen. VORSICHT: Der Sog der
zurückströmenden Wellen ist sehr stark!

Die braun-schwarz-weißen Weibchen des Seychellen-
paradiesschnäppers brüten in jeder Jahreszeit, je nach
Nahrungsangebot.

Die weißen Blütenbüschel des Takamakas (Alexandrinischer Lorbeerbaum) strömen einen starken, süßen Duft
aus. Die Früchte sind grün und rund.

Riesige, von Wind und Regen abgerundete Granitfelsen sind das Wahrzeichen von La Digue.

Anschließend gelangt man an die Strände von **Petite Anse** und **Anse Cocos**, alle mit Frischwassersümpfen im Hinterland, in denen Chinesendommeln und Wellenastrilde beobachtet werden können. Es gibt keinen Rundweg, derselbe Weg führt zurück.

Der Aufstieg zum <u>Nid d'Aigles</u> (Adlernest) ⑤ und zur Salanganenhöhle ist ein schweißtreibender, aber wunderschöner Marsch. Er führt durch Ansiedlungen mit verschiedenen Fruchtbäumen und steigt dann steil hinauf. ACHTUNG : Bei Regenwetter ist der Pfad sehr glitschig!

Wer in die Salanganenhöhle möchte, sollte in einem Hotel nach einem Führer fragen. Zwischen Geröllblöcken und den Stelzwurzeln der Schraubenpalmen hindurch rutscht man in die mehrkammerige Höhle, in der sich 2 Brutkolonien befinden. TIP: Taschenlampen sind unbedingt erforderlich, Fotografen brauchen Blitzlicht!

Praktische Tips

Anreise
La Digue ist nur mit dem Schiff zu erreichen. Von Baie Ste. Anne auf Praslin besteht täglich regelmäßiger Fährverkehr von 7.30–17.00 Uhr (20 min). ACHTUNG : Die Boote starten pünktlich!
Von Mahé aus dauert die Bootsfahrt etwa 3 Stunden, jedoch kein Fährbetrieb am Wochenende.

Unterkunft
Unterkünfte gibt es in Privatpensionen sowie in kleineren und größeren Lodges.

Die Salanganennester hängen unter der Höhlendecke; das einzige Ei ist mit Speichel festgeklebt. Alt- und Jungvögel klammern sich mit ihren Krallen fest.

5 Aride

Wichtigstes Naturreservat der Seychellen; 1 Mio. brütender Seevögel in 10 verschiedenen Arten; weltweit größte Brutkolonie der Schlankschnabelnoddis und Rosenseeschwalben; einziger Brutplatz des Rotschwanztropikvogels auf den Inneren Seychellen; rastende Fregattvögel; ursprünglicher Wald; hervorragendes Schnorchel- und Tauchgebiet.

Aride ist die nördlichste Granitinsel der Seychellen, nur 70 ha klein, aber der bedeutendste Brutplatz der Seevögel. Es ist kein Zufall, daß Aride eine der am natürlichsten erhaltenen Inseln der Seychellen ist. Durch gefährliche Brandung geschützt, wurde sie erst spät besiedelt und blieb ratten-, katzen- und hundefrei, nur Mäuse wurden eingeschleppt.

1973 wurde sie von der Royal Society for Nature Conservation (RSNC), einer englischen Naturschutzorganisation, gekauft und wird seitdem mit Hilfe von Wissenschaftlern betreut. Ein Teil des Naturschutzprogramms von Aride beschäftigt sich mit dem Wiederaufforsten von natürlichem Wald. Als die Insel noch bewirtschaftet wurde, ließ die Kokosplantage nur kleine Reste natürlicher Vegetation überleben. Nach der Gründung des Naturreservats wurden die Kokospalmen reduziert und ein natürliches Gleichgewicht zwischen ihnen und dem Küstenwald angestrebt. An der Südseite befindet sich der einzige Sandstrand, ihm ist ein Korallenriff vorgelagert. Richtung Inselinneres erhebt sich in 4 m Höhe ein kleines, flaches Küstenplateau. Über 90 % der Insel besteht aus rauhen Hügeln, die nach Norden hin bis zur höchsten Spitze von 134 m ansteigen und steil ins Meer abfallen.

Pflanzen und Tiere

Der Boden des Plateaus ist durch den abgelagerten Guano sehr fruchtbar, so daß von der Erstbesiedlung an Nutzpflanzen angebaut wurden. Heute dienen sie der Versorgung der Inselmannschaft. Der sich anschließende Küstenwald ist fast frei von eingeführten Pflanzen erhalten. Zwischen großen Takamakas, Barringtonias und Indischen Mandelbäumen bilden Wolfsmilchbüsche der Art *Phyllanthus castium* und der kleinwüchsige Eierfruchtbaum *Hernandia ovigera* den Unterwuchs. Der zierliche Morindabaum (S.63; ein Rötegewächs) wird verstärkt wieder angepflanzt. Er ist wichtig für insektenessende Landvögel, denn seine Blüten wie auch die runden Früchte werden umschwärmt von Insekten. Seine herabgefallenen Blätter bilden eine dichte Laubschicht auf dem Boden , die regelmäßig von Mabuyen und Vögeln durchsucht wird.

Zügelseeschwalben bevorzugen zum Brüten rattenfreie Inseln. Sie fischen in kleinen Gruppen in Inselnähe.

Der dunkelbraune Noddi hat eine hellgraue Kappe und eine schwarze »Runzel« zwischen den Augen.

Etwas höher auf den steileren Hängen geht der Küstenwald in einen Pisoniawald über. Seit das Vernichten der Schößlinge 1975 gestoppt wurde, breitete Pisonia sich schnell aus und wurde zur häufigsten Art. Schlankschnabelnoddis nisten bevorzugt auf ihnen, denn ihre Blätter eignen sich gut zum Nestbau. Eine Gefahr für die brütenden Vögel sind die Unmengen von kleinen, stacheligen Samen, die das Gefieder so stark verkleben können, daß die Vögel flugunfähig werden und zugrunde gehen. Nahe am Gipfel wächst eine botanische Kostbarkeit Arides, die endemische Wright-Gardenie, ein bis zu 4 m hoher Strauch, dessen wohlriechende, weißviolette Blüten kurz nach Regenfällen erscheinen.

Auf Aride brüten 10 verschiedene Seevogelarten in riesigen Mengen. Zwischen Mai und Oktober erscheinen rund 1 Mio. Brutvögel. Am aufmerksamsten wird die **Rosenseeschwalbe** beobachtet, denn auf Aride liegt der letzte größere Brutplatz im Indischen Ozean mit 1300 Paaren. 2 Arten von **Noddiseeschwalben** brüten hier: Der etwas größere Noddi kommt in allen tropischen Meeren vor, der zierlichere, dunklere Schlankschnabelnoddi lebt nur im Indischen Ozean. Aride besitzt mit 170 000 Brutpaaren die größte Kolonie. Beim Fischen tauchen die Noddis höchst selten unter die Wasseroberfläche, sondern schnappen sich kleine, an die Oberfläche springende Jungfische. Zum Balzverhalten gehört ruckhaftes Kopfnicken beider Partner, daher der Name (vom englischen »to nod« = nicken). Begeisterung erwecken die weißen **Tropikvögel** mit ihren immens verlängerten beiden mittleren Schwanzfedern, rot bei den

Schlankschnabelnoddis haben einen grauen Kopf und Hals.

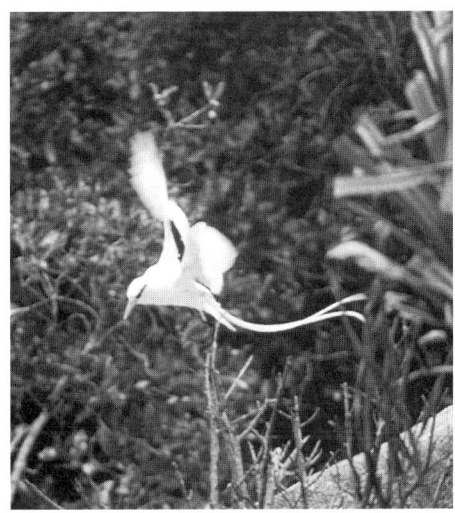

Weißschwanztropikvögel brüten das ganze Jahr über in Nischen an Baumstämmen oder zwischen Felsblöcken.

Rotschwanz- und weiß bei den Weiß-schwanztropikvögeln. Sie leben auf offe-ner See und kommen nur zum Brüten an Land. Es sind schnelle und wendige Flie-ger, die oft aus beträchtlicher Höhe nach Fischen und Tintenfischen tauchen. Sie ra-sten schwimmend auf dem Wasser, wobei sie ihre langen Schwanzfedern wie einen Hahnenschweif hochwölben. An Land können sie sich nur mit größten Schwierig-keiten fortbewegen. Die kleinen Füße und die zierlichen Beine, die sehr weit hinten am Körper angesetzt sind, können das Kör-pergewicht nicht tragen. Der Vogel stützt sich beim Laufen mit Brust und Schnabel auf dem Boden ab, bevor er sich elegant in die Luft erheben kann.

300 000 Rußseeschwalbenpaare (s.S.71) nisten auf dem Boden des steinigen Hü-gels. Die ähnliche **Zügelseeschwalbe** hat einen grauen statt schwarzen Rücken und einen weißen Zügel über dem Auge. Sie nistet in kleinen Kolonien, die Nester sind unter vorstehenden Steinen oder Pflanzen-büscheln versteckt. Anders als die Rußsee-schwalbe bleibt sie das ganze Jahr über in ihrem Brutgebiet und kommt auch außer-halb der Brutzeit nachts zum Rasten auf

Aride ist der nördlichste Brutplatz der Rotschwanz-Tropik-vögel im Indischen Ozean.

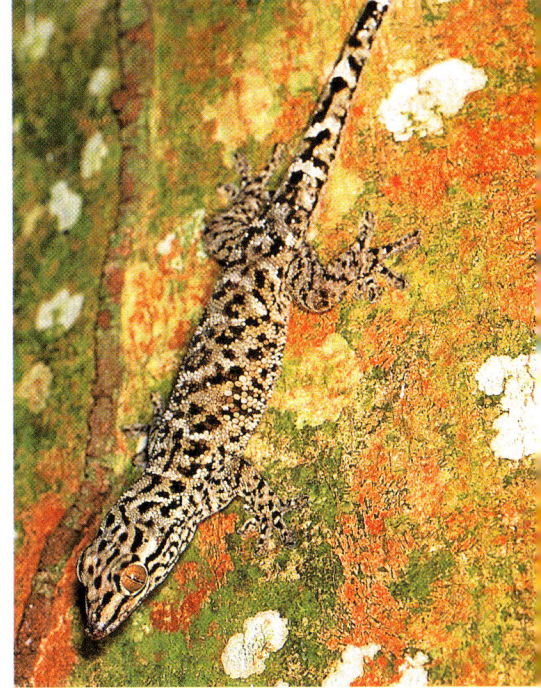

◁ Die kleine, streng geschützte Insel Aride ist einer der wichtigsten Brutplätze für Seevögel.

Der endemische, nachtaktive Bronzegecko besitzt ▷ große rötliche, vorgewölbte Augen.

die Inseln. Einzigartig ist der Brutzyklus: Unabhängig von der Jahreszeit brütet die Kolonie in einem 8-Monate-Abstand. Feenseeschwalben (s.S.72) sind ganzjährig anzutreffen. Keilschwanzsturmtaucher und Audubon-Sturmtaucher (s.S.64) kommen in der Dunkelheit an Land und verlassen ihre Bruthöhlen im Morgengrauen. Fregattvögel (S.87) erscheinen zum Jagen und Rasten, Bindenfregattvögel regelmäßig, Arielfregattvögel selten. Sie brüten nicht mehr auf den Seychellen, alle früheren Brutkolonien sind dem Fleischbedarf der Siedler zum Opfer gefallen. Landvögel halten sich am häufigsten in den dichten Büschen und auf den Feldern des Plateaus auf, wo Madagaskarweber, Turteltauben und Sperbertäubchen nach Nahrung suchen. Im Schilfgebiet des Sumpfes brüten Teichhühner. 29 Seychellenrohrsänger (s.S.63) wurden 1988 von der Insel Cousin eingeführt, um die Existenz der Art mit einer zweiten Population abzusichern. Sie gewöhnten sich gut ein und vermehrten sich so prächtig, daß 1993 die Anzahl auf 230 Vögel angewachsen war.

Tagaktiv sind 2 Glattechsenarten, die Wright-Mabuyen und die Seychellen-Mabuyen, sowie die leuchtend grünen Taggeckos, die auf Bäumen nach Insekten suchen. Der größere Bronzegecko ist nachtaktiv, er ruht tagsüber im Schatten. Riesentausendfüßer (S.133) werden bis 25 cm lang. Sie ernähren sich nachts von pflanzlichen Stoffen und suchen tagsüber feuchte Schattenverstecke auf, da sie sonst sehr schnell in der Sonne austrocknen. Die Körperringe toter Tiere liegen überall verstreut umher.

Der Südseite vorgelagert liegt eines der schönsten, noch vollkommen intakten Korallenriffe der Seychellen mit mindestens 200 Fischarten, Hirschgeweihkorallen und Karettschildkröten, deren Weibchen zwischen Oktober und März zur Eiablage an den Sandstrand kommen.

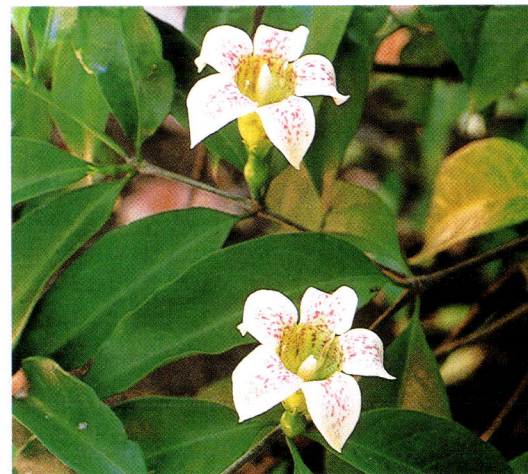

Aus den Blüten der Wright-Gardenie (»Bois citron«) bilden sich grüne, ungenießbare, zitronenähnliche Früchte.

Während des Nordostmonsuns besuchen Walhaie die Gewässer rund um Aride. Diese größten Fische der Welt, die bis 18 m lang werden können, ernähren sich von Plankton. Ihre Biologie ist so gut wie nicht erforscht.

Im Gebiet unterwegs

Achten Sie während der Bootsfahrt von Praslin nach Aride auf Delphine und Walhaie!

Der geführte Rundgang beginnt mit dem **Plateau** ① und führt durch den Küstenwald auf den **Gipfel** ②. Während der Hauptbrutzeit von Juni bis September ist der Gipfelweg wegen der vielen bodenbrütenden Seeschwalben gesperrt.

Das beste Schnorchelgebiet ③ befindet sich gegenüber dem Bootshaus. Die Strömung außerhalb des Riffes ist sehr stark, schwimmen Sie nur innerhalb!

Empfehlenswert ist eine Bootsfahrt rund um die Insel, um die beeindruckenden steilen nördlichen Klippen ④ zu sehen, auf denen Hunderte von Fregattvögeln rasten und unzählige in der Luft segeln.

Praktische Tips

Anreise

Aride liegt nordnordöstlich von Praslin und ist am besten von dort aus zu erreichen. Die Schnellboote starten vom Anse Volbert oder Grand Anse zwischen 8.30 und 9.30 Uhr und benötigen für die 6 Seemeilen (10 km) 45 Minuten. Die Tagestour enthält einen von einem Ornithologen geführten Ausflug über die Insel zum Hügel und eine Grillmahlzeit am Strand. Die Landung am Sandstrand kann wegen der starken Brandung schwierig sein.

ACHTUNG: Fotosachen und Ferngläser sollten unbedingt wasserdicht verpackt werden!

Klima / Reisezeit / Besuchszeiten

Theoretisch kann Aride das ganze Jahr über besucht werden. Während der Brutsaison zwischen Mai und September ist die See jedoch oft so rauh und stürmisch, daß eine Landung unmöglich wird. Besuchstage Juni bis Oktober: Mittwoch und Sonntag ; Oktober bis Juni: Mittwoch, Donnerstag, Freitag und Sonntag. Keine Unterkünfte, nur Tagesbesucher.

6 Cousin

Naturreservat; Seychellenrohrsänger, Seychellenweber, Seychellenturtel-taube; große Seevogel-Brutkolonien; freilebende Seychellen-Riesenschild-kröten, wichtigster Nistplatz im Indischen Ozean für Karettschildkröten.

Cousin gilt als Schwesterinsel von Aride. Beide zusammen besitzen die größten Seevogel-Brutkolonien aller Granitinseln der Seychellen. Die kleine Insel hat nur einen Durchmesser von etwa 1 km und umfaßt 27 ha. Der größte Teil besteht aus einem flachen Küstenplateau aus phosphathaltigem Sandstein, entstanden aus prähistorischen Guanoablagerungen. Im Südwesten erhebt sich ein 69 m hoher Granithügel, dessen Felsen an der Süd- und Westseite steil bis zum Strand abfallen. Der halbjährliche Richtungswechsel der Monsunwinde verändert die Ausdehnung und Lage der breiten, weißen Sandstrände. Während des Nordwestmonsuns wird der Nordstrand abgeschwemmt, Felsbänke werden freigelegt, und der Oststrand erweitert sich zu einer breiten Sandbank. Der Südostmonsun kehrt das Ganze um, und der Nordstrand dehnt sich wieder zu einer weiten Sandfläche aus. Die Boote landen deshalb je nach Jahreszeit an verschiedenen Stellen.
Cousin war früher Privatbesitz. Die Eigentümer lebten von den großen Brutkolonien. Die Eier der Rußseeschwalben wurden abgesammelt und pro Jahr 4000 junge Keilschwanzsturmtaucher »geerntet«, die eingepökelt als Delikatesse galten.
Als entdeckt wurde, daß nur noch auf Cousin und sonst nirgendwo der Seychellenrohrsänger in geringer Anzahl überlebt hatte, wurde 1968 die Insel vom Internationalen Rat für Vogelschutz (ICBP) gekauft

und unter Schutz gestellt. Sie ist damit als einzige Insel der Welt in internationalem Besitz .

Pflanzen und Tiere

Große Kasuarinen befestigen rings um die Insel den Strand und wirken als Wind- und Spritzschutz für die Pisoniabäume und Cordiabüsche. Aus vorherigen Farmerzeiten verwilderten Baumwolle, Papayas und Rizinusstauden. Im Südwesten werden einige Senken bei Hochwasser überflutet, dort haben sich Mangroven angesiedelt. Eines der Hauptziele des Naturschutzes ist es, die ursprüngliche Pflanzenwelt wieder

Wright-Mabuyen ernähren sich von Vogeleiern, Jungvögeln und Futterresten in den großen Seevögelkolonien.

An ehemaligen Siedlungen wächst verwilderte Baumwolle, die von Kleinvögeln gern zum Nestbau verwendet wird.

Die Blüten der Scharlachcordie bilden großen Trugdolden. Die schleimigen Beeren sind süß.

◁ Auch der Strand von Cousin ist geschützt; es dürfen keine Muscheln oder Schnecken mitgenommen werden.

Die selten gewordene Seychellenunterart der Turtel- ▷
taube hat einen dunkelroten Kopf.

herzustellen. »Ursprünglich« meint dabei den Zustand, der auf der Insel herrschte, ehe die ersten europäischen Siedler den Inselbewuchs so stark veränderten. Glücklicherweise blieben einige große Bäume an mehreren Stellen erhalten, die sich inzwischen zu einem natürlichen Küstenwald aus Pisonia, Morinda, dem Wolfsmilchgewächs *Phyllanthus castium* und *Ochrosia*-Bäumen (ein Hundsgiftgewächs) entwickelten.

Bekannt geworden ist Cousin durch 3 höchst gefährdete Landvogelarten, den Seychellenrohrsänger, den Seychellenweber und die Seychellenturteltaube. Für den **Seychellenrohrsänger** kam die Rettung in letzter Minute, es gab nur noch 26 Vögel. Die anderen Vorkommen waren durch Biotopzerstörung erloschen. Sein Gesang klingt abwechslungsreich und melodisch. Das einzige Junge verläßt das Nest erstaunlich früh, lange bevor es fliegen kann. Es ist sehr lebhaft und klettert im Gezweig umher. Das scheint ein Verhalten zum Schutz gegen die häufigen, nesträuberischen Wright-Mabuyen zu sein. Durch die Erneuerung des natürlichen Pflanzenkleides gibt es genug Lebensraum und Nahrung für die auf über 400 Vögel angewachsene Population. Es ist die einzige der gefährdeten Seychellen-Arten, die jetzt als gerettet gelten kann.

Auf den Seychellen kommen 2 **Turteltaubenformen** mit gleichen Lebensgewohnheiten vor. Ursprünglich gab es nur die dunklere Seychellen-Unterart. Die hellere Madagaskar-Turteltaube wurde von Seefahrern eingeschleppt, die die Tauben als Nahrungsreserven in Käfigen mitführten.

Das Sperbertäubchen ist der zahmste und häufigste Inselvogel rund um menschliche Siedlungen geworden.

Die Früchte des Morindabaumes (»Bois tortue«) weisen ein vieleckiges Muster wie ein Schildkrötenpanzer auf.

Der graubraune, schlanke Seychellenrohrsänger huscht auf Insektenfang durch die Büsche; er ist ständig in Bewegung.

Beide Unterarten vermischten sich auf allen Inseln, auf Cousin tritt jedoch der dunkle Seychellen-Typ noch häufig auf. Die häufigste Taube der Seychellen ist das aus Indien eingeführte Sperbertäubchen, eine kleine, braun-gesperberte Taube mit langem Schwanz.

Durch das Heranwachsenlassen der natürlichen Pflanzen änderte sich die Zusammensetzung der Seevogelarten. Rußseeschwalben, die nur auf kahlem Boden oder ganz kurzer Pflanzendecke brüten, verschwanden vom Granithügel, als dessen Pflanzenwuchs nicht mehr kurzgehal-

ten wurde. Auch die Anzahl der Noddis, die hauptsächlich in Palmenschöpfen brüten, ist durch die Abnahme der Kokospalmen zurückgegangen. Dafür stieg durch die Zunahme der Pisonias die Brutkolonie der Schlankschnabelnoddis auf etwa 100 000 Paare an.

Feenseeschwalben und Weißschwanztropikvögel brüten das ganze Jahr über. Jungvögel aller Altersstufen erwarten auf ihren Nestplätzen die Rückkehr der Eltern zur Fütterung. Auf dem Granithügel brüten einige hundert Paare Zügelseeschwalben (S.56) unter der lockeren Vegetation zwischen den Steinen, Noddis auf den Steinen und Sturmtaucher in Höhlen unter den Steinen. Brutplätze der dunkelbraunen **Keilschwanzsturmtaucher** und der schwarzweißen **Audubon-Sturmtaucher** gibt es in großer Zahl nur noch auf rattenfreien Inseln. Die einzigen natürlichen Feinde sind Wright-Mabuyen, die ungefähr 10% der Eier erbeuten. Außerhalb der Brutzeit verbringen die Sturmtaucher ihr Leben auf hoher See. Sie brüten gewöhnlich auf Inseln in großen Kolonien, in selbstgegrabenen Erdlöchern oder natürlichen Höhlen und Felsspalten. Die Altvögel kommen zum Füttern des einzigen Kükens erst in völliger Dunkelheit auf die Inseln und verlassen sie im Morgengrauen wieder. Während der Nacht ertönt ihr unheimliches Geheul, Geschrei und Gekreische über dem Brutplatz.

Die Küken sammeln eine dicke Fettschicht an und können doppelt so schwer wie die Altvögel werden. Das hilft ihnen, die mehrere Tage dauernden Fastenzeiten zwischen den Fütterungen zu überstehen. Außerdem werden sie oft schon verlassen, ehe sie selbständig sind. Sie hungern sich während der Mauser ins Erwachsenenkleid auf ihr Normalgewicht herunter. Durch das Einsammeln der fetten Jungvögel in früheren Zeiten sind viele Kolonien

Cousin

→ Praslin

Landungsort
Landungsort
Quellen
Roche Canon
Anse Vacoas
Cousin Peak
★ 58 m
Anse La Chaline
Anse Frégate

N

0   250   500 m

Audobon-Sturmtaucher sind tagsüber nur über dem Meer zu sehen. Sie nisten in Höhlen unter großen Steinen.

erloschen. Audubon-Sturmtaucher haben keine feste Brutzeit. Keilschwanzsturmtaucher brüten zu 35 000 Paaren von Oktober bis März.

Nachdem die Insel unter Schutz stand und bewacht wurde, stieg die Anzahl der Weibchen der **Echten Karettschildkröte,** die zum Eierlegen an den Sandstrand kamen, sprunghaft an. Heute ist Cousin einer der wichtigsten Eiablageplätze im westlichen Indischen Ozean. In der Fortpflanzungszeit zwischen September und März erscheinen 200–300 Weibchen und legen je bis zu 150 Eier in ein selbstgegrabenes Loch an der Oberkante des Strandes. Die Weibchen werden seit 1973 markiert; aus den Wiederfunden geht hervor, daß sie während einer Saison 2–6mal Eier legen, aber nur alle 2–3 Jahre nach Cousin zurückkommen. Sie wurden in der Zwischenzeit an keinem anderen Strand gefunden.

Mehrere Seychellen-Riesenschildkröten (S.85), die früher eingezäunt gehalten wurden, wandern jetzt frei umher. 1987 schlüpften zum ersten Mal junge Schildkröten aus.

Wie auf allen Seevogelinseln kommen die Wright-Mabuyen in großer Zahl vor, außerdem gibt es auch noch Seychellen-Mabuyen, Bronzegeckos und grüne Taggeckos.

Im Gebiet unterwegs

Cousin ist ein Naturreservat. Es finden nur von einem Wildwart geleitete Führungen statt.

Der Rundweg startet am Bootshaus, durchquert den Wald und steigt auf den Granithügel. Dort gibt es einen unvergleichlichen Ausblick auf Weißschwanztropikvögel und Feenseeschwalben, die ihre Kreise unterhalb des Betrachters ziehen.

Praktische Tips

Anreise

Cousin liegt 2 km von der Nordwestspitze Praslins entfernt. Vom Grande Anse (Westseite) fährt das Boot 15 Minuten.
ACHTUNG: Fotosachen und Ferngläser müssen wasserdicht verpackt sein!
Da sich der Sandstrand ständig verändert, kann kein Anlegesteg gebaut werden, es gibt eine nasse Landung. Dadurch ist außerdem die Gefahr geringer, daß Ratten auf die Insel kommen können.

Klima/Reisezeit

Cousin kann ganzjährig besucht werden. Zwischen April und September ist das Meer oft stürmisch.

Besuchszeiten

Für Besucher ist die Insel am Dienstag, Donnerstag und Freitag geöffnet. Keine Unterkunft, nur Tagesbesucher.

7 Frégate

Pirateninsel mit alten Gräbern, Ge-
bäuderesten und vergrabenen Schätzen; kleiner Rest ursprünglichen Waldes, Drachenblutbaumwald; enorme
Dichte der Warzenfruchttaube; Seychellenweber; Zugvögel; einziges
Vorkommen des endemischen
Seychellendajals und des Frégate-
Schwarzkäfers; freilebende Seychellen-Riesenschildkröten.

Frégate ist die am weitesten östlich gelege-
ne Granitinsel. Sie ist nur 2 km² groß und
dicht bewachsen. Die nackten Granitkuppen des 125 m hohen Mont Signale mit
den danebenliegenden Klippen des Glacis
Cerf und des 110 m hohen Au Salon überragen die Insel.
Vorgelagerte Korallenriffe schützen im
Westen die beiden Sandstrände Grande
Anse und den sich südlich anschließenden
Petite Grande Anse und im Südosten die
malerische kleine Bucht Anse Parc, in deren Nähe Gebäudereste mit Inschriften aus
der Piratenzeit stehen. Piratenspuren wie
alte Wälle, Gräber und Mauern finden sich
auf der ganzen Insel.

Pflanzen und Tiere

Bei der Durchquerung der Insel vom Pflan-
zerhaus zum Grande Anse oder zum Anse
Victorin werden alle Vegetationstypen erschlossen.
Hinter den Plantagenhäusern erstrecken
sich Gärten und Felder mit tropischem
Gemüse und vielen Fruchtbäumen. Auf
einem kleinen Friedhof streuen große Rote
Sandelholzbäume aus ihren aufgerollten
Schoten rote Samen auf alte Piratengräber.
Dort stehen auch eine weibliche und eine
männliche Seychellennußpalme (S.46).
In den verwilderten Plantagen wachsen
Cashewnuß- (S.25) und Zimtbäume (S.48),
die den einheimischen zierlichen Morin-
dabaum (S.63) verdrängen. Schlingpflan-
zen wie die Schwarzäugige Susanne über-
wuchern die Büsche. Auf den Kuppen
wachsen dichte Icacopflaumenbüsche
(S.45). Die Spitzen der Granitkuppen sind
kahl.
Beeindruckend sind die Wälder aus alten
Drachenblutbäumen (S.39). Vor 200 Jahren
wurden Stangenhölzer aus Indien eingeführt, um als Rankhilfen für die kultivierte
Vanille zu dienen. Sie bewurzelten sich,
schlugen aus und wuchsen zu gewaltigen
Bäumen mit glatter graubrauner Rinde und
Brettwurzeln heran. Bei Verletzung der
Rinde tropft ein roter Saft, das »Drachenblut«, aus der Wunde. Der Boden ist mit

Das Prachtkleid des männlichen Madagaskarwebers ist
leuchtend rot, Augenfeld und Schnabel färben sich schwarz.

Das Männchen des Seychellenwebers bekommt im Pracht-kleid nur eine goldfarbene Krone und Kehle.

abgefallenen Blättern bedeckt, ein Lebens-raum, wie ihn die Seychellendajals brau-chen. Sie finden dort Insekten, Larven und Tausendfüßer.

Seychellendajals (Elsterndrosseln) sind die berühmtesten Vögel Frégates. Nur hier überlebten die letzten ihrer Art. Nachdem 1991 nur noch 22 Vögel gezählt wurden, übernahm das ICBP (International Council for Bird Preservation) die Aufgabe, die sel-tenen Vögel vor dem Aussterben zu retten. Ihr einziges Ei wird in eine Baumhöhle ge-legt. Das Junge flattert nach 3–5 Wochen Nestzeit heraus und hält sich am Boden auf, wo es von den Eltern noch weiter ge-füttert wird. Die einzigen natürliche Fein-de waren früher Wright-Mabuyen (S.61), die es auf das Ei oder das Jungtier abgese-hen haben. Als jedoch durch die Men-schen Katzen und Ratten auf die Inseln ka-men, wurden die Vögel für diese leichte Beute. Mit dem Abholzen der natürlichen Wälder verschwand außerdem der Le-bensraum der Vögel.

Im Sommer 1993 war die Population schon wieder auf 33 Vögel angewachsen. Die besten Beobachtungsplätze befinden sich rund um das Pflanzerhaus, wo Sey-chellendajals in der frisch bearbeiteten Erde der Gärten und Felder nach Nahrung suchen.

Durch die vielen fruchtenden Bäume wie Zimt, Takamaka, verschiedene Feigen arten und wilde Guave gibt es eine hohe Dichte der endemischen Warzenfrucht-taube (S.32). Es ist erstaunlich, wie gut diese auffällige Taube getarnt ist,wenn sie bewegungslos im Schatten in den Baum-kronen ruht. TIP: Gute Fotos und nicht nur Gegenlichtaufnahmen in den Baumkro-

Tagsüber ruhen die Frégate-Schwarzkäfer einzeln oder zu mehreren unter der Rinde alter Drachenblutbäume.

Als Abwehr klappt die Pelomedusenschildkröte den Kopf zur Seite und den beweglichen Teil des Bauchpanzers zu.

Frégate

Der Madagaskarweber ernährt sich von Sämereien, nur zur Jungenaufzucht werden Insekten verfüttert. Im Ruhekleid sind beide Weberarten leicht zu verwechseln, aber der Seychellenweber ist größer und dunkler, sein Schnabel kräftiger und Rükken und Flügel erscheinen nicht gestreift. Die Wasserstellen im Garten des Pflanzerhauses sind ein beliebter Anziehungspunkt für Seychellen-Nektarvögel (S.71), die häufigste aller endemischen Vogelarten. Sie haben sich am besten den veränderten Lebensbedingungen angepaßt und profitieren von der Vielzahl eingeführter Schmuck- und Zierpflanzen, die als Nahrungsspender dienen.

Eine Besonderheit der Insektenwelt ist der inselendemische Frégate-Schwarzkäfer, ein 3 cm großer, graubrauner Käfer mit langen Beinen. Er ist flugunfähig; seine mit kleinen Knubbeln bedeckten Flügeldecken sind verwachsen. Die nachtaktiven Käfer ernähren sich von frischen und abgefallenen Blättern, die braunen Larven leben in verrottendem Holz, von dem sie sich auch ernähren. Es ist erstaunlich, daß die Käfer so eng mit den Drachenblutbäumen zusammenleben, denn diese wurden erst vor 200 Jahren eingeführt. Von welchen Pflanzen sie davor lebten, ist unbekannt.

nen gelingen in den *Scaevola*-Büschen am Rande des Flugfeldes, in denen die Tauben regelmäßig die fleischigen Früchte abpicken.

Der endemische Seychellenweber kommt nur noch auf Frégate, Cousin und Cousine vor. Seine Nahrung besteht aus Sämereien, Früchten, Insekten, kleinen Eidechsen und Vogeleiern. Einige Vögel haben sich auf Eierraub bei Meeresvögeln, hauptsächlich von Feenseeschwalben und Schlankschnabelnoddis, spezialisiert. Sie rollen ein kurzzeitig unbewachtes Ei vom Nestplatz oder aus dem Nest und schlürfen das zerbrochene Ei am Boden aus.

Das Gefieder des Seychellendajals ist schwarz mit einem stahlblauen Schimmer und einem weißen Fleck am Flügel.

Die Weibchen der Lehmwespen errichten kunstvolle Urnen, die mit einem Ei und mehreren Raupen gefüllt werden.

Eine riesige Würgerfeige mit einem Gewirr aus unzähligen Luft- und Stützwurzeln steht direkt vor dem Hauseingang.

Die freilebenden **Seychellen-Riesenschild-kröten** (S.85) halten sich am liebsten in dichtem Unterholz und an sumpfigen Orten auf. Sie pflanzen sich auf Frégate gut fort. Um die jungen Schildkröten zu schützen, werden diese in einem Stall gehalten, bis sie eine bestimmte Größe erreicht haben. Sie sollen nicht als »Hochzeitsschild-kröten« enden, denn auf den Seychellen ist es ein weit verbreiteter Brauch, den Familien bei der Geburt eines Mädchens eine Schildkröte zu schenken, die dann zur Hochzeitsfeier geschlachtet wird.
In den Sümpfen leben die sehr scheuen Pelomedusenschildköten. Sie gehören zu den Klappbrustpelomedusen, deren Besonderheit ein Scharnier am Bauchpanzer ist, mit dessen Hilfe sie sich vollkommen einschließen können. Sie ernähren sich hauptsächlich von tierischer Kost.

Im Gebiet unterwegs

Die kleine Insel ist durch verschiedene Pfade gut erschlossen. Die meisten der Vogelarten halten sich im Plantagenbereich ① auf. Ein halbstündiger Weg führt über die Erhebung des Glacis Cafoule zum schönsten Strand **Anse Victorin** ②. Am Bambusfluß (Rivière Bambous) entlang ③

durch Bambusdickicht geht ein Weg zum höchsten Aussichtspunkt des **Mont Signale** und **Glacis Cerf**. Ein Rundweg ④ führt quer von Ost nach West durch die Insel zum Grande Anse und Petite Grande Anse und leitet dann weiter südlich durch malerische Wälder wieder zurück. Der beste Schnorchelplatz ist am Anse Parc ⑤.

Praktische Tips

Anreise
Air Seychelles fliegt in 15 Minuten von Mahé nach Frégate. Tagesausflüge sind möglich. Kein regelmäßiger Bootsverkehr; Boote können in Victoria (Mahé) oder in Praslin gechartert werden.

Unterkunft
Frégate ist Privatbesitz. Das Pflanzerhaus aus dem 19. Jh. ist modernisiert worden. Dazu sind neue Touristenunterkünfte gebaut worden; nur Vollpension mit kreolischer Küche. Weihnachten ist geschlossen.

Adressen
⇨ Frégate Plantation Club, P.O. Box 330, Inseltelefon: 224789; Booking Office Tel. 323123, Fax 225169, Revolution Avenue, Victoria.

8 Bird Island

Sandige Koralleninsel; riesige Brutkolonie der Rußseeschwalbe; Brutplätze von Feenseeschwalbe, Noddi und Schlankschnabelnoddi; Rastplatz für Zugvögel aus Eurasien.

Bird Island ist eine kleine, flache Koralleninsel von 1,5 km Länge und 0,65 km Breite. Sie liegt am nördlichen Rand der Seychellenbank, der Meeresboden fällt von hier bis auf 3000 m Tiefe ab. Es kommt zu starken Strömungen, die den Sandstrand an der Westküste abtragen und die Sandbänke an der Nordspitze ständig verändern. Der Südwestküste ist ein Korallenriff vorgelagert, welches diese Seite vor den Strömungen schützt.

Durch die nördliche Lage bietet Bird Island den Zugvögeln auf ihrem Weg von Eurasien nach Afrika den ersten Landeplatz. Vor allem bei rauhem Wetter rasten hier größere Mengen von Watvögeln und Seeschwalben. Die Insel ist bei Vogelfreunden durch die Seltenheiten bekannt, die, hauptsächlich nach schweren Stürmen, ab und zu auftauchen.

Pflanzen und Tiere

Neben der typischen Strandvegetation (S. 79) und verwilderten Kokospalmendickichten wachsen zwischen den Hütten der Lodge-Anlage Kasuarinen, Kokospalmen, Schraubenbäume, lilablühende Ipébäume sowie rot- und gelbblühende Cordias (S. 62).

Die großen rosaweißen Blüten der **Barringtonia** öffnen sich spätabends und blühen nur eine Nacht. TIP: Fotografen sollten

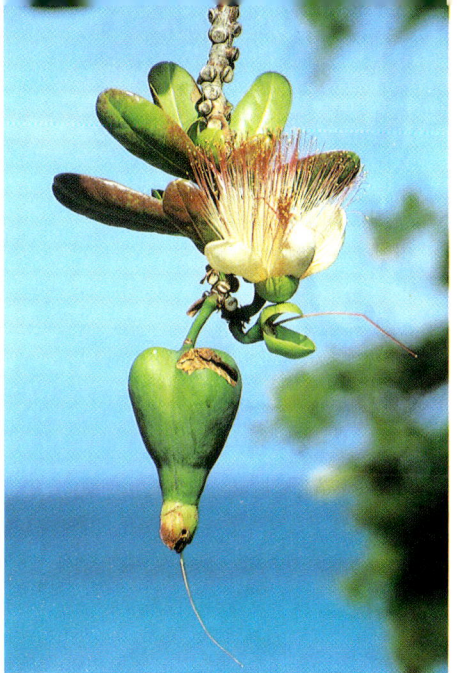

Die Blüten der Barringtonia sind mit unzähligen fadenförmigen Staubgefäßen gefüllt. Die Frucht ist schwimmfähig.

abends auf dicke Knospen achten und am nächsten Morgen früh aufstehen! Die große, eckige Frucht ist schwimmfähig und wird vom Meer verdriftet. Die Rinde gilt auf den Seychellen als Gegengift gegen den lebensgefährlichen Stich des Steinfisches. Sie muß zerpulvert und erhitzt auf den vorher ausgesaugten Stich gestrichen werden.

Die größte Attraktion ist die riesige Rußseeschwalbenkolonie (S.150), die fast den gesamten Nordteil der Insel einnimmt. **Rußseeschwalben** sind Hochseevögel, die sich außerhalb der Brutzeit in den Weiten der tropischen und subtropischen Ozeane aufhalten. Mit dem Beginn des Südostmonsuns Ende April bis Anfang Mai sammeln sie sich zu Tausenden zum Brüten an Land. Der Luftraum über den Brutplätzen ist erfüllt von an- und abfliegenden Vögeln, der Lärm dazu ist ohrenbetäubend. Die Küken werden mit hervorgewürgten Fischen und Tintenfischen gefüttert, die die Alttiere von der Oberfläche des Meeres fischen. Ab Ende Oktober verlassen die Rußseeschwalben den Brutplatz. Die Jungvögel ziehen 6–8 Jahre im offenen Ozean umher und kehren danach erstmals zum Brüten an Land zurück.

Die Anzahl brütender Noddis, Schlankschnabelnoddis (S.57) und Feenseeschwalben auf den Bäumen in der Lodge-Anlage steigt von Jahr zu Jahr. Untersuchungen zeigten, daß der Feinddruck von Nesträubern wie Kuhreihern, Hirtenmainas (S.116) und Ratten zwischen den Hütten geringer ist als außerhalb der Anlage. Die Vögel, die zwischen den Hütten brüten, sind an den Menschen gewöhnt,

ihre Fluchtdistanz ist auf dieser Insel wesentlich geringer als auf andern.

HINWEIS: Trotzdem sollte ein angemessener Abstand beim Fotografieren gewahrt werden. Beachten Sie bitte, daß brütende Vögel mit starken Streßfaktoren wie schnellem Herzschlag und steigendem Blutdruck reagieren, auch wenn sie äußerlich ganz ruhig wirken!

◁ Die flache, sandige Koralleninsel Bird Island beherbergt eine riesige Rußseeschwalbenkolonie.

Das Beutelnest des Seychellennektarvogels wird aus Gras- ▷ halmen, Kasuarinen-»Nadeln« und Spinnweben geflochten.

Bird Island

Rußsee-
schwalben-
kolonie

N

Plantage

Bird
Island
Lodge

Airport

0   250   500 m

Welcher Name könnte wohl passender sein für einen Vogel mit reinweißem Gefieder und großen dunklen Augen?

Noch mehr als ihre ästhetische Schönheit überrascht das Brutverhalten der Feenseeschwalbe. Sie legt ihr einziges großes Ei auf einen Ast, ohne auch nur die Andeutung eines Nestes zu schaffen. Zuweilen wählt sie sich eine Astgabel aus oder die Mittelrippe eines Palmwedels, oft aber nur einen einfachen Ast, der gerade breit genug ist, daß sie beim Brüten noch Platz für ihre Füße findet. Dadurch wird verständlich, daß die verblüffende Zutraulichkeit des brütenden Vogels eine biologische Notwendigkeit ist. Er kann es sich gar nicht leisten, plötzlich abzufliegen, die Gefahr, daß das Ei zu Boden fällt, ist viel zu groß. Auch der Brutwechsel erfolgt nur alle 2–3 Tage. Vorsichtig erhebt sich der brütende Vogel vom Ei, und genauso vorsichtig schiebt sich der ablösende Partner darüber.

Nach 3 Wochen Brutdauer schlüpft der Jungvogel. Für ihn ist es lebensnotwendig, nicht vom Ast zu fallen. Er benutzt seine unverhältnismäßig großen Füße mit den starken Krallen zum Festklammern auf dem Ast, auf dem er nun 2–3 Monate nahezu regungslos sitzenbleiben wird. Heruntergefallene Jungvögel werden nicht weitergefüttert. Sie werden Beute von Wright-Mabuyen und Krabben.

Wie erklärt sich das ungewöhnliche Brutverhalten? Die Brutplatzkonkurrenz kann einer der Gründe sein. Abgelegene ungestörte Inseln sind von Seevögeln hochbegehrt. Es bleibt wenig Platz für die zierliche Feenseeschwalbe, so weicht sie auf unbesetzte Plätze aus, die andere Arten nicht nutzen können.

An Watvögeln sind Mongolen-, Wüsten- und Kiebitzregenpfeifer, Zwerg- und Sichelstrandläufer, Sanderlinge, Regenbrachvögel (S.17) und Reiherläufer (S.32) häufig zu finden. Die Sandstrände an der Nordküste sind Rastplätze für Eil- und Orientseeschwalben (S.77).

Das Innere der Insel ist mit Kokospalmen bewachsen. Hier und auch im Gemüsegarten, dessen Wasserstellen attraktiv sind, leben Sperbertäubchen, Madagaskar-Turteltauben, Hirtenmainas, Madagaskarweber und Seychellen-Nektarvögel.

Im Gebiet unterwegs

Die kleine Insel ist gut zu umrunden. Nördlich der Lodge liegt an der Westseite die Rußseeschwalbenkolonie, deren Ausmaß von einer Aussichtsplattform über-

Einen anderen Grund zeigten die Untersuchungen über die Überlebenschancen bei jungen Seevögeln. Die Küken der Feenseeschwalben in ihren »Nichtnestern« auf nackten Ästen waren als einzige parasitenfrei. Die Küken der Schlankschnabelnoddis in ihren Topfnestern, die immer wieder benutzt werden, waren mit Federlingen, Flöhen und Zecken befallen. Auch bei Bodenbrütern, wie den Rußseeschwalben, ist die Brutkolonie manchmal so stark von Parasiten befallen, daß die Altvögel das Brutgeschäft aufgeben. Die warmen Temperaturen des Tropenklimas begünstigen die Parasiten, die in den Nestern und im Bodenbewuchs auch die Nichtbrutzeit überdauern können.

Feenseeschwalben fischen Kleinfische in Strandnähe innerhalb der Riffe. Der dunkle Augenring schützt vor dem gleißenden Sonnenlicht, das durch den weißen Korallensand reflektiert wird. Das weiße Gefieder macht sie vor dem hellen Himmel für Beutefische praktisch unsichtbar. Die gefangenen Fischchen werden zu mehreren quer im Schnabel zum Küken getragen. Der Jungvogel braucht mehrere Monate zum Selbständigwerden, denn Nahrung ist an tropischen Küsten knapp. Selbst in hellen Nächten jagen die Feenseeschwalben. Das karge Nahrungsangebot ist jedoch ganzjährig gleichmäßig vorhanden und kann besser ausgenutzt werden, wenn es keine festen Brutzeiten gibt. So trifft man das ganze Jahr über balzende und brütende Paare, kleine und fast ausgewachsene Küken.

Das Ei liegt frei auf einem Ast.

Die glockenförmigen Blüten des Ipébaumes stehen zu mehreren zusammen. Das Holz wird zum Möbelbau verwendet.

blickt werden kann. An der Nordspitze auf den Sandbänken finden sich Seeschwalben und Watvögel, in den dichten Büschen rasten Zugvögel.

An der Rezeption sind die Tidenzeiten angeschrieben; bei Flut befinden sich viele Watvögel auf dem Flugfeld, bei Ebbe auf den Stränden. Die besten Beobachtungen von brütenden Feenseeschwalben und beiden Noddi-Arten gelingen in der Lodge-Anlage.

Im offenen Meer rund um die Nordspitze sind oft Wale und Delphine zu sehen. Die Südostseite ist der beste Platz zum Baden und Schnorcheln, aber nur innerhalb des Riffes, außerhalb ist die Strömung zu stark. ACHTUNG: Es gibt lebensgefährliche Strömungen an der West- und Nordseite!

Praktische Tips

Anreise
Air Seychelles fliegt täglich von Mahé aus; Flugdauer: 30 Minuten. Kein regelmäßiger Schiffsverkehr; Boote können in Victoria (Mahé) gechartert werden.

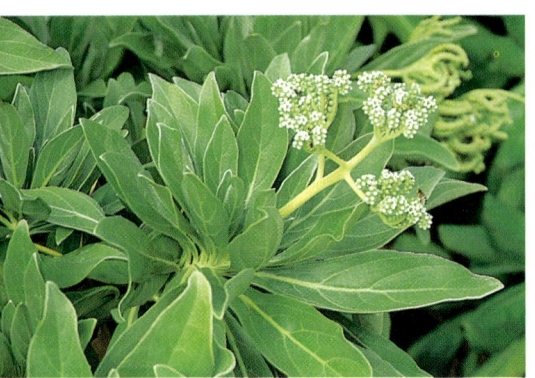

Eine typische Sandstrandpflanze ist *Tournefortia*.

Klima/Reisezeit
Die Insel kann ganzjährig besucht werden. Von April bis Oktober brüten die Rußseeschwalben, von Oktober bis Dezember gibt es viele Zugvögel.

Rußseeschwalben balzen und brüten auf dem Boden.

Unterkunft
Die Insel befindet sich in Privatbesitz. Die Bird Island Lodge besitzt 25 Bungalows. Nur Vollpension mit kreolischer Küche möglich.

Adressen
▷ Bird Island Lodge, P.O. Box 404, Mahé – Victoria, Seychelles, Tel. 44449, Telex 2201 99 bx bird sz; Reservierungen auch Tel. 24925, Fax 25074.

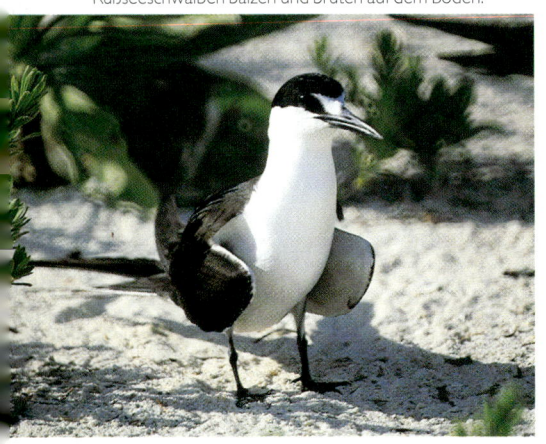

Äußere Seychellen

Auf einer Meeresfläche von 444 000 km² verstreut liegen die über 60 Inseln der Äußeren Seychellen. Sie sind in 4 Inselgruppen zusammengefaßt, den Amiranten, Alphonse, Farquhar und Aldabra. Die Inseln sind alle sehr flach, nur einige Sanddünen auf Aldabra wurden zu 20 m Höhe aufgeweht.

Sie sind geologisch gesehen noch jung, ihre jetzige Lage und Größe entstand, als der Meeresspiegel am Ende der letzten Vereisungsepoche vor 8000–12 000 Jahren wieder anstieg. Durch wechselnde Winde und Meeresströmungen können sich ihr Aussehen und ihre Größe durch Abtragungen und Anschwemmungen von Jahr zu Jahr ändern. Außer Assumption und St. Pierre sind die anderen atollartig. Sie stehen auf basaltischem Grund, der in 500 m Tiefe beginnt.

Durch unregelmäßige Regenfälle ist Wasser sehr knapp. Aus diesem Grund wurden nur einige größere Inseln, und das auch sehr spät, besiedelt. Heute leben hier hauptsächlich Fischer und Arbeiter, die von der IDC, der Islands Development Company, zur Kopragewinnung angestellt sind.

Die Unterwasserwelt ist einmalig reichhaltig. Hier drehte Jacques Cousteau den größten Teil seines berühmten Dokumentarfilms »Schweigende Welt«. Er berichtete, daß er nirgendwo anders auf der Welt so klares Wasser mit solchem farbenprächtigen und artenreichen Riffleben gesehen habe.

Aldabra ist als einzige Insel im Indischen Ozean in ihrem Urzustand erhalten geblieben. Sie ist mit natürlicher Vegetation bewachsen, die Riesenschildkröten haben

In den Lagunen und flachen Buchten ragen bei Ebbe verschiedene Korallenstöcke bis an die Wasseroberfläche.

Das getrocknete Kokosfleisch, die Kopra, wird nach Qualität sortiert und später zu hochwertigen Ölen gepreßt.

überlebt, und es gibt keine eingeführten Vögel. Der Einfluß der menschlichen Besiedlungsversuche blieb verschwindend gering.

Praktische Tips

Reisezeit

Das ganze Jahr über geeignet. Oktober bis März ist die See ruhiger, so daß auch an der Außenkante des Riffs getaucht werden kann.

Anreise

Nur Desroches, eine der Amiranteninseln, hat eine reguläre Flugverbindung der Air Seychelles von Mahé aus (60 min Flugdauer). Die bewohnten Inseln D'Arros und Marie Louise besitzen Rollfelder und können mit einer gecharterten Maschine angeflogen werden. Auf der Nordinsel des Farquhar-Atolls und auf Assumption, die zur Aldabra-Gruppe gehören, wurden Flugplätze gebaut, geplant als Ausgangspunkt für Besuche im Aldabra-Atoll. Leider besitzen die kleinen Flugzeuge der Air Seychelles nicht die Reichweite, um die 770 km bzw. 1140 km von Mahé aus zu überbrücken. Vielleicht klappt es mit der kürzeren Flugverbindung von den Komoren aus, über die von Zeit zu Zeit verhandelt wird.

Alle Inseln können mit dem Boot erreicht werden. Von Mahé aus starten hochseetüchtige Zweimastschoner (Fahrtzeit 18–24 Stunden). Auf den Kreuzfahrten sind Taucherausrüstung und -lehrgänge im Preis enthalten.
Privater Bootcharter: Marine Association, Victoria, Tel. 322126, Fax 224679.
3 Versorgungsschiffe laufen die von der IDC verwalteten Inseln in einem regelmäßigen 2–3 Monatsturnus an. Touristen können mitfahren, aber die Belange der Insulaner haben Vorrang. Auskünfte, Preise und Erlaubnis über IDC, Tel. 224640, New Port, Victoria.
Die IDC verwaltet in der Amiranten-Gruppe: Coétivy, Desroches, Marie-Louise, Desnoeufs, Plate und Alphonse; in der Farquhar-Gruppe: Providence und Farquhar; in der Aldabra-Gruppe: Cosmolédo und Astove.

Unterkunft

Im Moment gibt es nur auf Desroches (Amiranten) ein bewirtschaftetes Hotel: Desroches Hotel, Tel. 229002, 20 Chalets, Minimum 2 Nächte, Vollpension.
Von Desroches aus kann man die anderen Amiranteninseln besuchen, entweder als Tagestouren oder als mehrtägige Kreuzfahrt. Die Fahrzeit nach Poivre beträgt 2 Stunden.
Ein kleines Hotel auf Poivre wird im Moment nicht bewirtschaftet, jedoch besteht die Möglichkeit, in den kleinen Bungalows zu übernachten.
D'Arros ist Privatbesitz: D'Arros Development Ltd., Tel. 24562.
Marie Louise ist staatlich, einige kleine Ferienbungalows sind zu vermieten: Island Development Company, Tel. 224640.
Üblicherweise wird auf den Kreuzfahrtschiffen übernachtet.

9 Amiranten

Größte Rußseeschwalbenkolonie im Indischen Ozean; Brutplätze von Maskentölpeln, Schwarznacken- und Eilseeschwalben; Haussperlinge und Graufrankoline; ausgezeichnetes Schnorchel- und Tauchgebiet.

Die Amiranten liegen mit 235–330 km Entfernung am nächsten zu Mahé. Die Kette der Koralleninseln erhebt sich vom Boden des Amiranten-Rückens, der südwestlich vom tiefen Amiranten-Graben und südöstlich vom Amiranten-Becken begrenzt wird. Es sind niedrige Korallenatolle, die kaum über Meeresniveau emporreichen und durch die sie umgebenden Riffe vor Überschwemmungen geschützt werden. Nach dem Abbau der jahrhundertealten Guanoablagerungen wurden intensive Kokosnuß- und Holzplantagen angelegt, da der Boden durch den Guano sehr fruchtbar war. Von den 25 Inseln der Amiranten sind nur D´Arros, Desroches, Poivre und Marie Louise bewohnt. Die größte und wirtschaftlich wichtigste Insel ist Desroches, 5 km lang und an ihrer breitesten Stelle 1 km weit. Sie ist der Rest eines großen, versunkenen Atolls.

Pflanzen und Tiere

Die Kopra von Desroches gilt als die hochwertigste des Indischen Ozeans. Von den aufgesammelten Kokosnüssen wird die dicke, faserige Hülle entfernt und die Nuß in 2 Teile geschlagen. Nachdem die Hälften etwas angetrocknet sind, schrumpft das Kokosfleisch und läßt sich gut herausnehmen. Danach wird es weiter getrocknet und nach Qualität sortiert. Das getrocknete Kokosfleisch ist die Kopra, die

nach Indien ausgeführt wird, wo sie zu kosmetischen Ölen verarbeitet wird.
Die phantastischen Korallenriffe, die jede Insel umgeben, bieten ideale Tauch- und Schnorchelmöglichkeiten. Meeresschildkröten erscheinen regelmäßig. Auf den Bootsfahrten können die Schausprünge der Ostpazifischen Delphine bewundert werden, die als erfindungsreiche Akrobaten Schaukämpfe und Kunststücke zeigen. Auch Pottwale und Indische Grindwale werden öfter gesichtet.
Neben den grünen Taggeckos, die die Kokospalmenstämme bevölkern, gibt es als Besonderheit den nachtaktiven Desroches-Hausgecko, der nur auf dieser einen Insel vorkommt. Tagsüber hält er sich unter loser Baumrinde und unter überstehenden Steinen auf.
Es gibt nur wenig Landvögel. Eine eigene Turteltauben-Unterart ist verschwunden, die letzten vermischten sich mit der Madagaskar-Turteltaube. Wellenastrilde und Madagaskarweber wurden auf allen kultivierten Inseln eingeführt, und Mangrovereiher (S.101) finden in den flachen Lagu-

Eilseeschwalben brüten auf den Amiraten und Aldabra, können jedoch auf den Inneren Seychellen gesehen werden.

Maskentölpel – hier bei der Balz – bevorzugen flachen, vegetationslosen Grund zum Brüten.

nen reichlich Nahrung. 2 Landvogelarten gibt es, die nicht auf den Inneren Seychellen vorkommen: Haussperlinge und Wachtelfrankoline. Die letzteren wurden zum Jagdsport ausgesetzt, aber nur auf Desroches und Coëtivy überlebten sie. Der braungemusterte Bodenvogel hält sich tagsüber im dichten Unterholz auf. TIP: In der Morgendämmerung ist er gut in dem kurzen Gras des Rollfeldes zu beobachten! Was die Amiranten auszeichnet, sind ihre Seevogelkolonien. Auf den bewaldeten Inseln brüten Feenseeschwalben, auf ungestörten, vegetationsfreien Inseln befinden sich Brutkolonien von verschiedenen anderen Seeschwalben, Tölpeln und Sturmtauchern.

Die größte Rußseeschwalbenkolonie im Indischen Ozean bietet Desnoeufs, die südlichste Insel der Amiranten. Zwischen Mai und September ist ihre gesamte Fläche von 35 ha bedeckt mit 1,75 Mio. brütenden Rußseeschwalbenpaaren (S.150) und 20 000 Noddipaaren. Zusätzlich brüten

hier Masken- und Brauntölpel sowie Keilschwanzsturmtaucher. Die Insel gehört dem Staat, und jedes Jahr werden Tausende von Eiern eingesammelt und nach Mahé verschifft. Der Westteil der Insel ist unter Schutz gestellt worden, so daß für einen Teil der Bruterfolg gesichert ist. Die nördlichste Insel, **African Banks,** ein 30 ha großes Plattformriff, ist der Brutplatz von Tausenden von Rußseeschwalben und Noddis und in kleinerer Anzahl Schwarznacken- und Eilseeschwalben. Früher brüteten auch regelmäßig 300 Paare Rosenseeschwalben dort, aber durch die Störungen des Eiersammelns verschwanden sie. Seit ein Teil der Insel geschützt wird, hofft man auf ihre Rückkehr.

Die beiden winzigen Inseln **Boudeuse** und **Etoile** mit je 1,4 ha Oberfläche sind Vogelreservate. Etoile besteht aus nacktem Korallensand mit nur einer Baumgruppe in der Mitte. Boudeuse ist von kurzen, meist trockenen Gräsern und Kräutern bewachsen; hier brüten Maskentölpel.

Im Gebiet unterwegs

Desroches ist mit einem dichten Netz von schattigen Waldwegen durchzogen. Das beste Schnorchelgebiet befindet sich zwischen der Lodge und der 2 km entfernten Siedlung. Es ist markiert.

Das **Poivre-Atoll** besteht aus 3 Inseln, dem halbmondförmigen Poivre, der langgestreckten Ile du Sud (South Island), deren Innenlagune fast über die gesamte Länge reicht, und der kleinen Insel Florentin. Bei Niedrigwasser überbrückt ein Fußweg den 1 km langen Abstand zwischen Poivre und Ile du Sud. Poivre wird von Kreuzfahrten regelmäßig angelaufen, denn die Tauch-, Schnorchel- und Wassersportmöglichkeiten in dem die Inseln umgebenden Riff sind hervorragend. Die Fahrtzeit von Mahé beträgt 18 Stunden.

Das **St.-Joseph-Atoll** besteht aus vielen kleinen Inseln, die zusammen nur 1 km² Landmasse erreichen.

Blick in die Umgebung

90 km südlich von Desnoeufs, der südlichsten Amiranteninsel, liegen die 3 Koralleninseln der **Alphonse-Gruppe:** Alphonse, Bijoutier und St. François, 400–410 km von Mahé entfernt. Sie liegen noch auf dem Amiranten-Rücken, aber südlich von St. François fällt der Meeresgrund steil bis zu einer Tiefe von 4000 m ab.

Die Inseln sind vollkommen mit Kokospalmen und einigen Cashewnußbäumen bewachsen. Sie sind unbewohnt, kurzfristig halten sich dort Saisonarbeiter zur Erntezeit und Küstenfischer auf.

Alphonse gilt als eine der schönsten Seychelleninseln. In ihrer kreisförmigen Lagune ist die See selbst bei starken Monsunwinden ruhig und geschützt, so daß das ganze Jahr über geschnorchelt und getaucht werden kann.

Fast 2 Tage braucht ein Schoner, um die 300 km, die **Farquhar** in süd-südwestlicher

Scaevola-Büsche gedeihen prächtig auf salzhaltigem Sandboden; die kleinen Blütchen (kleines Foto) sind unsymmetrisch.

Amiranten

N

African Banks
Rémire
Residence
D'Arros · Fouquet
St Joseph
Paul Island
Pelican
Ile du Sud · Poivre · Desroches
Boudeuse
Etoile
Carcassaye
Chien Island
Marie-Louise
Desnoeufs

Alphonse-Gruppe

Alphonse
Bijoutier
St François

0   50   100 km

Richtung von Alphonse liegt, zu überwinden. Die Inselgruppe besteht aus dem Providence-Atoll, Ile au Cerf, St. Pierre und dem Farquhar-Atoll. Die Inseln sind dicht mit Kokospalmen und Kasuarinen bewachsen, nur St. Pierre wurde durch Guanoabbau verwüstet.

Die ovale Lagune des **Farquhar-Atolls** ist durch ihr ruhiges Wasser ein beliebter Ankerplatz. Sie bedeckt eine Fläche von 20 km Länge und 10 km Breite. Geradezu winzig dagegen erscheint mit 8 km² die gesamte Landfläche, die aus 2 größeren und 6 winzigen Inseln besteht.

Auf der langen und schmalen Südinsel wachsen nur auf der Innenseite Kokospalmen, unterbrochen durch große Sümpfe und weit hineinreichende Lagunen, die dicht mit Mangroven bewachsen sind, in denen Kuhreiher und Rotfußtölpel brüten. Die gesamte Außenseite und die Südspitze ist mit Gebüsch und kurzen Gräsern bedeckt; hier brüten Rußseeschwalben, Schwarznacken- und Rosenseeschwalben.

Desroches

N

La Passe Cèdre
Leuchtturm
Pointe Hélene
Chemin Milieu
Siedlung
Passe Hodoul
Passe Bois-Blanc
Chemin Milieu
Passe Thérèse
Airport
Passe Victoire
Desroches Island Lodge
Passe Miraille Bon Dieu
Passe Tambl

Küstenpflanzen
Kokos- und Holzplantagen

0   1   2 km

10 Aldabra-Archipel

Bizarre, verwitterte fossile Korallen-kalkstrukturen; 150 000 Riesenschild-kröten; Lebensraum des letzten flug-unfähigen Vogels des Indischen Ozeans, der Cuvier-Ralle; Aldabra-drongo; Brutkolonien von Fregatt-vögeln und Rotfußtölpeln; 41 endemi-sche Pflanzenarten.

Zum Aldabra-Archipel zählen die Atolle von Aldabra, Cosmolédo und Astove so-wie das Plattformriff von Assumption. Sie liegen nördlich des Mosambik-Kanals. Die Inseln lagen außerhalb der Schiffahrtsrou-ten, das sie umgebende Gewässer war ge-fährlich, Trinkwasser und Nutzholz fehl-ten; sie waren zu ihrem Glück so unwirt-lich, daß erst 1888 der erste Besiedlungs-versuch stattfand.

Aber dann wurden Assumption, Cosmolé-do und Astove, die reiche Guanolager be-saßen, rücksichtslos bis zur Zerstörung des Tier- und Pflanzenlebens ausgebeutet. Aldabra blieb fast unberührt, obwohl es immer wieder zu kritischen Situationen kam. Nur weltweite Proteste verhinderten den Bau einer britischen und amerikani-schen Militärbasis, die das gesamte Atoll vernichtet hätte. 1976 wurde Aldabra ein Schutzgebiet, 1982 erklärte die UNESCO das Atoll zum Weltnaturerbe, und die briti-sche Royal Society errichtete eine For-schungsstation.

Das **Aldabra-Atoll** besteht aus 4 Inseln und ist 34 km lang und 15 km breit. Es bedeckt ein Gebiet von 350 km², davon sind 188 km² Land, 20 km² Mangrovenwald, und 142 km² entfallen auf die eingeschlos-sene Lagune. Der größte Teil der Oberflä-che besteht aus einem 125 000 Jahre alten Korallenriff, das über Meereshöhe empor-gehoben wurde. Durch Verwitterung zer-

setzte sich der Kalkstein zu einer zerklüfte-ten, scharfkantigen Oberfläche mit ausge-waschenen Höhlen und Grotten.

Der Tidenhub beträgt mehr als 3 m, bei Ebbe fällt die riesige Lagune leer. Das Was-ser strömt mit großer Gewalt durch die en-gen Kanäle zwischen den 4 größten Inseln ein und aus. Die ständige, kräftige Wasser-bewegung hat die unteren Teile großer Ko-rallenblöcke so ausgewaschen, daß sie wie auf Säulen stehen und weit ausladen-de Tische bilden, die über das Wasser her-ausragen.

Unter dem porösen Gestein der größten Insel Grande Terre treibt eine Süßwasser-linse auf dem Salzwasser. Dadurch gibt es mehrere, über die ganze Insel verteilte Süßwasserbecken mit ungewöhnlichem Pflanzenwuchs. An Stellen mit wasserun-durchlässigen Felsen verdampft das Re-genwasser sehr schnell. Hier ist der Boden dürr und kahl mit vereinzelten harten Sträuchern.

Die braun-weiße Cuvier-Ralle frißt Insekten und Pflanzen.

Im Ostteil der Insel ist der Boden mit angeschwemmten Lagunensedimenten aufgefüllt, an der südlichen, dem Wind zugewandten Küste sind Sanddünen emporgewachsen.

Pflanzen und Tiere

Für eine Koralleninsel ist die Pflanzenwelt mit 273 Blütenpflanzen und Farnen sehr reich.

Vom zerklüfteten Lagunenrand aus bilden ausgedehnte Mangrovenwälder sperrige Dickichte. Der breiteste Gürtel bedeckt die Ostseite. Den Zugang ins Inselinnere versperren die undurchdringlichen Dickichte der Aldabra-Schraubenbäume und die miteinander verfilzten, drahtigen Stämme und Äste des genügsamen Pemphisstrauches, der auch auf fast nackten Korallenblöcken wächst. Dieses Zusammenspiel zwischen messerscharfem, zackigem Korallengrund und undurchdringlichen Sträuchern, die sich jedem Abholzungsversuch widersetzten, war in der Vergangenheit der wirksamste Schutz gegen Eindringlinge.

Nach Regenfällen erscheinen in erstaunlich kurzer Zeit die Blüten der Büsche und Bäume. Im Inland trägt der Aldabrajasmin weiße, stark duftende Blüten, und die weißen Blüten des Kaperngewächses »Bois zanguette« sind mit unzähligen, 5 cm langen Staubgefäßen gefüllt. Die auffällige orangerote Blütenähre der Aldabralilie wächst aus einer Rosette fleischiger, lanzenförmiger Blätter hervor.

Auf Aldabra gibt es mehrere zweihäusige Pflanzen, eine Seltenheit für abgelegene Inseln (s.S.17). Dazu gehören *Operculicarya gummifera,* ein kleiner Baum mit roten Zweigen, *Malleastrum leroy* (»Bois trois feuilles«), ein endemischer Baum mit dreigeteilten Blättern und eiförmigen Früchten, und das Senfbaumgewächs *Azima tetracantha,* ein dichter stacheliger Busch, der bis 3 m hoch wird.

◁ Verwitterter Korallenkalk, Sand und stachelige Pemphis-sträucher kennzeichnen Aldabra; Kokospalmen gibt es nur an wenigen Stellen.

Schönmalven blühen nach Regenfällen. Sie sind sehr ▷ genügsam und wachsen auch auf Sandstränden.

Schön blühende Jahreskräuter, die nach der Samenausbildung absterben, sind Cleome mit tief purpurfarbenen Blüten sowie die beiden Schönmalven *Abutilon angulatum* und *Abutilon pannosum*.

Völlig fehlen die für die Granitinseln so typischen Palmenarten, nur einige Kokospalmen wachsen am Strand. Ein Kuriosum gibt es: Ausgerechnet auf Aldabra steht die einzige Dattelpalme der Seychellen.

Bekannt geworden ist Aldabra als letztes Refugium der **Riesenschildkröten** im Indischen Ozean. In den letzten Jahrzehnten hat sich der Bestand auf rund 150 000 Tiere eingependelt. Über 98% davon leben auf Grande Terre. Sie ernähren sich von Gräsern, Seggen, Kräutern, weiden aber auch Blätter von Büschen und Bäumen ab, soweit sie sie erreichen können. Interessante Anpassung gegen das ständige Abweiden zeigen einige Seggenarten, die ihre Blüten ganz dicht am Boden ausbilden.

Da pflanzliche Nahrung knapp ist, ernähren sich die Schildkröten auf Aldabra zusätzlich von den Kadavern der Artgenossen. Sie nehmen damit hochwertige Proteine und außerdem Kalzium aus den Knochen auf.

Zur Paarungszeit ist überall das laute Röhren und Stöhnen der Männchen zu hören, das während der Kopulation in regelmäßigen 5-Sekunden-Intervallen ausgestoßen wird.

In trockenen Gebieten ist es für die Weibchen schwierig, den harten Boden auszuhöhlen, um ihre Eier zu vergraben. Sie helfen sich, indem sie Wasser, das in doppelten Aussackungen des Enddarms gespeichert wurde, während des Grabens freilassen, um den Boden aufzuweichen. 6–12 weiße, runde, tennisballgroße und hartschalige Eier werden in die Höhle gelegt und mit Erde bedeckt. Der Erdhügel wird vom Weibchen mit dem Bauchschild festgedrückt.

Nach durchschnittlich 150 Tagen schlüpfen die jungen Schildkröten, meistens am Beginn der Regenzeit, wenn der Boden weicher ist und das Herausgraben erleichtert, wozu sie extra starke, spitze Krallen haben. Außerdem ist dann reichlich Nahrung vorhanden.

Schildkröten haben in den heißen Mittagsstunden Überhitzungsprobleme, wenn sie sich nicht in den Schatten von Bäumen und Büschen oder Felsen zurückziehen können. Die Rastzeit unter den Büschen machen sich grüne Aldabra-Taggeckos zunutze, die auf den Rückenpanzern der Schildkröten umherhuschen und dort Fliegen jagen.

Es klingt erstaunlich, aber Riesenschildkröten können gut schwimmen. Ihr mächtiger Panzer ist im Verhältnis zu ihrer Körpergröße leicht. Riesenschildkröten von Aldabra wurden schon mehrere Kilometer entfernt schwimmend gesehen. Aber nicht, wie immer wieder geschildert wurde, »wie ein Boot auf dem Rücken liegend treibend«, sondern in normaler Körperhaltung, sich mit Beinbewegungen voranstoßend.

Die kleine **Cuvier-Ralle** ist Aldabras berühmtester Vogel. Es ist die letzte flugunfähige Vogelart, die im Indischen Ozean überlebt hat. Auf den anderen Inseln der Aldabra-Gruppe ist sie ausgerottet, und auch auf Aldabra wurde es kritisch, als die Katzen so zahlreich wurden, daß sie die Rallenpopulation auf Grande Terre und Picard vernichteten. Auf den katzenfreien kleinen Inseln Malabar und Polymnie überlebten die Rallen und behaupteten sich sogar erfolgreich gegen die leider auch eingeschleppten Ratten. Das Nest und die 3–4 schwarzen Jungvögel pro Gelege werden von den Eltern sehr aggressiv verteidigt. Verblüffend ist der Balzgesang, der zwischen September und März in den frühen Morgenstunden und am Spätnachmittag ertönt. Eine Serie von hohen Quiek- und Quietschtönen werden von 2 Vögeln im Duett vorgetragen.

Der Aldabradrongo kommt auf allen 4 Inseln vor. Er verteidigt ganzjährig sein Territorium gegen Artgenossen, darum ist er nur einzeln und nicht häufig zu sehen. Komorenfruchttauben sind häufig in fruchtenden Bäumen in der Umgebung der Siedlung und am Ostende der Lagune zu finden. Am liebsten verzehren sie *Ficus*-Früchte; die runden Kugelfrüchte des Takamakabaumes werden ganz verschluckt. Ebenfalls in höheren Bäumen zu finden sind die Madagaskarfluchtvögel, wo sie sich von Insekten, Früchten und Knospen ernähren. Sie sind leicht zu entdecken, denn menschliche Besucher werden von mehreren Tieren sehr lautstark verfolgt. Im dichten Gebüsch huschen lebhafte Gruppen von Madagaskarbrillenvögeln umher, und Aldabra-Nektarvögel suchen Blüten und Insekten. Männchen und Weibchen des Aldabrawebers sind in der Nichtbrutzeit grünlich-gelb mit dunkel gestreiftem Rücken. Zur Brutzeit sind die Männchen auffällig gefärbt: leuchtend roter Kopf und Brust, gelber Bauch und orangeroter Bürzel und Unterschwanzdecken.

Das Auge ist schwarz umrandet, und auch der Schnabel färbt sich schwarz.

In dichten Büschen und im Mangrovendickicht versteckt sich der scheue Tulu-Spornkuckuck. Durch seinen auffälligen Ruf, ein tieferwerdendes »Lachen«, das oft im Duett vorgetragen wird, verrät er sich. Seine Nahrung setzt sich aus Insekten, kleinen Echsen, Eiern und Jungvögeln zusammen. Während der Nachtstunden ertönt der monotone, ratternde Balzgesang der Madagaskar-Nachtschwalben. Sie fliegen nachts langsam dicht über den Boden und jagen große Insekten wie Gottesanbeterinnen, Zikaden und Käfer.

Der größte Reiher auf Aldabra ist der Graureiher. Von den Meerreihern (S.115) gibt es zwei Farbvarianten, reinweiße, die häufiger vorkommen, und schwarze. Die schwarzen Beine mit den leuchtend gelben Füßen sind ein auffälliges Unterscheidungsmerkmal zu den anderen weißen Reihern. Der weiße Madagaskarreiher besitzt einen gedrungenen Körperbau, die Basis des schwarzen Schnabels ist blau. Er hat sich erst in den letzten Jahrzehnten auf Aldabra angesiedelt. Kuhreiher folgen den Riesenschildkröten und fangen die Insekten und Landkrabben, die diese aufscheuchen. Auch der kleine Mangrovereiher ist auf Aldabra oft im Inland zu sehen, wo er Insekten und Echsen jagt.

Ein ganz großes Rätsel geben die Rosaflamingos auf. Bruthügel oder Jungvögel sind nie gefunden worden, und manchmal ist der gesamte Schwarm verschwunden. Am sichersten zu beobachten sind sie an der Ostecke der Lagune, wo sie im Bras Takamaka manchmal mit allen Reiherarten zusammen zu sehen sind.

Neuansiedler sind der Malegassenturmfalke (S.121), ein kleiner Falke, der sich von großen Insekten, kleinen Echsen und Ratten ernährt, und der schwarz-weiße Schildrabe (S.137) aus Afrika, der sich in der Nähe von Ansiedlungen aufhält, wo er nach Abfällen sucht. Häufig holt er Eier aus den Tölpel- und Seeschwalbenkolonien.

Zwischen Juni und Dezember bilden Rotfußtölpel und Fregattvögel große Brutkolonien in den Mangroven der Lagune.

Rotfußtölpel gibt es in 2 Farbvarianten, die meisten auf Aldabra sind weiß mit schwarzen Flügelspitzen, seltener ist die braungefiederte Form. Beide haben jedoch die auffälligen leuchtend roten Füße. Im Gegensatz zu den beiden anderen Tölpelarten dieses Gebietes, dem Masken- und dem Brauntölpel, balzen und nisten sie nicht auf dem Boden, sondern bauen ein Nest aus Stöckchen in Mangrovebäumen. Nach Nahrung fischen sie weit draußen im offenen Meer, wo sie aus

Die Seychellen-Riesenschildkröte, die von afrikanischen Vorfahren abstammt, unterscheidet sich von der Galapagos-Riesenschildkröte durch das einzelne, unpaare mittlere Rückenschild.

Beide Eltern der Rotfußtölpel beteiligen sich an der Bebrütung des einzigen Eies und an der Aufzucht des weißen Jungvogels.

großer Höhe nach Fischen stoßtauchen. Ein Teil ihrer Beute wird ihnen von den Fregattvögeln abgejagt, die sie bei ihrem Rückflug so lange mit kräftigen Schnabelhieben attackieren, bis die Tölpel einen Teil des Kropfinhaltes auswürgen. Die Fregattvögel schnappen ihn sich meist noch in der Luft und müssen sich dabei heftig gegen Artgenossen wehren, die versuchen, ihnen die Beute wieder abzujagen. **Fregattvögel** sind die Piraten der Tropenmeere. Sie attackieren nicht nur Tölpel und Seeschwalben in der Luft, sondern rauben Eier und Jungvögel anderer Seevögel und der eigenen Art, die sie überfliegend mit ihrem großen Hakenschnabel ergreifen. Von der Wasseroberfläche nehmen sie Fliegende Fische und andere Meerestiere im Flug auf, sie können nicht tauchen oder auf dem Wasser niedergehen. An Land sind sie so unbeholfen, daß sie sich mit ihren kleinen Füßen nur mühsam auf den Ästen halten können. Sie sind jedoch perfekte Flugkünstler. Vom bewegungslos im Wind Stehen bis zum rasenden Sturzflug mit scharfen Kurven und Wendungen und wieder blitzschnellem Hochtragen zeigen sie eine Luftakrobatik, die kein anderer Vogel erreicht.

Zur Balzzeit bieten die Männchen der Fregattvögel ein unvergleichliches Schauspiel. Mit prall aufgeblasenen, knallroten Kehlsäcken sitzen sie in den Mangroven und versuchen, die Weibchen mit auffälligem Flügelschlagen, Hin- und Herwenden des Kopfes und klickenden Lautäußerungen anzulocken. Nach der Verpaarung bauen sie ein Plattformnest, auf dem das einzige Ei ausgebrütet wird. Die Versorgung des Jungvogels dauert etwa 1 Jahr. Das Erlernen der geschickten Jagdmethoden und das erfolgreiche Abwehren der angreifenden Artgenossen ist so schwierig, daß der Jungvogel auch nach seinem Flüggewerden noch weiter gefüttert wird.

Auf Aldabra brüten 2 Arten, der etwas kleinere Arielfregattvogel und der größere und häufigere Bindenfregattvogel.

Fledertiere sind die einzigen Landsäugetiere, die Aldabra von sich aus besiedelt haben. Die Aldabra-Flughunde sind etwas kleiner und stärker tagaktiv als die Seychellen-Flughunde. Regelmäßig nachmittags verlassen sie die Rastbäume und suchen sich fruchtende Takamakabäume, von deren kugeligen Früchten sie sich hauptsächlich ernähren.

2 kleinere, insektenjagende Fledermausarten sind nachtaktiv. Über die Biologie aller 3 Arten ist kaum etwas bekannt.

Im Gebiet unterwegs

Bei der Ankunft muß man sich als erstes beim Verwalter auf Picard (West Islands) melden. Die kleine Ansiedlung besteht aus Hütten für den Verwalter, seine Helfer und Wissenschaftler, die abwechselnd hier arbeiten. Rund um die Ansiedlung sind die ersten Riesenschildkröten zu sehen. Sie sind hier besonders groß, da sie von den Nahrungsresten profitieren.

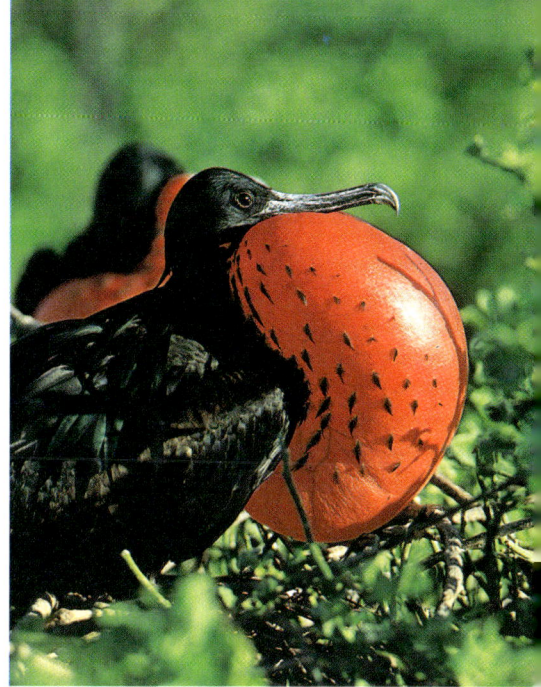

Zur Balz blasen die männlichen Bindenfregattvögel ihre Kehlsäcke auf, um den Weibchen zu imponieren.

Bis auf die Cuvier-Ralle können alle Landvögel schon auf Picard gesehen werden. Am besten sind die Rallen auf Polymnie zu beobachten, wo sie sich anlocken lassen. Durch leises Klopfen mit Stöcken oder Knochen erscheint der sehr zutrauliche und neugierige Vogel.
Die gesamte Innenküste von Malabar (Middle Island) ist mit Mangroven bewachsen. Hier befindet sich die riesige Brutkolonie der Fregattvögel und Rotfußtölpel.
ACHTUNG : Fregattvögel auf Aldabra reagieren extrem empfindlich auf Störungen! Die verlassenen Eier und Jungtiere der aufgescheuchten Altvögel werden sofort von anderen Fregattvögeln gegriffen. Bitte Rücksicht nehmen!
98% der Riesenschildkröten leben auf Grande Terre (South Island). Landgänge über das unwegsame Gelände sind möglich; etwas leichter sind sie an der schmalsten Stelle im Süden. Dort gibt es 5 Querwege, die die Außenküste mit der Lagune verbinden; der kürzeste ist 1 km lang und der längste 2 km. Sie führen auch an einigen interessanten Süßwasserteichen vorbei.
ACHTUNG : Festes Schuhwerk auf den Landgängen tragen, der verwitterte Korallenkalk kann messerscharf sein!
Eine Bootstour bei hohem Wasserstand zwischen den Inseln Ile aux Cèdres und den Mangrovewäldern im Osten von Grande Terre bis weit in den Bras Takamaka hinein führt in das größte Mangrovengebiet, in dem sich viele Karettschildkröten aufhalten. In den Tidentümpeln östlich von Bras Cinq Cases sind regelmäßig Flamingos zu sehen.
Tauchen ist überall am Außenriff phantastisch. Schnorcheln ist am besten in dem Gebiet, das in der vorherigen Bootsfahrt beschrieben ist, sonst überall möglich.

Praktische Tips

Anreise
Nur mit dem Schiff zu erreichen, 2 Tage Fahrt von Mahé aus.

Unterkunft
Außer für Wissenschaftler im Moment keine Übernachtungsmöglichkeit, jedoch für 7–8 Personen geplant.

Klima/Reisezeit
Halbwüstenartiges Klima mit unregelmäßigen Niederschlägen, durchschnittlich 1200 mm jährlich. Reisezeit ist ganzjährig gut; zwischen Juni und Dezember brüten Fregattvögel und Rotfußtölpel.

Adressen
Um Aldabra zu besuchen, braucht man die Erlaubnis von:
➪ SIF (Seychelles Islands Foundation), c/o Department of the Environment, Botanical Gardens, Victoria, Mahé.

Krebse auf dem Trockenen

Zur Ebbe, wenn große Teile der Sand- und Schlickflächen am Strand trockengefallen sind, erscheinen Heerscharen der Krabben aus ihren Löchern, in denen sie die Flut überdauert haben. Das Meer hat ihnen einen reichgedeckten Tisch beschert, tote Tiere am Spülsaum abgelagert und die Sandoberfläche mit Mikro-Organismen angereichert.

5 Arten von Geisterkrabben, kenntlich an ihren langen Stielaugen, rennen auf den Sandstränden entlang. Winkerkrabben (s.S. 151) leben in großen Kolonien, sie entfernen sich nicht allzuweit von ihren Höhlen. Rotklauenkrabben, die 10 cm groß werden können, leben in der Mangrovenzone und in Tidengebieten weiter im Inland.

Krabben sind eigentlich Meeresbewohner und atmen durch Kiemen. Die Krabben in der Strandzone sind jedoch während der Zeit der Ebbe zum Landleben befähigt. Ihre Kiemenkammer ist fest verschließbar und damit sicher vor Austrocknung. Land-Einsiedlerkrebse sind fast vollständig zum Landleben übergegangen. Ihre Kiemen sind so stark zurückgebildet, daß sie im Wasser ertrinken würden. Nur ihre Jugendentwicklung verläuft noch im Meer.

Einsiedlerkrebse schützen ihren weichen Hinterleib mit Schneckenhäusern, in denen sie sich fest verankern und die sie mit sich herumtragen. Bei jeder Häutung müssen sie sich ein größeres Haus suchen. Für Land-Einsiedler ist es wesentlich schwerer als für Meeres-Einsiedler, ein geeignetes Gehäuse zu finden. Selten tragen sie Landschneckenhäuser, viel häufiger suchen sie den Strand nach angespülten Meeresschneckenhäusern ab.

HINWEIS: Auch deshalb dürfen auf den geschützen Inseln keine Muscheln- und Schneckenhäuser gesammelt werden!

Land-Einsiedlerkrebse leben nicht nur in Strandnähe, sondern in allen Zonen der Inseln, sogar im Wald und auf höheren Bergen. Sie sind nachtaktiv und ernähren sich von den Eiern und Küken der Seevögel, aber auch von toten Tieren. Trotz ihrer mitzuschleppenden Schneckenhäuser sind sie gute Kletterer und steigen hoch in die Bäume zu den Noddinestern hinauf.

Auch der Palmendieb gehört zu den Land-Einsiedlern. In seiner Jugend benutzt er noch Schneckenhäuser zum Schutz seines Hinterleibes, später krümmt er ihn dann frei nach vorn unter den Vorderkörper. Bei seiner Größe hätte er Schwierigkeiten, die geeigneten Schneckenhäuser zu finden. Sein Körper wird über 30 cm groß, von Beinspitze zu Beinspitze mißt er bis zu 1 m, er wiegt 3 kg. Mit diesen Ausmaßen hält er den Rekord als größtes wirbelloses Landtier. Neben Eiern und Küken ernährt er sich zusätzlich von Kokosnüssen, die er als ausgezeichneter Kletterer selbst aus den Palmenkronen abzwickt. Mit seinen kräftigen Scheren reißt er die Faserschicht ab und sprengt ein Auge der freigelegten Kokosnuß heraus. Er lutscht die Milch aus und kratzt das Kokosfleisch heraus.

Seine Größe und sein hervorragender Geschmack haben dazu geführt, daß der Palmendieb auf vielen Inseln im Indischen Ozean fast ausgerottet wurde. Auf den unberührten Inseln wie Aldabra kommt er noch so häufig vor, daß zeltende Wissenschaftler um ihre Sachen fürchten müssen, da er mit seinen kräftigen Scheren alles, sogar Dosen kleinbekommt.

Blick in die Umgebung

<u>Assumption</u> liegt 27 km südlich von Aldabra. Als halbmondförmige Insel, 7 km lang und 1–2 km breit, bedeckt sie eine Fläche von 11 km². Sie war einst Brutplatz für den Abbott-Tölpel, den es heute nur noch auf den Weihnachtsinseln im östlichen Indischen Ozean gibt. Die Tölpel hatten reichlich Guano produziert, beim Abbau wurde die Insel zerstört. Einige Gebiete wurden danach mit Kokospalmen und Kasuarinen bepflanzt.

Die endemische Unterart des Malegassennektarvogels überlebte und ist heute überaus häufig. Nektarvögel sind Überlebenskünstler, die sich auf allen Inseln den veränderten Umständen angepaßt haben. Sie bevölkern selbst Mangrovenwälder, in denen sie sich hauptsächlich von Insekten ernähren. Bieten sich für ihre kleinen Hängenester keine geeigneten Bäume, so bauen sie sie sogar am Grund in Höhlen der verwitterten Korallenblöcke.

2 neue Vogelarten wurden eingeführt, Mosambikgirlitz und Rotohrbülbül. Durch die geringe Entfernung zu Aldabra konnten sie zu einer Gefahr für die dortige Vogelwelt werden. Einen einmaligen Schatz besitzt Assumption in seiner Unterwasserwelt. Es ist **der** Platz im Indischen Ozean für ungestörtes, reichhaltiges Riffleben mit gesunden Korallenbänken.

100 km östlich von Assumption liegt das fast rhombische Atoll von <u>Cosmolédo</u>. Die gesamte Lagunenseite der mit 2,5 km² größten Insel Menai ist mit Mangrovenwäldern bewachsen, die fast die Hälfte der Inselfläche bedecken. In ihnen brüten Rotfußtölpel. Die bodenbrütenden Maskentölpel nisten auf der gegenüberliegenden 2 km² großen Grande Ile, deren Lagunenseite zum größten Teil unbewachsen ist. Brauntölpel nisten auf einigen kleinen Inselchen rund um die Lagune. Auch andere Seevögel, wie Rußseeschwalben, Zügelseeschwalben, Audubon-Sturmtaucher und Rotschwanztropikvögel, nutzen

Geister- oder Rennkrabben rennen über die Sandstrände und verschwinden bei Annäherung in ihren Höhlen.

die unberührten, kleinen, nur mit Gebüsch oder Gräsern bewachsenen Inseln als Brutplatz.

An Landvögeln ist die Cosmolédo-Unterart des Malegassennektarvogels häufig, hauptsächlich auf Menai, wie auch der Brillenvogel; das Sperbertäubchen ist eingebürgert, und Meerreiher in beiden Farbvarianten fischen in der Lagune. Eine Neueinbürgerung ist dem Madagaskarcistensänger gelungen; von ihm gab es vor 1940 noch keine Beobachtung. Er ist ein kleiner, lebhafter, brauner Vogel, der in Gebüsch und Unterwuchs nach Insekten sucht.

Land-Einsiedlerkrebse können ihr Schneckenhaus mit den Scheren dicht verschließen, wenn sie sich zurückziehen.

Der Palmendieb, der größte landbewohnende Krebs, kann geschickt auf Kokospalmen klettern und mit seinen kräftigen Scheren Kokosnüsse abzwicken.

40 km südöstlich von Cosmolédo liegt **Astove,** ein 5 km langes, 3 km breites Atoll. Die kreisförmige, schmale Insel umschließt fast vollständig die Innenlagune, nur an der Südspitze gibt es eine Verbin-

Rotklauenkrabben reagieren auf jede Bodenerschütterung mit blitzschnellem Verschwinden.

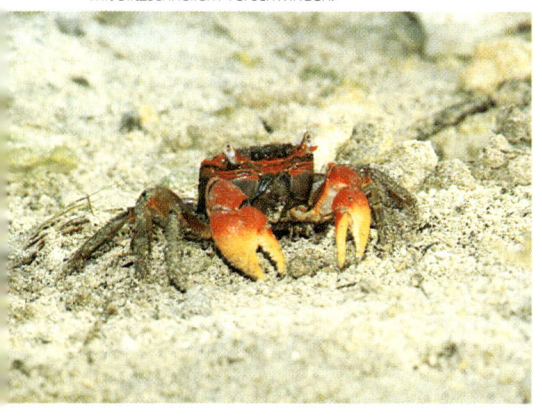

dung zum Meer. Einige Inneninseln sind mit Mangroven bewachsen, und riesige sumpfige Buchten, deren Ränder auch mit Mangroven bewachsen sind, schneiden tief ins Land der Süd- und Ostseite ein. Von der breiteren Westseite ist der Norden mit Kokospalmen bepflanzt, der südliche Teil ist ein unbewachsenes, unwegsames Gelände mit Löchern und Höhlen.

In den Büschen leben Madagaskarcistensänger, die häufigen Nektarvögel gehören der gleichen Unterart wie auf Cosmolédo an. Die Brillenvögel jedoch sind die gleichen wie auf Madagaskar, während Aldabra und Cosmolédo je eine eigene Unterart haben. Rußseeschwalben brüten in kleinen Kolonien, Audubon-Sturmtaucher kehren nachts in ihre Bruthöhlen zurück. Eil- und Raubseeschwalben sind häufig zu sehen. Alle genannten Inseln sind zur Zeit nur mit dem Schiff zu erreichen. Assumption soll zukünftig angeflogen werden.

Maskarenen

Die 3 Maskareneninseln Réunion, Mauritius und Rodriguez sind vulkanischen Ursprungs. Auf Réunion ist der Vulkan Piton de la Fournaise noch höchst aktiv, und 1987 wurde ein Unterwasservulkan entdeckt, der sich 120 Seemeilen von Rodriguez entfernt langsam aufbaut.

Durch das bergige Profil und den ganzjährig wehenden Südostpassat ergeben sich scharf abgegrenzte Klimazonen. Die Küsten und Bergseiten im Nordwesten »sous le vent – unter dem Wind« haben wenig Niederschläge und sind mit Trockenpflanzen bewachsen. An den Bergseiten »au vent – im Wind« regnen sich die Wolken ab, es ist ständig feucht, die Pflanzendecke ist dicht und hoch.

Die Pflanzenwelt der Maskarenen enthält erstaunlich viele Bäume und Sträucher, deren Jugendblätter völlig anders aussehen als die Blätter der ausgewachsenen Pflanzen (Heterophyllie). Auch Triebe, die aus erwachsenen Pflanzen neu ausschlagen, erscheinen zuerst in ihrer Jugendform, so daß am selben Baum beide Blattarten vorkommen. Nur durch solche Wuchsformen ist es möglich, die Jugendpflanzen zu erkennen. Das auffälligste Beispiel ist auf Réunion die Akazie »Tamarin des hauts«. Die Jugendform weist gefiederte Blätter auf, die der Erwachsenenform sind jedoch lang und schmal.

Die Maskarenen liegen im Zyklongürtel. Die heimischen Bäume haben etliche Anpassungen ausgebildet, um den starken Stürmen trotzen zu können. Da Pfahlwurzeln den felsigen Untergrund nicht durchstoßen können, dient zur festen Verankerung ein dichter Wurzelteppich. Die Wurzeln laufen an der Oberfläche des Bodens entlang und bilden ein wirres Geflecht aus, das 3–4 mal größer ist als der Durchmesser der Baumkrone. Außerdem besitzen die Bäume die Fähigkeit, sofort

Zuckerrohrfelder bedecken fast die gesamte Fläche von Mauritius; die unzähligen Lavablöcke, die die Felder bedecken, sind zu hohen Pyramiden mittendrin aufgeschichtet.

Zuckerrohr

Über Jahrtausende war Zucker ein kostbarer Luxusartikel. Heute gehört das Zuckerrohr *Saccharum officinarum* weltwirtschaftlich gesehen zu den wichtigsten Kulturpflanzen. Der Anbau ist auf die tropischen und wärmeren subtropischen Gebiete begrenzt, da Zuckerrohr eine ganzjährige warme Temperatur von 25–28°C benötigt. Als Heimat der 5–9m hoch werdenden schilfähnlichen Pflanze aus der Familie der Gräser wurde Indien angesehen, jedoch ist der Ursprung der Wildform eher auf Papua Neuguinea zu suchen, wo noch heute die Wildpflanze *Saccharum robustum* vorkommt. Zuckerrohr wird in den Tropen schon seit Jahrtausenden kultiviert. Bereits 1000 v.Chr. wurde es in China als süßes Aphrodisiakum eingesetzt, und 700 v.Chr. wurde in Bihar am Ganges erstmals richtiger Zucker raffiniert.

Nach Europa gelangte die Kunde vom Zuckerrohr durch Alexander den Großen. Die Araber brachten Zucker dann zwischen 700 und 900 n.Chr. in den Mittelmeerraum und verfeinerten die Kristallisationsmethode. In ihrer Medizin war er ein vielfältig verwendetes Arzneimittel, das in der Zeit der Kreuzzüge nach Europa gelangte. Ende des 16.Jh. wurden in Augsburg und Dresden erste deutsche Zuckerraffinerien errichtet, die importierten Rohrzucker verarbeiteten.

1632 führten die Holländer das Rohr im Indischen Ozean ein und ahnten wohl nicht, welche Bedeutung es für Mauritius, Réunion und Madagaskar bekommen sollte.

Die heute angebauten Arten sind Kreuzungen zwischen dem in Melanesien heimischen Edelrohr sowie der alten chinesisch-indischen Kulturform, die die breite ökologische Anpassungsfähigkeit liefern, und den krankheitsresistenten Wildformen. Die Bestrebungen, Arten mit höherem Zuckergehalt und größerer Saftreinheit zu züchten, gehen weiter. Die Blüten dieser Kulturformen, bis zu 1m lange Rispen, sind steril, d.h. es werden keine Samen ausgebildet. Die bis 7cm dicken Halme sind mit einem weichen, etwa 13–20% Rohrzucker enthaltenden, weißen Mark gefüllt. Die Ernte beginnt 10–14 Monate nach dem Anpflanzen, wenn die Blätter gelb werden oder der, nach Anbohren der Halme, höchste Zuckergehalt festgestellt wurde. Die Stengel werden meist von Hand geschlagen. Der Transport zur Fabrik muß möglichst schnell erfolgen, da der Zucker rasch abgebaut wird.

Nach 4–8maliger Ernte (die Pflanzen treiben neue Schößlinge) werden die Felder umgepflügt und neu angelegt. Dazu werden Sproßstücke in die Erde ausgelegt, die sich bald bewurzeln und austreiben.

Zur Zuckergewinnung werden die Halme zerkleinert, zwischen Walzen zerquetscht und ausgepreßt. Der Preßsaft wird gereinigt und anschließend durch Kochen eingedickt. Beim Abkühlen erfolgt die Kristallisation. In einer Zentrifuge wird der auskristallisierte braune Zucker vom Sirup getrennt und, falls weißer Zucker gewünscht wird, anschließend raffiniert.

Doch nicht nur Zucker wird aus Zuckerrohr gewonnen. Aus dem Sirup (Melasse) werden Rum und Arrak hergestellt, und die zellulosehaltigen Preßrückstände (Bagasse) werden als Brennstoff genutzt, zur Herstellung von Papier und Karton verwendet und mit Kunststoffpulver vermischt zu Isoliermaterial hitzegepreßt.

wieder auszuschlagen. Aus einem umgestürzten Stamm sprießen auf der gesamten Länge neue Triebe. Verhängnisvoll wirken sich Zyklone auch dadurch aus, daß Blüten und Früchte fast vollkommen zerstört werden. Darum passen einige Bäume ihren Blührhythmus den Zyklonen an. »Bois de rivière« und der berühmte »Drontenbaum« (»Tambalacoque«) treiben nur nach dem Durchzug eines Zyklons ihre Blüten aus. Zeitweise müssen sie mehrere Jahre pausieren.

Von den ehemals 4 Flughundarten der Maskarenen überlebten je eine Art auf Mauritius und Rodriguez. Davon ist der Bestand des Rodriguez-Flughundes mit nur 250–300 Tieren stark gefährdet, zu seiner Erhaltung laufen Gefangenschaftszuchtprogramme. 2 Arten nachtaktiver Fledermäuse, eine Bulldogg-Fledermaus und der Mauritius-Grabflatterer, kommen sowohl auf Réunion als auch auf Mauritius vor, erreichten jedoch Rodriguez nicht. 22 endemische Vogelarten gibt es auf den Maskarenen; 11 auf Mauritius, 9 auf Réunion und 2 auf Rodriguez. Die vorgelagerten kleinen Inseln werden von Meeresvögeln als Brutplätze genutzt.

Südafrikanische Kröten wurden 1922 nach Mauritius und Réunion gebracht, um Zuckerrohrschädlinge zu bekämpfen.

Anreise

Réunion und Mauritius werden von mehreren europäischen Fluggesellschaften angeflogen.Nach Rodriguez fliegt Air Mauritius von Mauritius aus.

Verkehr

ACHTUNG: Auf Réunion herrscht Rechtsverkehr, auf Mauritius und Rodriguez Linksverkehr!

Der jährliche Ertrag der geernteten 6 Mio. Tonnen Zuckerrohr sind 700 000 Tonnen raffinierter Zucker.

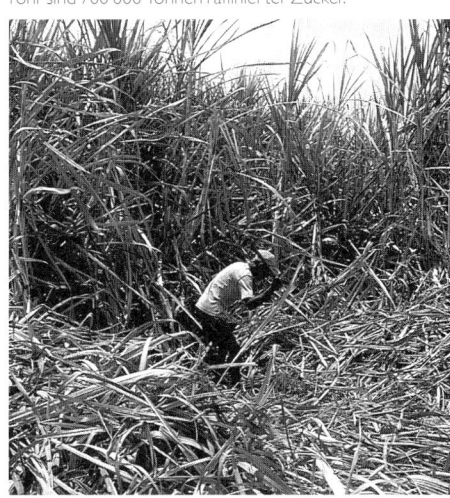

Praktische Tips

Klima

Die heißeste Zeit mit Temperaturen zwischen 25 und 35°C liegt zwischen Januar und April. Die kühlsten Monate sind Juli bis September mit Tagestemperaturen von 24°C und einer starken Abkühlung während der Nacht. Durch das Inselrelief kommt es zu sehr unterschiedlichen Klimabedingungen. Im Westen und Norden liegen die trockensten Zonen, im Süden und in den Bergen fallen beträchtliche Regenmengen. Die durchschnittliche Temperatur auf Meeresniveau ist 23°C mit 75% Luftfeuchtigkeit. Die Temperatur sinkt im Hochland, auf mittlerer Höhe beträgt sie 19°C bei 90% Luftfeuchtigkeit. Bei zunehmender Höhe wird es schnell kälter.

11 Réunion

Vulkanlandschaft, eizigartige Hochtäler; endemische Wälder (»Bois des
couleurs«), Hochgebirgsvegetation;
einziges Vorkommen des Maska-
renen- und des Barausturmvogels,
7 endemische Landvogelarten; farben-
prächtige Taggeckos.

Réunion wird von 2 Gebirgsmassiven gebildet. Das ältere, mit dem 3069 m hohen
Piton des Neiges als Zentralgipfel, bedeckt
im Nordwesten zwei Drittel der Inselfläche. 3 riesige Hochtäler entstanden
durch Einsturz und Erosion; es sind die
»Cirques« von Mafate, Salazie und Cilaos.

Das jüngere Fournaise-Massiv mit dem
2361 m hohen **Piton de la Fournaise** öffnet
sich zur Meeresseite, und die letzten Lavaflüsse strömten dort die Hänge hinab.
Der Rhythmus und die Heftigkeit der Eruptionen variiert. Zwischen den beiden Mas-
siven liegen die Hochebenen Plaine de
Cafres und Plaine de Palmiste. Durch den
ständig wehenden Südostpassat stauen
sich die Wolken am Fournaise-Massiv, und
es kommt zu jährlichen Niederschlägen
von 3000–6000 mm (14000 mm bei Takamaka). Dies ist die feuchte Küste im Wind
(Côte au vent). Die trockene Küste unter
dem Wind (Côte sous le vent) liegt im Re-
genschatten und erhält durchschnittlich
580 mm Niederschläge. Durch das zerris-
sene Inselrelief und die unterschiedlich-
sten Wolkenformationen sind jedoch über
200 Mikroklimate ausgebildet.

Pflanzen und Tiere

Die »farbigen Wälder« von Réunion (»Bois
des couleurs«) erhielten ihren Namen
nach der unterschiedlichen Rinden- und
Holzfarbe ihrer Baumstämme. Man unterscheidet den »Bois de couleur« der feuchten Küste, den der trockenen Küste und
den der Höhe.
Die Küstenwälder sind dem Zuckerrohranbau gewichen, nur zwischen den Lavaströmen im Süden konnten sich Reste des
»Bois de couleur« der feuchten Küste im
Forêt de Mare Longue erhalten. Die Stämme der beiden Arten »Grand« und »Petit
natte« sind dunkelgrau und rissig, die des

◁ Die Trockensavanne ist mit einer Sekundärvegetation aus
Agaven »Choca vert« und dornigen Sträuchern bedeckt.

Die älteren Kraterhänge des Fournaise sind schon ▷
bewachsen, neuere Lavaaschen bilden eine pittoreske Einöde.

»Bois de fer bâtard« (Eisenholzgewächs) glatt und hellgrau. Die Rinde des dunkelroten Stammes des Ecorce-Baumes löst sich in großen Placken. Die Bäume sind mit vielen *Jumellea*- und *Angraecum*-Orchideen sowie anderen Epiphyten bewachsen, der Boden ist mit dichtem Gebüsch bedeckt. Auffällig ist die Blüte des Korallenbusches, die einem verzweigten, hellgrauen Korallenstöckchen ähnelt. Der artenreiche und üppige farbige Höhenwald liegt 1300–1900 m hoch im permanenten Nebel. Verschiedene »Mahot«- und Pisoniabäume haben auffällige weiße und rosa Blütendolden, der Bocksbaum endständige weiß-rosa Blütenbüschel. Sie gehören zur obersten Waldetage, wie auch »Tan rouge«, Ebenholz-, Ecorce- und Colophan-Bäume. Darunter wachsen Berg-Schraubenbäume, 3 verschiedene Baumfarn-Arten und Forgesiabüsche mit ihren prächtigen roten Glöckchen. Rosablühende *Cynorkis*- und *Arnottia*-Orchideen wachsen auf dem Boden, Zwiebelorchideen und verschiedenste Farne und Moose bedecken Stämme und Äste mit einer dicken Schicht. Diese Wälder sind noch in Bébour und in den Cirques de Cilaos und de Salazie erhalten. Die Hochgebirgsvegetation um 2000 m Höhe muß krasse Temperaturunterschiede zwischen Nachtfrost und Tageshitze aushalten. Heftige Regengüsse versickern schnell im lockeren Lavaboden und lange

Trockenheit muß durch die Luftfeuchtigkeit ausgeglichen werden. Die »Petit Tamarin des hauts«, die in etwas tieferen Lagen als kleiner Baum wächst, erreicht nur Gebüschhöhe. Harte, immergrüne Sträucher (»Branles«) werden mit zunehmender Höhe immer kleinwüchsiger. Gelbblühendes Johanniskraut wächst zwischen dem Kreuzdorngewächs *Phylica nitida,* dem Korbblütler *Senecio hubertia* und den Heidekrautarten *Stoebe passerinoides* und *Phillippia montana.* Die Buchsbaumblättrige Agauria reicht bis auf die höchsten Gipfel, wie auch das gänseblümchenähnliche *Erigeron* und das federförmige Gras *Penisetum caffrum.* Die Weidenblättrige Agauria ist eine Pionierpflanze auf Lava. Abgestorbene Pflanzen zersetzen sich sehr schnell, und die Rinde wird ständig abgeworfen, dadurch wird eine Humusschicht gebildet, die den anderen Pflanzen die Ansiedlung erlaubt.

Schwarz-weiß mit roter Brust: Der Réunionschmätzer ist zutraulich und überall zu sehen.

Den schmalen Küstenbereich der trockenen Inselseite (Côte sous le vent) bedeckt eine Trockensavanne. Zwischen Lavablöcken stehen die 2 Agavenarten »Choca vert« und »Choca bleu« und einige kleinwüchsige Cassien. Darüber werden bis auf 800 m Höhe Zuckerrohr und bis auf 1400 m Höhe Geranienkulturen angebaut. Die Blätter der Geranienpflanzen werden in kleinen Privatbetrieben destilliert. Das Öl dient nicht als Duft, sondern als Trägersubstanz für die Parfümherstellung. Oberhalb der Geranienkulturen wurden große Flächen mit *Cryptomeria,* einem Nadelbaum aus Japan, zur Holzgewinnung und Bodenbefestigung angebaut.

Der endemische Höhenwald »Tamarin des hauts« schließt sich an. Es ist eine Akazienart, die mit Baumfarnen und dem grazilen Bourbonen-Bambus vergesellschaftet ist. Den Unterwuchs bilden »Bois de savon«, dessen nackte Zweige mit einem Blattbüschel enden, in dem auch die kleinen rosa Blütchen oder roten Kugelfrüchtchen sitzen. »Ananas marron«, botanisch keine Ananaspflanze, aber mit ähnlichen langen, lanzettförmigen Blättern, trägt kleine orange Fruchtbüschel. In Astgabeln wächst die Agavenart »Canne marrone«, die im Januar und Februar fiedrige, weiße Blütenrispen bildet. Die Früchte der Magellanfuchsie sind bei Vögeln beliebt, dadurch ist sie weit verbreitet.

Zu Jagdzwecken wurden Mähnenhirsche (S.103), Hasen und kleine Fasanenartige wie Wachtel, Wachtelfrankolin, Frankolin- und Zwergwachtel ausgesetzt. In den Wäldern leben Tanreks (S.131).

2 sehr seltene Meeresvogelarten brüten auf Réunion. Vom einfarbig-dunkelbraunen Maskarenensturmvogel ist so gut wie nichts bekannt. Der größere Baraustumvogel mit weißer Unterseite und grauschwarzer Oberseite nistet in den höchsten Bergen im Inland. Der einzige Greifvogel der Insel ist die Rohrweihe, die über den Zuckerrohrfeldern, Wäldern und Savannen im typischen Schaukelflug segelt und Vögel, Eidechsen und große Insekten jagt.

Maskarenenschwalben und Mauritiussalanganen fliegen auf Insektenjagd oft gemeinsam, die größeren Schwalben sind seltener. Sehr gefährdet ist der endemische Newtonraupenfänger, von dem es nur noch weniger als 30 Paare gibt. Sein örtlicher Name »Tuit-tuit« gibt seinen lauten

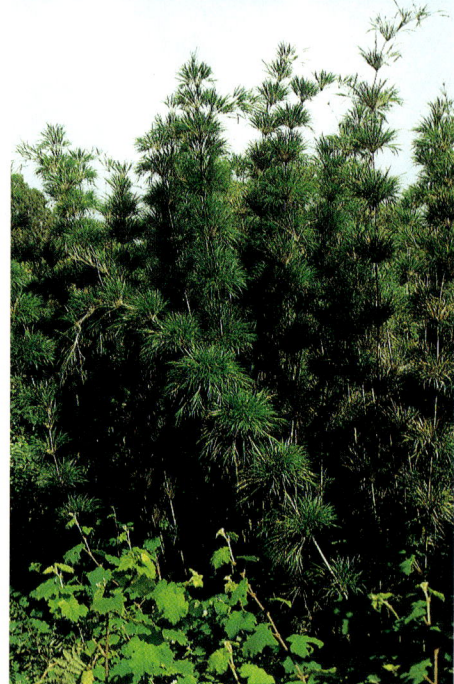

Bourbonen-Baumfarne werden 10 m hoch, sie wachsen im Regenwald bis 2000 m Höhe.

Beim Bourbonen-Bambus sind die Blätter an jedem Knoten in Tuffs gruppiert.

Ruf wieder. Häufig zu sehen sind die kleinen grauen Maskarenenbrillenvögel, die immer in Schwärmen zusammen sind. Olivbrillenvögel leben dagegen paarweise, sie ernähren sich hauptsächlich vom Nektar blühender Büsche und Bäume. In den Waldgebieten huschen die eleganten Maskarenenparadiesschnäpper auf Insektenfang hin und her. Der Réunionschmät-zer, »Tec-tec« nach seinem Warnruf benannt, ist häufig in den Wäldern und Heidegebieten zu finden. Der Maskarenenfluchtvogel lebt nur in den heimischen Wäldern, der eingebürgerte Rotohrbülbül hat sich überall ausgebreitet.

Im Kulturland und um Siedlungen leben eingebürgerte Vögel wie Hirtenmainas (S. 116), Haussperlinge, Sperbertäubchen

Höhe (m)

- 3000
- 2000
- 1000

Teich/Sumpf
Trockensteppe
Zuckerrohrfelder
Geranienkulturen
Kultur- und Weideland der Cirques
Hochgebirgsvegetation
Höhenwälder aus »Tamarin des hauts«
Schraubenbaumdickichte
Regenwald
Sekundärwald aus Aprikosen-Jambose und Guave

Piton des Neiges

Mafate

Salazie

St. Paul

St. Benoit

Das Hochtal des Cirque de Mafate ist nur zu Fuß zu erreichen; es ist ein Wanderparadies in einer zeitlosen, verwunschenen Welt.

(S.63), Madagaskar-Turteltauben, Gelbstirn- und Madagaskarweber, Wellenastrilde, Muskat- und Tigerfinken und Mosambikgirlitze.

Indische Schönechsen (S.110) leben in den Zuckerrohrfeldern, Pantherchamäleons (S.20) in Gärten und Wäldern. Zwei besonders schön gefärbte Taggeckos (S.35) sind endemisch für Réunion. Der Bourbonen-Taggecko, grün mit roten Tupfen, lebt in den Wäldern, der Réunion-Taggecko an der Küste an den Stämmen der Schraubenpalmen. Sein Kopf ist rot-weiß-schwarz längsgestreift.

Im Gebiet unterwegs

La Roche Écrite ① (Tagesausflug): Die Straße von St. Denis über Bellepierre ist hinter Brûlé noch 6 km weiter befahrbar und endet an einem Parkplatz. Von dort führt der Wanderweg (Route Forestière 1)

oberhalb des Tales entlang, in dem der Rivière St. Denis fließt, zur Forsthütte an der Plaine des Chicots (3 Std.) und weiter zum La Roche Écrite (1,5 Std.). Von dort hat man einen Ausblick auf die Cirques de Mafate und Salazie. Die Zeiten sind für rüstige Wanderer berechnet, nicht für Natur-

Verwilderter Ingwer (»Longose«), einst für Parfümzwecke angebaut, wuchert in Wäldern und Feldern.

Die großen Achatschnecken wurden aus Afrika eingeschleppt und sind zu einer großen Plage geworden.

liebhaber. Der heimische Wald bietet viele
botanische Kostbarkeiten und alle 7 endemischen Vogelarten. Newtonraupenfänger
sind selten zu sehen, aber ihre lauten
»tuiiiit-tuiiiit«-Rufe, die oft wiederholt
werden, sind zu hören.

Piton Maido ②: Der 2190 m hohe Piton
Maido bietet den eindrucksvollsten Ausblick in den Cirque de Mafate und auf die
umliegenden höchsten Berge. Es geht von
St. Gilles oder St. Paul bis Guillaume, danach durch Geranienkulturen, *Cryptomeria*-Wald, Höhenwald (»Tamarin«) und
Gebirgsvegetation bis zum Piton Maido.
Da er nur am frühen Morgen wolkenfrei ist
und ab 10 Uhr sich dicke Wolken bilden,
sollte man direkt hinauffahren und erst auf
dem Rückweg die Wälder und die Gera-
niendestillen besichtigen. Vom Piton Maido führt ein Wanderweg in den Cirque de
Mafate.

Cirque de Cilaos ③ (Tagestour): Von den
3 Hochtälern kann Mafate nur zu Fuß
erreicht werden, Cilaos und Salazie sind
befahrbar. Von St. Denis führt eine Haar-
nadelkurvenstraße in das eindrucksvolle
Hochtal von Cilaos bis nach Cilaos
(38 km). In Richtung Bras-Sec (Route
CD 241, 5 km) führen Wanderwege am
Fuße des Bonnet-des-Prêtres durch dichten *Cryptomeria*-Wald. Von Cilaos aus
können Wandertouren zum Piton des
Neiges und in die beiden anderen Cirques
unternommen werden.

Trois Bassins ④: An der Straße nach St. Gil-
les-les-Hauts liegt 1 km hinter dem Frei-
lichttheater ein Parkplatz. Von dort führen
Wege entlang und z.T. auch durch die
Kanäle eines alten Bewässerungssystems
zu den 3 hintereinanderliegenden Becken,
in die der Rivière St. Gilles fällt: Bassin
Malheur, Bassin des Aigrettes und Bassin
du Cormoran.

Forêt de Bébour ⑤: Der Wald von Bébour
ist das eindrucksvollste Beispiel eines farbigen Höhenwaldes (»Bois des couleurs
des hauts«). Von St. Benoit führt die N3 ins
Hochland bis nach Plaine des Palmistes
(21 km). Dort biegt rechts die D55 ab, die
nach 5,5 km La Petite Plaine erreicht und
weiter zur Gîte de Bebour führt. Von dort
gibt es mehrere Wanderwege und Forst-
lehrpfade.

Vulkan Piton de la Fournaise ⑥: Bei Le Vingt-
Septième (27 km von St. Pierre; 34 km von
St. Benoit) zweigt von der N3 die RF5 ab,
die zum Krater führt. Vorbei am Aussichtspunkt Nez du Boeuf, von wo man in die
1200 m tiefe Schlucht des Rivière des
Remparts hinabblickt, am tiefen Loch des
Commerson-Kraters und über die Mond-
landschaft der Plaine de Sable wird der
Kraterrand auf der Höhe von 2353 m erreicht. Am Parkplatz steht eine Informati-
onshütte, am Paß von Bellecombe beginnt
der Abstieg des gut markierten Weges.
Nach einigen hundert Metern wird der
kleine Parasitenkrater Formica Leo (S.10)
erreicht. Der Weg zu den beiden Haupt-
kratern und zurück zum Parkplatz ist
13 km lang (mindestens 5 Std.).
ACHTUNG: Nicht vom markierten Weg
abgehen, Nebelbänke können blitzschnell
erscheinen!

Praktische Tips

Anreise
Air France fliegt St.Denis täglich direkt an.

Verkehr
Busrouten decken alle Hauptstraßen ab, in

ländlichen Gegenden fahren zum selben Preis »Taxi Collectif«. Viele Firmen bieten Leihwagen (»Location de Voitures«) am Flughafen oder in den Hotels an.

Information/Unterkunft

Das Hauptbüro der Touristen-Information (Syndicat d'Initiative) ist in:
⮑ St.Denis, 48 rue Ste-Marie, Tel. 418300. Man bekommt informative Karten, Broschüren und Routenvorschläge für Wandertouren. In jeder größeren Stadt ist eine Zweigstelle.

Informationen über Unterkünfte in den Wanderhütten (»gîtes«), die im voraus gebucht und bezahlt werden müssen:
⮑ Maison de la Montagne, 10 Place Sarda Garriga, St. Denis, Tel. 217584, Fax 4184841.

Wanderrouten: Insgesamt sind 600 km gut markierte Wanderwege erschlossen, in der Bergregion stehen 12 Hütten zur Verfügung. Camping ist erlaubt.

Informationen vorab:
⮑ Comité du Tourisme de la Réunion, 90 Rue de la Boétie, 75008 Paris, Tel. 1-40750279, Fax 1-40750273.

Reich an Tips und Informationen sind die monatlichen Hefte von RUN und die halbjährlichen von Escapades (beide in franz. Sprache), die es kostenlos in Hotels und Touristeninformationen gibt.

Der grüngraue Mangrovereiher, der kleinste Reiher des Gebietes, lauert Krabben und Jungfischen bewegungslos auf.

Blick in die Umgebung

Naturhistorisches Museum im Jardin de l'Etat, 1 rue Poivre, St. Denis, Tel. 200219. Im kleinen Museum sind Präparate der Tierwelt, auch der ausgestorbenen Arten, ausgestellt.

Vulkanmuseum La Maison du Volcan, Route National 3, Bourg-Murat, Plaine des Cafres, Tel. 590026. Zeigt Vulkanismus der Welt, Entstehung der Erde und hauptsächlich den Piton de la Fournaise.

Jardin d'Eden, RN1 L'Hermitage, St. Gilles/Bains, Tel. 244916. Ein sehenswerter Botanischer Garten mit Erklärungstafeln und Schildern von medizinischen, heimischen, tropischen Pflanzen.

Jardin des Epices, Chemin Forestier de Mare-Longue, St. Philippe. Auf 800 Jahre altem Lavaboden ist der »farbige Küstenwald der feuchten Küste« erhalten. Führungen durch Patrick Fontaine, 4 Chemin Hilly, St. Joseph, Tel. 560403/370606.

Forêt de Grand Brulé: Zwischen Lavaströmen blieben Reste des Küstenwaldes erhalten. Am Pointe de Tremblat gibt es mehrere botanische Wanderwege mit bezeichneten Bäumen.

Vanille: Bras-Panon ist das Anbauzentrum der berühmten Bourbon-Vanille. Die Arbeitsgänge vom Pflücken, Fermentieren und Sortieren können in der Co-Opérative de Vanille gesehen werden. 21 Route Nationale, Bras-Panon, Tel. 515051.

ACHTUNG: Nicht zu empfehlen ist die Schildkrötenfarm Le Corail bei St. Leu! Dort werden Grüne Meeresschildkröten und Karettschildkröten in zu engen Becken (Pilzbefall !) zu rein komerziellen Zwecken (Fleischgewinnung und Schildpattschmuck) aufgezogen. Dafür werden pro Jahr 2000 frischgeschlüpfte Jungtiere von den Brutplätzen der Inseln Tromelin und Europa geholt. Nach 4 Jahren werden dann diese Schildkröten, die durch das Washingtoner Artenschutzabkommen streng geschützt sind, geschlachtet.

12 Mauritius

Bizarre Bergspitzen, vorgelagerte Inseln mit einzigartiger Pflanzen- und Tierwelt; Macchabée-/Black-River-Nationalpark mit Primärurwald und Lebensraum des Mauritius-Turmfalken, der Rosentaube und des Mauritiussittichs; Trockenurwald mit Ebenhölzern in Le Cabinet.

Mauritius bedeckt eine Fläche von 1865 km². Zusammen mit dem politisch dazugehörenden Rodriguez, den 22 Inseln des Cargados-Carajos-Archipels und den Agalega-Inseln ergeben sich 2045 km². Obwohl Mauritius keinen aktiven Vulkan mehr besitzt, zeigt sich überall die vulkanische Vergangenheit durch Kraterseen und -kegel und vor allem durch die Milliarden von Lavablöcken, die das gesamte Land bedecken. Sie werden in den Zuckerrohrfeldern zu Pyramiden zusammengetragen.

Die Insel entstand in 3 unterschiedlichen Phasen. Vor 5 Mio. Jahren baute ein großer Vulkan die Insel auf, dessen Gipfel einsackte und eine riesige Caldera entstehen ließ. Diese bildet heute die Zentralebene, um die sich die stark erodierten, bizarren Basaltspitzen des ursprünglichen Kraters gruppieren. 4 Mio. Jahre später formte eine kurze vulkanische Phase durch starke Lavaflüsse die Südwest- und Südküste. In der

Die Zentralebene ist mit Zuckerrohrfeldern bewachsen; aus ihnen erheben sich die bizarr geformten Spitzen des Moka-Gebirges.

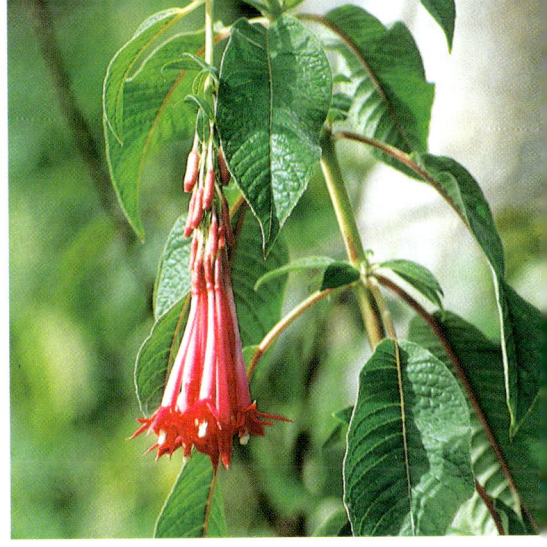

In den Bergwäldern verwilderte die aus Südamerika stammende Magellanfuchsie.

dritten Phase entstand die lange Kette kleinerer Krater, die sich von Südwest bis nach Nordost über die ganze Insel erstreckt. Zu ihnen gehören die Kraterseen und die Inseln im Norden.

Mauritius ist als Zuckerinsel bekannt. Die grünen Zuckerrohrfelder bedecken die gesamten flachen Zonen. 42 % der Gesamtfläche der Insel, das sind 90 % des gesamten kultivierten Landes, sind mit Zuckerrohr bewachsen. Davon gehören über die Hälfte den 25 großen Zuckerplantagen, die restlichen 45 % werden von 84 000 Kleinbauern bearbeitet.

Um die Wirtschaft auf eine solidere Grundlage zu stellen, wird durch sogenannte Zweitindustrien versucht, von der absoluten Zuckervorherrschaft unabhängiger zu werden. Dazu wird im Innern der Insel, auf dem kühleren und feuchteren Hochlandplateau, Tee angebaut. Und in den wärmeren Regionen, vorwiegend an der Küste im Norden, werden Tabakpflanzungen angelegt.

Die Jagd auf Mähnenhirsche ist Nationalsport; auf Farmen werden sie zur Fleischgewinnung in großen Rudeln gehalten.

Mauritius

Médine

Moka

Quatre Bornes

N

Montagne du Rempart 777 m

Trois Mamelles 629 m

① Cabinet

Vacoas

② Perrier

Magenta Road

Rivière Tamarin

Curepipe

Tamarin

Yemen

Henrietta

La Marie

M a g e n t a

Grande Rivière Noire

Tamarin Reservoir

Mare Longue

Mare aux Vacoas

Grande Rivière Noire

Mount Brise Fer

Black River National Park

Picnic Kiosk

Machabée

③

Le Pétrin

Piton de la Petite Rivière Noire 828 m

Piton St. Denis

Plaine Champaigne

Radio Sendemast 744 m

④

Grand Bassin

Chamarel

Farbige Erden von Chamarel

⑥

Wasserfall von Chamarel

Alexandra Falls

Mount Cocotte 771 m

⑤

Piton Savanne 704 m

Rivière du Cap

Bassin Blanc

Montagne Savanne

Rivière des Galets

Chamouny

0   1   2 km

Bel Ombre (2 km)

Baie du Cap

Sehr selten geworden ist der endemische »Bois puant«; er wachst noch im Cabinet-Naturreservat.

Pflanzen und Tiere

Früher bedeckte eine **Palmensavanne** die trockene nördliche Ebene. Reste davon finden sich heute noch auf den nördlichen Inseln. Sie setzt sich aus Bäumen zusammen, die auch längere Trockenzeiten überstehen können. Die auffälligsten sind die Blauen Latanpalmen und die skurrilen Flaschenpalmen.

Der berühmte mauretanische Wald, der neben anderen Edelhölzern 13 verschiedene Ebenholzarten besaß, überlebte im Südwesten von Mauritius, im Gebiet des Black River und Macchabée-Waldes. Das **Ebenholz** aus Mauritius ist als besonders hart und schwarz berühmt. Es wächst sehr langsam, Stämme mit einem Durchmesser von 30 cm sind ungefähr 500 Jahre alt, und ihr schwarzes Herz hat nur einen Durchmesser von 10 cm. Die großen Bäume, die die Holländer exportierten, waren über 1000 Jahre alt.

Die Pflanzenzusammensetzung der Wälder ist abhängig von Höhe und Klima. Die Ebenholzwälder wachsen in der tieferen Region mit wechselhaftem Regen und deutlicher Trockenzeit (z.B. Cabinet-Naturreservat). Die Höhenregenwälder finden sich in Gebieten mit 4000–5000 mm Niederschlägen pro Jahr (z.B. Macchabée-Wald). Es gibt einen Übergangswald in der Bel-Ombre-Region, dort ist der schrittweise Wechsel von einer in die andere Form zu beobachten.

Höhenregenwälder unterscheiden in ihrem Aufbau 4 verschiedene Schichten. Hohe, starke Bäume bilden ein dichtes Kronendach aus. Ihre Stämme verankern sich mit Brettwurzeln im Boden. Die häufigsten sind »Bois de natte«, »Makak«, Colophan-Baum und »Bois tambour«. Die Schicht darunter bildet ein verworrenes Dickicht aus vielen verschiedenen Arten, von Lianen überwuchert und bewachsen mit Farnen, Bärlappen, Lilien und Orchideen. Baumfarne breiten ihre großen, filigranen Wedel aus. Die beiden untersten Schichten setzen sich aus hohem Gebüsch und Bodenpflanzen wie verschiedenen Zwergpfeffer-Arten, Erdorchideen und Farnen zusammen.

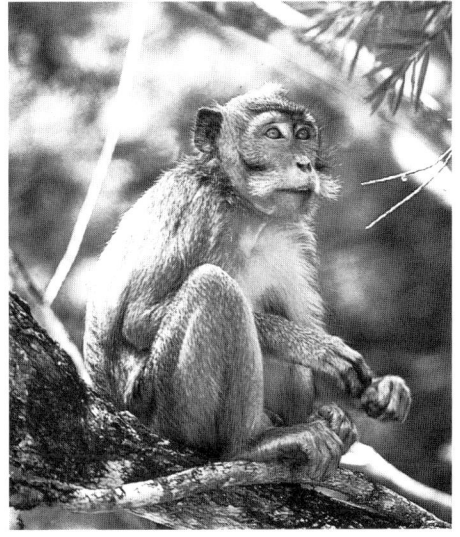

Die grau-braunen Javaner-Makaken leben in Familienverbänden, die in den Baumwipfeln umherschweifen.

Das größte Problem der Urwälder besteht darin, daß wenig Jungpflanzen nachwachsen. Mähnenhirsche verzehren die jungen Pflanzen und Javaner-Makaken die Blütenknospen und Früchte. Da die Makaken auch Vogeleier und Jungvögel fressen, sind ebenso die höchst gefährdeten Vogelarten in den Wäldern stark betroffen.

Indische Mungos wurden zur Rattenbekämpfung eingeführt und leben nun in allen Regionen. Sie sind tagaktiv, häufig werden sie auf den Straßen zwischen den Zuckerrohrfeldern gesehen.

In den besiedelten und kultivierten Flächen sind die eingeführten Vögel am häufigsten. Rotohrbülbüls, Sperbertäubchen, Haussperlinge, Hirtenmainas und Madagaskarweber leben in den Siedlungen; Gelbstirnweber, Wellenastrilde und Muskatfinken im offenen Land. Halsbandsittiche (S.21), die den endemischen Mauritiussittichen ähneln, entkamen aus Volieren. Sie halten sich in der Nähe von Maisfeldern auf. In bewaldeten Gebieten mit Kasuarinen und Nadelbäumen kommen Mosambikgirlitze, Perlhalstauben und Madagaskar-Turteltauben vor.

In den Urwäldern im Südwesten sind alle 9 endemischen Vogelarten zu finden. Über den Kronen jagen Mauritiussalanganen (S.55) und Maskarenenschwalben nach fliegenden Insektenschwärmen. Mauritiussittiche und Rosentauben ernähren sich in den Kronen der hohen Eisenholzbäume von deren Blüten und Früchten. In den kleineren, mit Epiphyten bewachsenen Bäumen suchen Maskarenenfluchtvögel nach Früchten und Kleingetier. Die Männchen der Mauritiusraupenfänger lassen ihren Territorialgesang hören, und Maskarenenparadiesschnäpper jagen im Flug nach Insekten. Männchen der Mauritiusweber fallen im Brutkleid durch scharlachroten Kopf und Brust auf. Die flinken Brillenvögel suchen Insekten und saugen Nektar. Olivbrillenvögel, kenntlich an dem auffälligen, weißen Augenring, ernähren sich hauptsächlich von Nektar; sie haben auch die eingeführten Zylinderputzerbäume (S.24) angenommen.

◁ Die Flaschenpalmen sind endemisch für die kleine Ile Ronde; ihr Stamm ähnelt einer dickbauchigen Vase.

Die Farbigen Erden von Chamarel schimmern in 7 Farben, die durch unterschiedliche Abkühlung der Lava entstanden. ▷

Der Mauritius-Turmfalke ernährt sich von Taggeckos, die er von den Baumstämmen greift.

Von den 3 Maskareneninseln besitzt nur Mauritius die Möglichkeit, Zugvögeln Rastplätze mit reichlichem Nahrungsangebot zu bieten. Der Fluß Terre Rouge mündet in der Nähe von Port Louis. Sein großes Schwemmgebiet zieht über 40 Seeschwalben- und Watvogelarten in großer Zahl an.

Im Gebiet unterwegs

5 kleine Inseln liegen im Abstand von 4 bis 24 km nördlich vor Mauritius. Sie sind das Rückzugsgebiet für endemische Pflanzen und Tiere, die auf der Hauptinsel verdrängt wurden, und Brutplätze für Meerestiere.
Coin de Mire (Gunnar´s Coin) ist aus Tuffgestein aufgebaut, das an der Ostseite von Lavaflüssen bedeckt ist. Zwischen Resten der ehemals typischen Palmensavanne von Nordmauritius wuchern dichte Kolonien der aloeähnlichen Bourbonenlilie. Ein inselendemischer Gecko wurde erst in neuerer Zeit entdeckt.
Ile Plate (Flat Island) ist mit dem winzigen **Islot Gabriel** (Gabriel´s Islet), dessen vulkanisches Gestein zu Klüften und Blöcken zerbrochen ist, durch Korallenriffe verbunden. Zwischen ihnen bildet sich eine Lagune, deren gesamter Boden mit Korallen bedeckt ist, hauptsächlich Steinkorallen in den verschiedensten Formen. Die dort häufige Blaue Koralle ist in mauritianischen Gewässern nur hier zu finden.
Ile Ronde (Round Island) besteht aus verwittertem Tuffgestein, das von Wind und Wellen in quergerippte Terrassen, Säulen und tiefe Schluchten zerfressen ist. Sie ist

Die Ebenholzwälder (die Art *Diospyros tesselaria* mit den typischen dunklen Stämmen) sind lichte Wälder ohne Unterwuchs, in denen auch »Bois d'olive« und »Makak« wachsen.

Mauritius-Turmfalke, -sittich und Rosentaube – Rettung in letzter Sekunde?

Nachdem viele der Vögel auf Mauritius so schnell ausstarben, daß noch nicht einmal Bälge in den Museen vorhanden sind und die Arten nur nach Knochenfunden, Beschreibungen und Abbildungen zu rekonstruieren sind, wird natürlich alles versucht, um die restlichen endemischen Arten vor dem Aussterben zu bewahren.

Vom Mauritius-Turmfalken gab es 1974 nur noch 6 Tiere, 20 Rosentauben überlebten bis 1986 in einem 25 km² großen Gebiet, und 1991 gab es in Freiheit nur noch 8 Mauritiussittiche. Da mit viel Enthusiasmus, Arbeitsaufwand und Kosten versucht wird, die gefährdeten Vögel in Gefangenschaft zu züchten und wieder auszuwildern, stellt sich natürlich die Frage, wie sinnvoll diese Hilfe ist. Denn um eine gefährdete Art vor dem Aussterben zu bewahren, wird mehr gebraucht, als nachgezüchtete Tiere in die Freiheit zu entlassen. Wenn der Grund für die Gefährdung, wie in Mauritius, die Zerstörung des Lebensraumes und damit hauptsächlich die Vernichtung des Nahrungsangebotes ist, muß sichergestellt werden, daß ein Überleben in Freiheit überhaupt möglich ist.

Die ausgezeichnete Zusammenarbeit zwischen den projektbetreuenden Wissenschaftlern des Jersey Wildlife Preservation Trust und der Forstverwaltung zeigt in Mauritius schon die ersten Erfolge.

Bis 1991 wurden 178 an verschiedenen Zentren nachgezogene Turmfalken wieder ausgewildert, davon wurden 74 % unabhängig. Ob die Art schon als gerettet angesehen werden kann, ist jedoch fraglich, da Inzuchterscheinungen (Eileitertumore) auftreten.

Auch die Nachkommen der Rosentauben konnten schon wieder ausgewildert werden. Wie wichtig jedoch zusätzlich zum Erhalten des Lebensraumes auch die Aufklärung und Schulung der Bevölkerung ist, zeigt das Schicksal der Rosentauben, die im Botanischen Garten von Pampelmousse ausgesetzt wurden. Von 22 Tieren wurden 18 erschlagen und 2 verletzt.

Das Schicksal des Mauritiussittichs ist noch ungewiß. 6 andere Papageienarten in der Region des Indischen Ozeans starben inzwischen aus. Überlebenshilfe durch Gefangenschaftsbruten sollte nur die allerletzte Möglichkeit sein, wenn keine Zeit mehr für andere Maßnahmen bleibt. Wichtig ist, daß eine Rettung auf natürlichem Wege versucht wird, schon bevor es ernsthafte Überlebensprobleme gibt.

Der Mauritius-Turmfalke zeigt mit seinen kurzen Schwingen und langem Schwanz alle Merkmale eines Waldjägers.

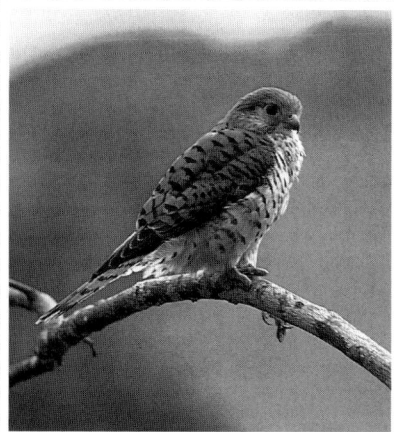

durch ihre Reptilien berühmt. Nur auf dieser Insel leben die einzigen Schlangen der Maskarenen: die auf dem Boden lebende Mauritiusboa und die baumbewohnende, lebendgebärende Kielschuppenboa. Außerdem inselendemisch sind Guenthers Taggecko und Telfairs Schlankskink.

Die Bruthöhlen von 4000 Paaren Keilschwanzsturmtauchern durchlöchern den Boden, in den Klippen brüten Weißschwanz- und Rotschwanztropikvögel und 120 Paare der seltenen Südtrinidad-Sturmvögel.

Die 2 Mio. Meeresvögel der benachbarten **Ile aux Serpants** (Serpant´s Island) sind zur Hälfte Rußseeschwalben, außerdem Noddis, Schlankschnabelnoddis und einige Maskentölpel. Der Boden ist dick mit Guano bedeckt. Nur kleine Flecken von Portulak und *Brachiaria*-Gras wachsen in Felsvertiefungen.

Die **Ile aux Aigrettes,** eine 25 ha kleine, flache Koralleninsel liegt im Südosten. Sie ist für Pflanzenliebhaber besonders interessant, denn 40 heimische Pflanzen des Küstenwaldes, von denen 10 endemisch für Mauritius und 6 endemisch für die Maskarenen sind, überlebten hier. Neben Ebenholz, Drachenbaum und Schraubenbäumen wachsen »Bois d´éponge« und »Bois de rat«, die beide ein gutes Beispiel für Heterophyllie (s.S.91) bieten.

Empfohlene Autorundfahrt: Von Tamarin über die Magenta Road (Erlaubnis des Médine Sugar Estate) nach Curepipe, südlich nach Le Pétrin, Macchabée Forest, Plaine Champaigne, Chamarel, Tamarin.

Zwei winzige Naturreservate, **Perrier** ② mit 1,5 ha und **Cabinet** ① mit 17,7 ha, liegen isoliert südwestlich von Curepipe. Die einheimischen Bäume von Perrier bilden eine Zwischenform zwischen Trocken- und Regenwald und sind durch Eisenholzbaum-Dickichte charakterisiert.

Der Wald von Cabinet besteht aus Tieflandtrockenwald. Die dunklen Stämme der Ebenhölzer leuchten neben der grauen, glatten Rinde der »Bois d'olive«-

Der Indische Mungo ist eingeführt worden.

Stämme, die zu den Spindelholzgewächsen gehören.

Die landschaftlich wunderschöne Straße führt durch große Gehege, in denen Mähnenhirsche gezüchtet werden. Eine Seitenstraße endet am Tamarin-Wasserfall.

Anfahrt: Die Magenta-Road verbindet Tamarin mit Vacoas. Sie führt durch Privatbesitz des Médine Sugar Estate, einen Passierschein bekommt man in der Fabrik.

Die früheren Naturreservate Macchabée, Bel Ombre, Combo, Les Mares, Gouly Père und Bois sec sind zu einem rund 4000 ha großen Nationalpark zusammengefaßt. Über die genauen Grenzen wird

Die jungen Blätter des Eisenholzbaumes sind rotbraun.

In den kelchförmigen Blüten des Afrikanischen Tulpenbaumes sammelt sich Wasser, daher der Name »Wasserkelch«.

Männliche Mauritiusraupenfänger (Foto) sind grau, weibliche braun.

Die Indische Schönechse gehört zu den Agamen

noch verhandelt, der Name ist wahrscheinlich **Black-River-Nationalpark** (Stand 2/94). Das Gebiet umfaßt eine Ebene im Norden, der Zentralteil besteht aus der tiefen Black-River-Schlucht, nach Süden zu läuft es hügelig aus. Es ist das letzte Gebiet mit der einmaligen heimischen Tier- und Pflanzenwelt von Mauritius.

7 km südlich des großen Wasserreservoirs Mare aux Vacoas wird die Forststation von **Le Pétrin** erreicht. Das ist der Ausgangspunkt für mehrere Wanderwege im Wald von Macchabée im Black-River-Nationalpark. Eine Übersichtstafel beschreibt Lage und Richtung der Wanderwege. Die Straße führt weiter in die Plaine Champaigne, biegt nach Westen ab und zieht durch ein Berggebiet ④. Von den Aussichtspunkten besteht die Möglichkeit, Mauritius-Turmfalken, Rosentaube, Mauritiussittich und Mauritiusraupenfänger zu beobachten. Es ist landschaftlich die schönste Straße von Mauritius. Sie stößt in Grande Case Noyale auf die westliche Küstenstraße (19 km von Le Pétrin).

In der kleinen Ortschaft Chamarel führt ein ausgeschilderter Weg 4 km nach Süden zu einem Wasserfall (S.11) und den Farbigen Erden von Chamarel (Terre des couleurs) ⑥. TIP: Gute Fotos bekommt man in der Nachmittagssonne ab 17.00 Uhr.

Empfehlenswerte Wanderungen: Von Pétrin zur **Black-River-Schlucht** ③ und zurück (oder weiter entlang des Black River zur Westküste). Der Weg an der Black-River-Schlucht entlang führt nach 1 km zum ersten Aussichtspunkt, nach weiteren 2 km entlang der Schlucht zum zweiten. Beide sind ideal für Vogelbeobachtungen. Von hier kann man entweder zum Ausgangspunkt zurück oder in die Schlucht über einen steilen und rutschigen Pfad absteigen. Unten stößt man auf den Weg, der am Black River entlangführt und an der Westküste in Grande Rivière Noire herauskommt.

Plaine Champaigne zum **Bassin Blanc** ⑤ und zurück (oder weiter bis Chemin Gre-

Die Feuerranke ist ein immergrüner Kletterer, dessen Glockenblüten in dichten Rispen herunterhängen.

Im Botanischen Garten von Pampelmousse gedeihen neben einheimischen Gewächsen auch die riesigen Victoria-Seerosen.

Die Rosentaube soll durch Nachzuchten gerettet werden.

Die jetzt heimischen Rotohrbülbüls stammen von einem Paar ab.

nier und zur Südküste). 2,5 km südlich von Le Pétrin biegt die Straße durch die Plaine Champaigne scharf nach Westen ab. An dieser Stelle führen zwei kleinere Straßen weiter nach Süden, die linke zum Piton Savanne, die rechte am Mont Cocotte vorbei zum Kratersee Bassin Blanc. In der Umgebung sind u.a. Olivbrillenvögel und Mauritiusweber zu beobachten. Die Straße führt weiter abwärts auf die Straße, die nach Chamouny und Chemin Grenier und weiter zur Südküste führt. Diese zweite Strecke kann auch mit einem geländegängigen Fahrzeug bewältigt werden.

Praktische Tips:

Inselausflüge

Touristikunternehmen und Hotels an der Nordspitze bieten Bootsfahrten zu den Inseln an. Auf **Ile Plate** kann angelegt werden. Es ist ein hervorragendes Schnorchelgebiet. Bei Ebbe ist der Lagunenteil zur Islot Gabriel nur knietief mit Wasser bedeckt und dadurch leider zu Fuß zu erreichen. Abgebrochene und zerstörte Korallenstöcke markieren den Übergang. **Coin de Mire** und **Ile Ronde** sind Naturreservate und dürfen nur mit Genehmigung betreten werden. Wegen des hohen Wellengangs ist es nur im September und Oktober möglich, auf Ile Ronde zu landen. Auf **Ile aux Serpents** ist eine Bootslandung meistens unmöglich. Eine Rundfahrt um die Inseln zur Meeresvogelbeobachtung ist empfehlenswert.

Information/Adressen

Für den Besuch der Inseln und des Macchabée / Black River Forest ist offiziell eine Erlaubnis des Forestry Department, Botanical Gardens St., Curepipe, nötig. Der Direktor versicherte jedoch, daß gegen Spaziergänge im Wald nichts einzuwenden sei.
Passierschein für die Magenta Road:
➪ Médine Sugar Estates, Bambous, Tel.4520400, Fax 4540403.

Das Touristikunternehmen Mauritours, 10 Sir William Newton St., Port Louis, Tel. 2085241, bietet spezielle Naturfahrten an.
➪ Mauritian Wildlife Appeal Fund (MWAF), Fax/Tel. 6836331, Tamarin.
➪ Mauritius Government Tourist Office, Sir Seewoosagur Ramgoolam St., Port Louis, Tel. 2011703, Fax 2125142.

Blick in die Umgebung:

Der **Botanische Garten von Pampelmousse** »Sir Seewoosagur Ramgoolam Botanic Garden« ist einer der ältesten botanischen Gärten der Welt. Er bietet über 500 verschiedene Baumarten, davon 80 Palmenarten, 40 einheimische Maskarenenbäume und die wichtigsten endemischen Bäume von Mauritius. Er ist mit Vögeln bevölkert, es kommen sogar die endemischen Maskarenenparadiesschnäpper und Maskarenenbrillenvögel vor. Es gibt einen ausgezeichneten Führer mit Lageplan: A.W. Owadally, Sir Seewoosagur Ramgoulam Botanic Garden.

Im **Casela Bird Park** können neben exotischen Vögeln Rosentauben, Mauritius-Turmfalken und freilebende Vögel beobachtet werden. Er liegt zwischen Tamarin und der Kreuzung nach Flic en Flac.

La Vanille Crocodile Park beherbergt auf einem Gelände mit großen Urwaldbäumen und heimischen Pflanzen fast alle Tiere der Maskarenen. Er liegt 2 km südlich von Rivière des Anguilles.

Domaine du Chasseur ist ein bewaldetes 950 ha großes Jagdgebiet an den Südhängen der Montagnes Bambous. Bis auf die Rosentaube sind alle endemischen Vogelarten hier gesehen worden. Mauritius-Turmfalken wurden ausgewildert. Täglich um 15.00 Uhr werden einige Falken gefüttert. Mähnenhirsche, Wildschweine, Flughunde und Tanreks sind auf dem Gelände, das von 28 km Wanderwegen durchzogen ist, ebenfalls zu sehen. Übernachtungsmöglichkeiten und Restaurant: Alain O'Reilly, Tel. und Fax 631 9261.

13 Rodriguez

Außergewöhnliche Kalksteinhöhlen; Rodriguezweber und -buschsänger, Rodriguez-Flughunde; Seevögelkolonie auf Ile aux Cocos; endemische Pflanzen in den Naturreservaten Anse Quitor und Grande Montagne.

Rodriguez liegt 650 km östlich von Mauritius. Es ist 18 km lang und 8 km breit, das bergige Inland mit dem 393 m hohen **Mt. Limon** und dem 386 m hohen **Mt. Malartic** fällt in steilen Hängen mit schmal eingeschnittenen Tälern zur Küste hin ab. Der flachere Südwesten besteht aus Kalkstein, der zu bizarren Tropfsteinhöhlen und Grotten verwittert ist.

Rings um die Inseln verläuft ein Korallenriff, schmal im Osten, jedoch sehr breit im Norden und Süden. In der Lagune liegen einige Inselchen; Ile aux Cocos und Ile aux Sables im Nordwesten sind Naturreservate.

Pflanzen und Tiere

Rodriguez ist für den Zuckerrohranbau zu trocken. Das flache Land ist mit Zwiebeln und Knoblauch bebaut. In den höhergelegenen Tälern und im Naturreservat Grande Montagne sind Gebiete mit einheimischem Bewuchs übriggeblieben. 38 endemische Pflanzen kommen noch vor, einige sind jedoch so selten, daß nur

Die flachen Hänge von Rodriguez sind mit Trockengebüsch und ausdauernden Pflanzen bewachsen.

Rodriguez

Port Mathurin
Baie aux Huitres
Rivière Cascade Pigeon
Salitude
4
5
Mont Grenades 206 m
Mont Piquant
Mont Persil 275 m
Baie de l'Est
Mont Lubin
6
Grand Montagne 352 m
Ile aux Sables
4 km
1
Mont du Sable
Quatre Vents
341 m
Mont du Nord
Mont Malartic 392 m
Mont Limon 393 m
La Ferme
3 km
Ile aux Cocos
Mont Croupier
Mont Lascars
Mont Piments
Petit Gabriel
Mont Boisnoir
Mont Cheri
La Fouche
Mont Topaze
Mont Cabris
Naturreservat Anse Quitor
2
Rivière Cocos
N
3
Petite Butte
Anse Quitor
Caverne Patate
Anse Quitor
Tropfsteinhöhle

0   2   4 km

noch Einzelpflanzen existieren. Die Forstverwaltung von Mauritius züchtet diese in Baumschulen nach und beschützt die Orte, in denen gefährdete Pflanzen wachsen. Besonders betreut werden der »Bois pipe«, aus dessen dichtem, festen Holz Pfeifen hergestellt wurden, der Randiabaum »Café marron«, der mit Stecklingen des letzten Baumes vermehrt wurde, und »Mandrinette«, ein 10 m hoher Hibiskusbaum mit gelborangenen Einzelblüten. Bei diesen, wie bei fast allen endemischen Bäumen und Sträuchern von Rodriguez, sind die Jugendblätter anders geformt (s.S.91). Das kleine Naturreservat **Anse Quitor** im Westteil der Insel enthält Reste der typischen Kalktrockenvegetation. Vom inselendemischen Rautengewächs »Bois Pasner« stehen nur noch 3 Bäume. Die bebauten Gebiete werden von Madagaskarwebern (S.66), Sperbertäubchen (S.63), Haussperlingen, Wellenastrilden, Mosambikgirlitzen und Wachtelfrankolinen bevölkert.

Im Waldgebiet von **Grande Montagne** und links und rechts des Riviére Cascade Pigeon kommen die letzten 2 endemischen Vogelarten vor, der Rodriguezweber, von dem es noch rund 400 Vögel gibt, und der Rodriguezbuschsänger, von dem nur noch 50 übriggeblieben sind. Dort leben auch die letzten Rodriguez-Flughunde. Die flachen Korallensandinseln **Ile aux Cocos** und **Ile aux Sables** sind mit Kasuarinen, Kokospalmen und einigen Pisoniabäumen bewachsen. Auf Ile aux Cocos nisten große Kolonien von Noddis, Schlankschnabelnoddis (S.57) und Feenseeschwalben (S.73). Der Riesenhundertfüßer, in den Tropen weit verbreitet, hat im Indischen Ozean nur Rodriguez besiedeln können. Er wird 30 cm lang und ruht tagsüber im Schatten und unter Steinen; nachts ernährt er sich räuberisch von großen Insekten und kleinen Wirbeltieren. Er ist gefürchtet, da sein Biß für Menschen sehr schmerzhaft ist.

Im Gebiet unterwegs

Ile aux Cocos und **Ile aux Sables** ① können mit dem Boot von Port Mathurin aus besucht werden. Eine biologische Führung über die Ile aux Cocos dauert 45 min. Erlaubnis und Gebühr: Administrative Office, Tel. 8311512, Jenner St., Port Mathurin, oder komplette Fahrt bei Henri´Tours buchen: Tel. 831 1823, Fax 831 1697, Mann St., Port Mathurin, Rodriguez.
Im Südwesten liegen das Naturreservat **Anse Quitor** ② und die 600 m lange Tropfsteinhöhle **Caverne Patate** ③. Von La Ferme führt die Hauptstraße nach Süden Richtung Petite Butte. Ab La Fouche liegt westlich das Trockengebiet, begrenzt von den Straßen zum Flughafen, nach Plaine Caverne und Vangasailles. Folgt man der Hauptstraße weiter, zweigt 1 km vor Petite Butte ein Weg nach rechts ab, der zur Caverne Patate führt.
Links und rechts an der Straße von Port Mathurin Richtung Mont Limon liegt das Gebiet, in dem die Buschsänger, Weber und Flughunde leben. Knapp 2 km südlich von Port Mathurin liegt westlich der Straße der Wasserfall (Cascade) ④ des **Rivière Cascade Pigeon**; dort ist das Buschsängergebiet. Östlich liegt **Solitude** ⑤, wo der Rodriguezweber in den Mahagoniplantagen zu sehen ist. In beiden Tälern rasten die Flughunde auf hohen Bäumen.
Die Straße von Mt. Limon führt nach 3 km in östlicher Richtung in das Gebiet des Naturreservats **Grande Montagne** ⑥, in dem viele endemische Pflanzen wachsen.

Den Meerreiher gibt es in schwarzer und weißer Farbvariante; er ist regelmäßig an den Stränden zu finden.

Praktische Tips

Anreise
Zwischen Mauritius und Rodriguez verkehrt zweimal im Monat die Fähre »Mauritius Pride«. Die Fahrt dauert 24 Stunden.
↪ Mauritius Shipping Corporation Ltd., Tel. 241 2550, Fax 242 5245, Nova Building, 1 Military Road, Port Louis, Mauritius.

Air Mauritius fliegt außer donnerstags täglich nach Rodriguez, Flugdauer etwa 1 Stunde, Vorbuchungen und Bestätigungen sind erforderlich.
↪ Air Mauritius, Tel. 831 1632, ADS Building, Ricard St., Port Mathurin, Rodriguez.

Unterkunft
Camping ist erlaubt. Es gibt verschiedene Privatpensionen und 2 Hotels: Hôtel Relais Pointe Vénus, Tel. 831 1577, in einem alten Kolonialhaus und das neue Cotton Bay Hotel, Tel. 831 3000, Fax 831 3003.

Verkehr
Öffentliche Busse verkehren auf den Hauptstraßen. Vom Flughafen nach Port Mathurin und zurück besteht ein Zubringerdienst. Autos können gemietet werden.

Die filigrane Kasuarine ist ein Laubbaum, ähnelt mit ihren schachtelhalmähnlichen Blättern jedoch einem Nadelbaum.

Blick in die Umgebung

Cargados Carajos (St. Brandon) ist ein Atoll, das aus 22 flachen Inseln besteht. Es liegt 395 km nordöstlich von Mauritius. Es gibt keine ständigen Siedlungen, zeitweise leben Fischer dort. Es gilt als Tauchparadies, das nur mit Yacht oder Fischerboot erreicht werden kann. Auskunft und Erlaubnis:

↪ Mauritius Fishing Development Ltd (Raphael Fishing Company), Tel. 208 0299, 33 Ter Volcy Pougnet, Port Louis Mauritius.

In **Agalega** wird das Kokosöl für Mauritius gewonnen. Die Nord- und Südinseln liegen 1200 km nördlich von Mauritius. Pläne bestehen, den alten Flugplatz zu reparieren und die Insel für Touristen zu öffnen. Im Moment sind sie nur per Boot zu erreichen. Auskunft und Erlaubnis:

↪ Outer Islands Development Corporation, Tel. 242 2275, Jade House, Jummah Mosque St., Port Louis, Mauritius.

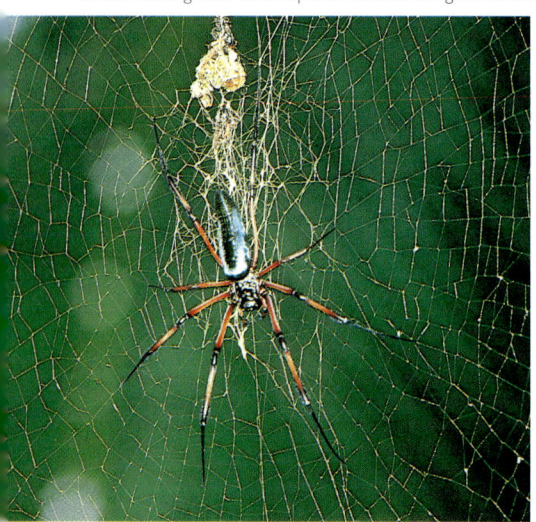

Die handtellergroßen Seidenspinnen haben Zwergmännchen.

Auffällig und lautstark ist der eingeführte Hirtenmaina.

Komoren

Die 4 Hauptinseln der Komoren liegen jeweils 300 km von Mosambik und Madagaskar entfernt. Von Westen nach Osten sind es Grande Comore (Ngazidja), Mohéli (Mwali), Anjouan (Ndzouani) und Mayotte (Maoré). Der Abstand zwischen ihnen beträgt 50–90 km.

Die Vulkaninseln bauten sich vom Miozän an, vor 15 Mio. Jahren, vom Meeresgrund auf. Ihr unterschiedliches Alter läßt sich gut am Profil der Inseln ablesen. Mayotte als älteste hat abgerundete Berge, eine stark zerklüftete Küste und ist rundum von einem Korallenriff umgeben. Die Berge von Anjouan und Mohéli sind höher, die Küsten nicht so zerklüftet, und nur an einigen Stellen haben sich Korallenriffe gebildet. Die Böden sind zu fruchtbarer roter Lateriterde verwittert. Die jüngste Insel Grande Comore mit dem 2361 m hohen aktiven Vulkan Karthala ist zum Teil mit nackter Lava bedeckt, teilweise mit einer hauchdünnen Bodenschicht. Es haben sich erst Anfänge von kleinsten Korallenriffen gebildet. Grande Comore besitzt keine Flüsse. Der Lavaboden ist noch so porös, daß das Regenwasser sofort wegsickert. Geographisch bilden die Inseln eine Einheit, politisch sind sie jedoch getrennt. Grande Comore, Mohéli und Anjouan sind zur Komorischen Islamischen Republik, der »Republique Fédérale et Islamique des Comores«, zusammengeschlossen; Mayotte jedoch gehört als »Collectivité Territoriale« zu Frankreich.

Es ist wenig über die Pflanzen- und Tierwelt bekannt, und neue Arten sind noch zu entdecken. Die Pflanzenfülle ist überwältigend, sie wird auf 2000 Arten geschätzt, davon sollen mehr als 100 endemisch sein. Von den tropischen Urwäldern gibt es nur noch Reste auf den steilen Flanken der höchsten Berge. Fast das ganze Land wird landwirtschaftlich genutzt.

Landwirtschaft wird traditionell und auch modern betrieben. Der größte Teil der Bevölkerung bewirtschaftet kleine Felder zur Nahrungsproduktion. Modern betrieben werden große Monokultur-Plantagen mit Kokospalmen und Ylang-Ylang-Bäumen. Kopra, Vanille, Ylang-Ylang und Nelken machen 97% des Exports aus. Die Komoren sind als Parfüminseln bekannt, neben Ylang-Ylang werden Zitronengras, Jasmin, Basilikum und Bitterorangen destilliert. Direkt vom Meeresniveau an beginnen die Kokosplantagen. Sie bedecken die tieferen Teile aller Inseln und in Mayotte, welches flacher ist, auch große Teile des Inlands. Häufig sind Mischkulturen mit Unterwuchs aus Bananen, Sagopalmen, Avocados und Papayas. Darunter und dazwischen werden Mais, Maniok, Zuckerrohr, Ananas, Auberginen und Süßkartoffeln angepflanzt.

Auf Grande Comore beginnen gerade erst an wenigen, kleinen Küstenabschnitten Mangroven zu siedeln.

Bekannt geworden sind die Komoren durch den **Quastenflosser** (s.S.122), den berühmtesten Vertreter der komorischen Tierwelt. Schon bevor südafrikanische Wissenschaftler den Fisch wiederentdeckten, war er auf Grande Comore und Anjouan den Fischern wohlbekannt. Sie fingen ihn zwar nicht allzu häufig, schätzten ihn aber als Speisefisch. Seine großen Schuppen wurden in den Werkstätten als Raspeln zum Aufrauhen benutzt.

Wale, hauptsächlich Pottwalschulen, ziehen regelmäßig im Mai und Oktober zwischen den Inseln Grande Comore und Mohéli durch. Delphine sind oft nah an den Küsten zu beobachten.

Beutegreifer, die aus Asien stammen und den heimischen Reptilien und Vögeln zusetzen, sind die Kleine Zibetkatze, die auf allen 4 Inseln verbreitet ist, und die Goldstaubmanguste, die nur auf Grande Comore vorkommt. Aus Madagaskar wurden zu Nahrungszwecken Tanreks ausgesetzt (S.131). Ihre Rückenhaare sind mit Borsten und Stacheln durchsetzt, sie gehören zu den urtümlichen Borstenigeln.

Rund 100 Vogelarten wurden auf den Komoren nachgewiesen, 60 davon sind Brutvögel, 40 weitere erscheinen als Durchzieher und Überwinterer, darunter Eleonorenfalken aus dem Mittelmeergebiet und Schieferfalken aus Vorderasien. Es sind nicht nur Zugvögel aus der Paläarktis, sondern auch aus Afrika und Madagaskar, die auf den Komoren rasten. Unter den 60 Brutvogelarten sind die Meeresvögel mit nur 3 Arten vertreten; es fehlen die vorgelagerten Inseln, die ja von der Mehrzahl der Meeresvögel zum ungestörten Brüten bevorzugt werden.

Unter den Reptilien ist das Vorkommen des Seba-Leguans etwas ganz Besonderes, denn die geographische Verbreitung der Leguane ist das tropische Amerika. Er ist 30 cm lang, breite schwarze Querstreifen schmücken den ockerfarbenen Rücken und die Seiten des Körpers. Der lange Schwanz ist mit Dornenschuppen besetzt.

Auf den Komoren steckt der Tourismus noch in den Kinderschuhen. Das ist einerseits sehr reizvoll, andererseits bringt es auch viele Probleme für den Besucher. Die Einreiseformalitäten am Flughafen sind unkompliziert, jedoch ist ein Visum nötig, um wieder auszureisen. Der Antrag sollte so früh wie möglich in Moroni im Innenministerium gestellt werden. Manchmal werden zusätzliche Paßbilder verlangt. Nach Mayotte kann man über Réunion ohne Visum einreisen.

Klima

Der Nordwestmonsun von November bis April bringt Hitze, hohe Luftfeuchtigkeit und heftige Niederschläge am Nachmittag. Während des Südostpassats von Mai bis Oktober ist es trocken und kühler, aber auch mit vereinzelten Gewittern und Regenschauern, hauptsächlich am Karthala-Vulkan.

Die Temperatur variiert wenig von Insel zu Insel, eine Ausnahme bildet Mayotte. Dort ist die Trockenzeit durch den Einfluß der großen, warmen Lagune deutlicher ausgeprägt als auf den anderen Inseln. Die durchschnittliche Küstentemperatur beträgt 25° C. Die höchsten Temperatursprünge gibt es am Karthala-Gipfel und im Hochland von Anjouan.

Die Komoren werden alle 3–4 Jahre während des Nordwestmonsuns von ernsthaften Zyklonen heimgesucht, zum Teil mit katastrophalen Auswirkungen. 1984 wurden auf Mayotte 20 000 Bäume entwurzelt und 80% der Kulturen vernichtet.

Beste Reisezeit

Ganzjährig gut. Karthala-Besteigungen können in der Hauptregenzeit zwischen November und Februar schwierig werden. Während der Regenzeit sind viele Wanderwege zugewuchert. Da die Komoren islamisch sind, kann es zur Ramadanzeit für Touristen, die auf eigene Faust reisen, schwierig sein. Die Restaurants sind tagsüber geschlossen, und alle offiziellen Ämter, Banken und Geschäfte schließen früher.

Anreise

Der internationale Flughafen von Hahaya auf Grande Comore wird regelmäßig von mehreren Fluggesellschaften direkt angeflogen. Es gibt auf jeder Insel ein Büro der Air Comores. Dort werden auch die Flüge anderer Fluggesellschaften bearbeitet.

Air Comores fliegt regelmäßig alle 4 Inseln an. Sie arbeiten mit einem einzigen Flugzeug, einer 44-sitzigen Fokker F 27. Es kommt oft vor, daß wegen Wetterverhältnissen, Reparaturen, Krankheiten des Personals usw. Flüge ausfallen. Planmäßig sollen pro Woche 8 Flüge nach Anjouan, Mohéli und Mayotte gehen.

Air Comores in Moroni: Am Alten Iconi Flughafen BP 544, Tel. 739524; Anjouan: Mitsamudu (am Ostende der Stadt) BP 37, Tel. 710174; Mohéli: Fomboni (Westende), Tel. 750252; Mayotte: Boulevard des Crabes, L'Abattoir, Tel. 601020.

ACHTUNG : Ganz egal, wie oft die Flüge schon bestätigt wurden, machen Sie es sich zur Regel, jeden Flug auf der entsprechenden Insel noch einmal bestätigen zu lassen! Die Inner-Inselflüge sind immer ausgebucht und nur, wer vor Ort seinen Flug noch einmal rückbestätigen läßt, wird auf die Flugliste gesetzt.

Es besteht ein unregelmäßiger Bootsverkehr zwischen den 4 Inseln, Auskunft im Hafen.

Verkehr

Auf den Komoren herrscht Rechtsverkehr. Das öffentliche Verkehrsnetz wird mit Taxi-brousses betrieben. Das sind Peugeot-Pickups, die fast alle Ortschaften anfahren. Es gibt keinen Fahrplan.

ACHTUNG : Auf Mohéli und Anjouan wird der Fahrverkehr wegen der häufigen Gewitter am Nachmittag um 15.00 Uhr eingestellt!

Taxis verkehren hauptsächlich zwischen den Flugplätzen und den Hauptstädten der Inseln. Es sind alles Sammeltaxis, die auf Handzeichen halten.

Autos können in den Hotels gemietet werden. Am praktischsten ist es, einen Taxifahrer zu fragen, ob er oder ein Kollege von ihm sein Auto vermietet.

ACHTUNG : Es gibt auf den Komoren weder Straßenschilder in den Ortschaften noch Orts-, Hinweisschilder oder Kilometerangaben.

Unterkünfte

Es gibt nur sehr wenig Hotels. Darum müssen Ausflüge und Wanderungen so geplant werden, daß man abends einen Übernachtungsort erreicht.

Camping ist erlaubt, es gibt keine Campingplätze. Es empfiehlt sich, wegen der vielen neugierigen Zuschauer nicht in der Nähe von Dörfern zu campen.

Adressen

Komorische Republik:
➪ Direction de Tourisme, Boîte Postal 433, Moroni, Grande Comore, RFI des Com.
➪ Tourisme Comores International TCI, BP 544, Moroni, RFI des Comores, Tel. (269) 730686/730728, Telex 218 SNTA.KO.

Mayotte:
➪ Office Territorial du Tourisme et de l'Information, BP 169, Place du Marché, Mamoudzou, 97600 Mayotte, Tel. 610909 / 611604, Fax 611018.
➪ Syndicat du Développement du Tourisme de Mayotte, BP 42, Dzaoudzi, 97610 Mayotte, Tel. 601444.

Frankreich:
➪ Mayotte Représentation, 1 Avenue Foch, 10 Rue de Présbourg, 75116 Paris, Tel. 1-45012830.

Deutschland:
➪ Comores Tourist Office, Airone Touristik Repräsentanz, Bahnhofstr. 41, 65185 Wiesbaden, Tel. 0611-375013, Fax 0611-309043.

14 Grande Comore (Ngazidja)

Aktiver Vulkan Karthala; Lavaflächen verschiedenen Alters mit stufenweiser Pflanzenbesiedlung; viele Parasitenkrater; Nebelurwälder auf La Grille und Karthala; Baumheidenzone; endemische Vogelarten; Flughunde.

Grande Comore ist mit einer Fläche von 1024 km² die größte Insel der Komoren. Sie erstreckt sich über 68 km Länge in Nord-Süd-Richtung. Der Nordteil wird von dem Grille-Massiv gebildet. Die Südhälfte nimmt der 2361 m hohe aktive Karthala-Vulkan ein. Der Vulkanismus ist noch überall gut sichtbar. Riesige schwarze Lavafelder zerteilen das grüne Pflanzenkleid. Sie entspringen aus den Bergflanken und reichen bis ins Meer. Analysen der Basaltgesteine und der Lavaflüsse ergaben, daß es 2 Magmakammern gibt, eine speist den Karthala, aus der anderen stammt La Grille.

Der **Karthala** ist ein Schildvulkan, dessen große Caldera aus 3 Einzelcalderen gebildet wird. Sie sind in Kleeblattform um 2 nebeneinander liegende Krater angeordnet. 1850 begann eine vulkanisch sehr aktive Zeit. In den folgenden 30 Jahren wurden die großen Lavamengen ausgestoßen, die heute weite Teile der Insel bedecken. Seit damals wurden bis heute 18 ernsthafte Eruptionen registriert. Den letzten großen Ausbruch von 1977 leitete ein Erdbeben ein. Ein breiter Lavastrom wälzte sich an der Südflanke hinunter, bedeckte das Dorf Singani und die umgebenden Plantagen und Felder und ergoß sich ins Meer. Der bisher letzte Ausbruch erfolgte 1991.

Die gesamte Hochebene von Dibwani ist mit Vulkankegeln bedeckt, die sich aus Lavaasche aufgebaut haben.

Ein sehr junger Einwanderer ist der Malegassenturmfalke, der sich hauptsächlich von Echsen ernährt.

Die flache, felsige Küste wird aus schwarzem Basaltgestein gebildet. Nur dort, wo schon kleine Korallenriffe bestehen, gibt es Sandstrände. Im Gegensatz zu den 3 älteren Inseln sind die Böden sehr arm. Eine dünne, grobkörnige, gelbe Erdschicht bedeckt den Untergrund.

Pflanzen und Tiere

Die Küsten aus schwarzen Lavafelsen sind mit Schraubenbäumen bewachsen, zwischen denen Meertrauben-Sträucher stehen. Alle bebaubaren Böden sind bis in 800 m Höhe bestellt, an der West- und Südwestseite des Karthala teilweise bis zu 1400 m Höhe. Dazwischen winden sich Lavaflächen die Hänge hinunter.
Auf ihnen ist die stufenweise Pflanzenbe-siedlung gut zu verfolgen. Nach 2 Jahren bedeckt die graue Vulkanflechte die Oberfläche der Lavabrocken mit einer lebenden Kruste. Später siedeln sich die größeren grauen und weißen *Cladonia*-Flechten an. Nach 5–10 Jahren, je nach Feuchtigkeit und Humusbildung, wachsen wider-

Charakteristisch für Grande Comore ist die Höhle des Propheten (Trou de Prophète): schwarze Lavafelsen, weißer Korallensand und grünblaues Wasser.

Quastenflosser – ein lebendes Fossil

Obwohl der Quastenflosser (*Latimeria chalumnae*) nur die geringste Münze der Komoren ziert, nennen ihn die Fischer »Gombessa« – kleiner Reichtum; denn die Regierung zahlt eine Prämie für jeden Fang des von Wissenschaftlern und Museen hochbegehrten Fisches.

Es war die bedeutendste zoologische Sensation dieses Jahrhunderts, als sich herausstellte, daß der 1938 vor der südafrikanischen Küste gefangene unbekannte Fisch zu den Quastenflossern gehörte. Diese Fischgruppe galt seit 65 Mio. Jahren als ausgestorben, und nun war den Wissenschaftlern zumute, als hätten sie einen Dinosaurier entdeckt.

Heute gelten nahe Verwandte der Quastenflosser, die vor 350 Mio. Jahren Seen und Flüsse beherrschten, als Vorfahren aller Landwirbeltiere. Ihre Zeit im Devon war eine Epoche mit sich wiederholenden Trockenperioden, in denen die Wasserflächen schrumpften und austrockneten. Den verzweifelten Überlebenskampf der Wasserbewohner gewannen schließlich diejenigen, die durch Lungen atmen und sich auf »Flossenfüßen« zu den nächsten Wasserstellen fortbewegen konnten.

Die bis heute überlebende Art *Latimeria chalumnae* ist allerdings nicht der direkte Vorfahr der Landgänger, dieser gehörte einer Schwesterngruppe an, die ausgestorben ist.

Quastenflosser leben nur noch an den steil abfallenden Westküsten der beiden Komoreninseln Grand Comore und Anjouan. Sie sind nachtaktiv und verbringen den Tag in Lavahöhlen versteckt. Nachts jagen sie auf dem Meeresgrund, wo jeder Fisch ein eigenes Jagdrevier hat.

Der Meeresgrund vor den Komoreninseln ist eine nahrungsarme Unterwasser-Lavawüste. Es erfordert Geschicklichkeit, dort zu überleben. Quastenflosser sind Blitzstarter, die ihre Beute schnappen können, weil sie innerhalb einer Sekunde auf eine Geschwindigkeit von 100 km/h beschleunigen können. Ihr Beutespektrum ist weit, ein spezielles Kiefergelenk ermöglicht, auch größere Fische zu fangen.

Sie sind überhaupt Schwimmwunder, die noch die schwächste Strömung ausnützen. Ihr Schwimmen ist so energiesparend, daß die großen Tiere nur 10–20 g Fisch täglich zu sich nehmen müßten, um ihren Energiebedarf zu decken. Das größte bisher gefangene Tier maß 1,79 m und wog 98 kg.

Über ihr Fortpflanzungsverhalten ist nichts bekannt. Ein gefangenes Weibchen hatte 26 Jungtiere im Leib; ein anderes 65 Eier, die mit 9 cm Durchmesser zu den größten Fischeiern gehören.

Quastenflosser sind lebendgebärend, genauer gesagt ovovivipar . Das bedeutet, daß die Embryonen in Eiern im Mutterleib heranwachsen. Sie ernähren sich vom eigenen Dottervorrat und die Jungen werden während oder kurz vor der Geburt aus den Eihäuten entlassen.

Die Kinderstube ist noch nicht entdeckt worden, es wird angenommen, daß die Jungen sich gleich nach der Geburt räuberisch ernähren können. Durch Wachstumsspuren an den Schuppen wurde ein Lebensalter von 15–20 Jahren für die ältesten Fische errechnet.

Hochrechnungen für die Gesamtzahl von Quastenflossern ergaben die geringe Anzahl von mindestens 300 und höchstens 1000 Tieren.

standsfähige Farne, Bärlappe und genügsame Gräser. Die erstbesiedelnden Farne sind Nierenschuppen-, Adler-, Streifen-, Davallfarne und Natternzungen. Hohe Niederschläge bewirken einen schnelleren Bewuchs. Die Lavaflächen der feuchten Westhänge sind dichter bewachsen als die gleichaltrigen der trockenen Nordhänge.

20–30 Jahre nach dem Ausbruch hat sich zwischen den Blöcken genug Boden gebildet, daß auch höhere Pflanzen gedeihen können. Niedrige Heidearten und kleine Bäume und Büsche siedeln sich zwischen den Farnen an. Die kleine Kasuarinenart *C. cunninghamiana* wächst in den Lavafeldern der niedrigen Gebiete. Nach 50 Jahren herrschen Bäume des umgebenden Waldes vor, die jedoch kleinwüchsiger sind.

Nebelurwälder bedecken die Spitze des La Grille und die Flanken des Karthala zwischen 1200–1800 m Höhe. Nur auf dem Karthala wächst der kleinblättrige Sternapfel, eine endemische Takamaka-Art. Baumfarne (S. 98) werden über 10 m hoch. Die ständige Feuchtigkeit begünstigt das Wachstum von Epiphyten, die den Stämmen und Ästen in dicken Polstern aufsitzen.

Ab 1800 m wird der Wald lichter und verarmt. Hier beginnt die **Baumheidenzone.** Die Baumheiden werden 6–8 m hoch und sind dicht behängt mit Bartflechten. Ihr Wuchs wird mit zunehmender Höhe immer kleiner, rund um den Krater sind sie nicht höher als 1–1,5 m. Hier wächst ausschließlich *Phillipia*-Heide, wie auch innerhalb der Caldera, wo die Büsche nur noch Zwergenwuchs aufweisen.

Die meisten Vogelarten von Grande Comore leben im Karthala-Gebiet. In den kultivierten Hängen fliegen gemischte Schwärme aus Brillenvögeln, Madagaskarfluchtvögeln, Rotbrust-Paradiesschnäppern, Komorendrosseln, Madagaskarraupenfängern, Komorenwebern und Madagaskarbuschsängern gemeinsam auf

Der berühmteste Fisch ist der blauschimmernde Quastenflosser, ein »lebendes Fossil«, entdeckt in diesem Jahrhundert.

Insektenfang. Dabei werden viele verschiedene Insekten aufgejagt, die jede Vogelart auf ihre Weise jagt. An blühenden Bäumen sammeln sich Schlichtmantel-Nektarvögel.

Von 400 m Höhe bis zur Baumheidenzone kommen Humblotschnäpper und Braun-

Die Inseleule wanderte aus Madagaskar ein. Sie kommt vom Meeresniveau bis in den höchsten Bergen vor.

Der dunkelgraue Vasapapagei (Foto) kommt auf allen Inseln vor; der kleinere Rabenpapagei fehlt auf Mohéli.

Im trockenen Buschgebiet der Hochebene von Dibwani (Dibioni) sind Réunionschmätzer, Madagaskarbuschsänger und Madagaskarbrillenvögel regelmäßig zu sehen. Der größere, metallisch-dunkelblau schimmernde Stahlnektarvogel hält sich in der oberen Baum- und Buschschicht auf, der kleinere Schlichtmantel-Nektarvogel dagegen in der unteren Gebüschschicht. Schwärme von Kleinelsterchen und Webervögeln ziehen umher. In der Nichtbrutzeit, wenn die beiden Weberarten ihr Schlichtkleid angezogen haben, sind sie schwer auseinanderzuhalten. In den Gebieten mit niedrigerer Vegetation, oft im Weidegebiet, sind Wachteln zu hören.

schwingendrongos vor. Höher, im unberührten Waldgebiet, lebt die kleine Karthala-Ohreule, die erst 1989 richtig gesehen wurde, nachdem vorher nur Federn und Rufe bekannt waren. In der Dämmerung ist ihr Ruf zu hören, eine schnelle Folge von »tschu-tschu-tschu«-Lauten. Ganz oben, nur in der direkten Kraterumgebung, leben die Karthala-Brillenvögel. Sie sind sehr gut an das kleine *Phillipia*-Heidengebiet angepaßt, in dem sie zu großen Trupps umherwandern und sich von Beeren und Insekten ernähren.

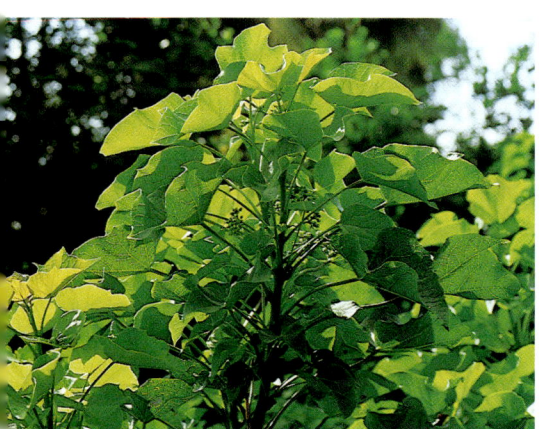

Im Gebiet unterwegs

Nordroute: Nördlich von Moroni durchfährt man große Lavaströme, die aus der Zeit zwischen 1859 bis 1872 stammen. Bei Memboiboni biegt links ein kleiner Weg ab, der zum **Trou de Prophète** (lokal Zindoni) ① führt. Es ist eine geschützte Bucht mit hohen Felsen und typischer Strandvegetation. An der Nordostecke der Insel liegt links von der Straße der **Lac Salé** ②, ein mit dunkelgrünem, schwefelhaltigem Salzwasser gefüllter Krater. Zwischen Krater und Strand wachsen Affenbrotbäume, in denen sich nachmittags Flughunde sammeln. Es herrscht eine Trockenbuschvegetation mit Wolfsmilchgewächsen, Schraubenbäumen und vielen Schlinggewächsen vor.
Südroute: Die Südküste ist viel feuchter und üppiger bewachsen als die Nordküste, selbst die Affenbrotbäume sind mit Epi-

Die Purgiernuß wurde als Kletterstütze für die Vanillekulturen eingeführt und breitete sich überall aus.

Bei den Zwiebelorchideen sind Teile des Blattstiels zu knollenförmigen Wasser- und Nährstoffbehältern ausgebildet.

phyten besetzt. 15 km südlich von Moroni gehen in Mitsoudjé von der Route Nationale 2 Stichstraßen ab, die einen Ausflug wert sind. Eine geht nach Westen zur Küste nach **Salimani** ③. Im Park einer ehemaligen Destillerie rasten im alten Baumbestand Flughunde, kommen viele Vögel vor, und Tanreks suchen in der Laubschicht nach Nahrung.

Die Stichstraße nach Osten ins Inland führt nach **Nioumbadjou** ④, in dessen Umgebung der Wald für Pflanzen- und Vogelliebhaber interessant ist. Dort arbeitet eine Sägemühle. Dadurch gibt es zwar keine hohen Bäume mehr, aber der Restwaldbestand ist mitsamt Unterholz ursprünglich und unverfälscht, weil in diesem Gebiet keine Felder und Plantagen angelegt werden dürfen.

Auf der Hauptstraße weiter wird nach 7 km **Singani** ⑤ erreicht, das 1977 von einem Lavafluß überströmt wurde.

<u>Boboni:</u> 5 km, 2 Stunden für den Hinweg. Der schönste Spazierweg, um die überaus reiche Vielfalt der Tropenpflanzen zu sehen, führt von **M'Vouni** bis zum 650 m hoch liegenden Boboni an der Westseite des Karthala. Boboni ist der Ausgangspunkt der Karthala-Besteigung. Etwas oberhalb von M'Vouni bei Belvedere endet die befahrbare Straße. Von dort führt ein Weg in leichter Steigung aufwärts. Große Kapok-, Tamarinden- und Indische Mandelbäume stehen zwischen Bananen- und Kokospalmenanpflanzungen, unter denen Felder angelegt sind. Bis auf die Karthala-Brillenvögel, die nur im direkten Kraterbereich leben, können alle Landvogelarten beobachtet werden.

<u>Inland:</u> Das fast unbesiedelte Inland wird

Der Brotfruchtbaum ist eine wichtige Nahrungspflanze. 3 Ernten seiner 1–2 kg schweren Früchte sind jährlich möglich.

Erstbesiedler auf Lava sind Vulkanflechten, die den Boden mit einer grauen Kruste überziehen, danach folgen Farne.

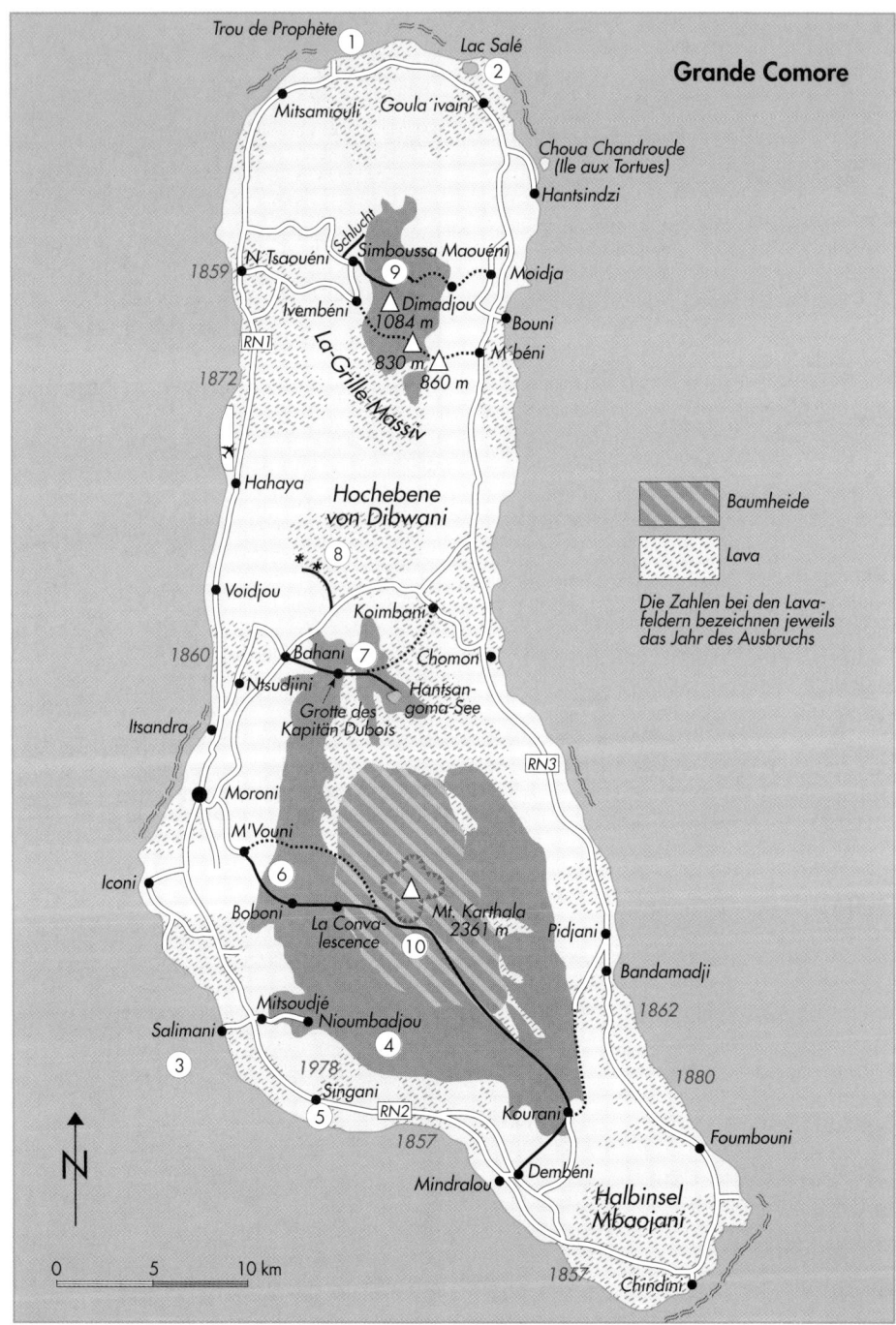

Grande Comore

Trou de Prophète ①

Lac Salé ②

Mitsamiouli

Goula´ivaïni

Choua Chandroude
(Ile aux Tortues)

Hantsindzi

Schlucht

N´Tsaouéni

Simboussa Maouéni ⑨

Moidja

1859

Ivembéni

△ Dimadjou
1084 m

Bouni

RN1

△
830 m

△
860 m

M´béni

1872

La-Grille-Massiv

✈

Hahaya

*Hochebene
von Dibwani*

Baumheide

Lava

*Die Zahlen bei den Lava-
feldern bezeichnen jeweils
das Jahr des Ausbruchs*

* ⑧
* *

Voidjou

Koimbani

1860

Bahani ⑦

Chomon

Ntsudjini

Hantsan-
goma-See

Itsandra

Grotte des
Kapitän Dubois

RN3

Moroni

M´Vouni

Iconi

⑥

Boboni

La Conva-
lescence

Mt. Karthala
2361 m

Pidjani

⑩

Bandamadji

Mitsoudjé

Nioumbadjou

1862

Salimani

③

④

Singani

1978

⑤ *RN2*

Kourani

1880

Foumbouni

1857

Mindralou

Dembéni

*Halbinsel
Mbaojani*

N

0   5   10 km

1857

Chindini

von der Nordflanke des Karthala und der Hochebene von Dibwani gebildet. Von Moroni bis Bahani sind es 11 km. **Bahani** liegt 600 m hoch und ist der Ausgangspunkt der folgenden 2 Ausflüge.

Grotten des Kapitän Dubois ⑦: Am Nordhang des Karthala führt ein Wanderweg zu den Grotten des Kapitän Dubois und zu dem kleinen Kratersee Hantsongoma. Intensiv bebautes Land wechselt mit intakten Waldbeständen ab. Die Außenhänge der Parasitenkrater sind meist bebaut, während die Innenseiten mit Urwald bewachsen sind. Dadurch sind viele Waldvögel, aber auch die Vögel der Buschvegetation und des offeneren Gebietes zu beobachten.

Aus Afrika eingewandert ist die graue Gurrtaube. Sie hat dunkle Augen und ein schwarzes Nackenband.

Von Bahani geht ein Pfad, der nach Osten führt, zur 3,5 km entfernten Lavagrotte, weiter zu dem Kratersee Hantsongoma (7km) und von dort Richtung Ostküste nach Koimbani (weitere 5 km).

Hochebene von Dibwani ⑧: Von der Route Nationale 4 nach Norden hin erstreckt sich die Hochebene von Dibwani mit einem weiten Blick über die unzähligen Vulkankegel des La-Grille-Massivs. Der Boden ist mit Lavabrocken übersät. Die Vulkankegel sind gleichmäßig grün bewachsen; sie bestehen aus vulkanischer Asche, die sich schneller zersetzt. Ihre Hänge werden hauptsächlich als Weideland genutzt.

Hinter Bahani liegt links an der Straße ein Militärlager. Nach 3 km geht kurz vor einer Rechtskurve eine deutliche Schotterstraße nach links ab (kein Feldweg, der ist davor!). Diese Straße führt 2 km lang zu einem neuen Gebäude und endet dort. Von einem Vulkankegel sieht man die West- und Ostküsten, im Norden die Kraterwelt des La Grille und im Süden den Gipfel des Karthala.

La Grille ⑨: Im Norden liegt das La-Grille-Massiv, das noch Reste von Primärregenwald bietet. Von Moroni nach Norden bis N'Tsaouéni fahren, dort rechts abbiegen und weiter auf der Route Regionale 105

bis Ivembéni. Bis hierher fährt auch das Taxi-brousse. In Ivembéni scharf links auf einer Asphaltstraße abbiegen bis Simboussa Maouéni.

Hier startet die Route Regionale 128, die zur Ostküste nach Moidja führt. Inzwischen ist sie jedoch nur noch für Allradwagen befahrbar. Die »Straße« steigt langsam zwischen kleinen Vulkankegeln und Waldresten bis auf den 900 m hohen Paß. Der 1084 m hohe Gipfel des La Grille erhebt sich südlich von ihr.

Eine malerische Schlucht mit sehr steilen Hängen und ursprünglicher Vegetation beginnt hinter dem Ortsende von Simboussa Maouéni. Ein Erdpfad führt nach rechts in die Schlucht, die man emporsteigen kann. Am oberen Ende beginnt ein Waldstück. Hält man sich von dort nach rechts, so erreicht man die Straße, die zum La Grille führt. Über Feldwege zurück bis Ivembéni.

Besteigung des Karthala ⑩: 7–8 Stunden ein Weg. Mehrere Wege führen auf den Gipfel des Karthala. Der einfachste und am meisten genommene Weg startet von M'Vouni aus. Von dort geht es durch Kulturland nach Boboni, wo der eigentliche Aufstieg beginnt. **Boboni** liegt 650 m hoch, und bis zu den Ruinen von La Convalescence, das 1760 m hoch liegt, sind es 4,5 km, für die man 3 Stunden braucht. **La Convalescence**

liegt an der oberen Waldgrenze. Von hier aus sind es noch einmal 5 km oder 3 Stunden zum Krater. Dieser ist in der Regel wolkenfrei, aber dicker Nebel liegt ständig über seinen Flanken. Der geschützteste Platz zum Zelten ist im Krater selbst.
Ein interessanter, aber längerer Rückweg führt über Kourani und Dembéni zur Südroute.
Der Abstieg beginnt an der Südostseite des Kraters. **Kourani,** das 780 m hoch liegt, wird nach 15 km erreicht. Von dort sind es noch einmal 4 km bis zu dem 300 m hoch liegenden **Dembéni,** von wo Taxi-brousses nach Moroni fahren.
Wer körperlich sehr fit ist, kann die Besteigung an einem anstrengenden Tag schaffen. Besser jedoch sind 2 Tage. Zelte, Schlafsäcke und Campingausrüstung können geliehen werden. Führer und Träger sind empfehlenswert. Alle Lebensmittel und vor allen Dingen Wasser müssen mitgenommen werden.
ACHTUNG: 3 l Wasser pro Tag müssen eingeplant werden! Die Nächte am Krater sind immer kalt, auch in der warmen Zeit.
Museum von Moroni (CNDRS = Centre National de Documentation et de Recherche Scientifique): An der Kasse kann man Bücher über die Komoren kaufen, außerdem gibt es eine kleine Bibliothek, in der man Literatur einsehen kann. Im Naturhistorischen Saal sind ein Quastenflosser, einige Vögel und Flughunde präpariert ausgestellt; außerdem eine Sammlung der Schmetterlinge des Karthala. Der geologische Saal zeigt ein eindrucksvolles Modell des Karthala im Schnittbild und Bilder der letzten Eruptionen sowie Lavaformen und vulkanische Gesteinsarten.

Unterkunft

Hotels gibt es nur in Moroni und eins im Norden, keine weiteren sonst.

Die Blutlilie, ein Amaryllisgewächs, blüht nach Regenfällen.

Die am Stamm sitzenden Früchte des »Bois tambour« platzen auf und stülpen ihr wabenförmiges Fruchtfleisch nach außen.

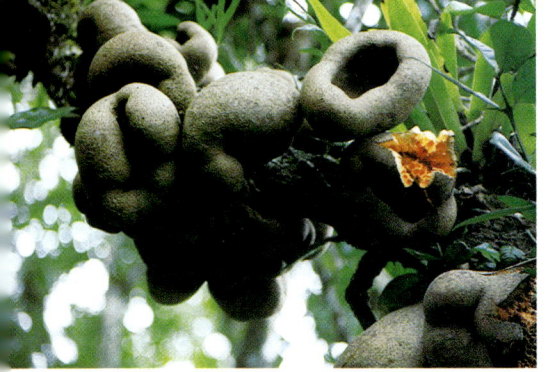

15 Anjouan (Ndzouani)

Ylang-Ylang-Plantagen und viele Gewürzbäume, hohe Palmfarne; Mongozmakis in den Wäldern; Livingstone-Flughunde, die größten Flughunde der Welt.

Anjouan ist eine sehr bergige Insel mit 424 km² Fläche und steil aufragenden Küsten. Im Mittelpunkt liegen die beiden höchsten Berge, der 1595 m hohe **Mt. Ntingui** und der 1474 m hohe **Mt. Trindini**. Ein Schildvulkan baute mit vielen Basalt-strömen vom Ende des Miozäns bis Anfang des Pliozäns die Insel auf. Durch Krater-einbrüche und anschließende Erosion bildeten sich große runde Hochtäler, die sogenannten »Cirques«. Der **Cirque de Bambao** nimmt in 500 m Höhe den gesamten Zentralteil der Insel ein. Seine ihn umschließenden Hänge sind steil (80°) und hoch (200–1000 m).

Während der späteren zweiten vulkanischen Phase im Pliozän und Quartär wurden die 3 Halbinseln Sima, Jimilimé und Nyumakele (Nioumakelé) gebildet. Es kam zu starken Lapilli- und Pyroklastenauswürfen.

In der dritten Phase vor dem endgültigen Erlöschen entstanden Parasitenkrater (Strombolischlote), und aus Seitenspalten flossen zahlreiche Lavaströme, die für die heutige, dreieckige Form der Insel verantwortlich sind.

Anjouan ist hoffnungslos übervölkert. Jedes Fleckchen wird für den Anbau genutzt; nur noch die steilsten oberen Hänge sind mit Primärwald bewachsen. Die Erosion ist so stark, daß nach Regenfällen das Meer an den Flußmündungen rot gefärbt von weggeschwemmter Lateriterde ist. Einige Korallenriffe sind durch die Versandung bereits abgestorben.

Pflanzen und Tiere

Die Pflanzengesellschaft des Primärwaldes entspricht dem Wald vom Mt. Karthala, jedoch mit weniger Sternapfelbäumen. Überall auf Anjouan duftet es intensiv nach Ylang-Ylang. Jeder Baum liefert 2–4 kg Blüten, aus 50 kg Blüten kann 1 l Öl destilliert werden. Der kleine Baum gehört zu den Annonengewächsen, er wird so geschnitten, daß seine Äste gut zu erreichen sind, sein Aussehen wirkt dadurch knorrig-verwachsen.

Jeder der 130 000 Nelkenbäume liefert zwischen Juli und November 1–2 kg Nelken. Die gepflückten Knospen werden während dieser Zeit auf den Straßen zum Trocknen ausgelegt .

Eine besondere Palmfarnart wächst nur auf Madagaskar und Anjouan. Palmfarne zählen wegen ihres urtümlichen Baues zu den bekanntesten »lebenden Fossilien« im

Die stark duftenden, gelbgrünen Ylang-Ylang-Blüten werden frühmorgens gepflückt.

Ein Mangoblütenstand besteht aus 2000–5000 Einzelblüten, aus denen nur 1–3 Früchte reifen.

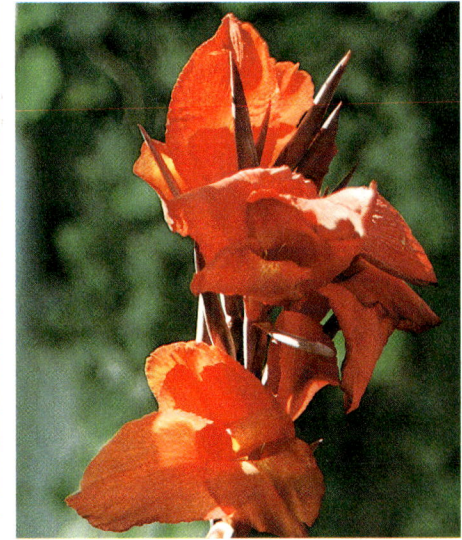

Ursprünglich als Zierpflanze angepflanzt, verwilderte das indische Blumenrohr in den Feldern.

◁ Anjouan ist eine duftende Insel; überall werden Gewürz- und Parfümpflanzen angebaut.

In ihrer ursprünglichen Heimat in Madagaskar sind die ▷
Mongozmakis stark gefährdet.

Pflanzenreich, die es schon vor 210 Mio.
Jahren gab. Sie sind trotz ihres ähnlichen
Aussehens nicht mit den Palmen verwandt, sondern gehören zu den Nacktsamern.
Im Cirque de Bambou und im Hochland
wird Bergreis angebaut, eine Reisart, die
ungeschützt und ohne Wasser wachsen
kann.
In Mangrovenwäldern, aber häufiger an
den Rändern der Süßwasserteiche, sitzt
der winzige, kobaltblaue Schwarzschnabel-Zwergfischer auf Ansitz. Über den Teichen sind regelmäßig Blauwangenspinte
und Palmensegler auf Insektenfang zu sehen. Der Anjouan-Nektarvogel ist inselendemisch, den Gabeldrongo gibt es noch
auf Madagaskar. In den letzten Jahren ist in
den höchsten Bergen eine neue Ohreneulenart entdeckt worden.

Tanreks suchen in der Laubschicht Insekten und Schnecken.

Die Samen der Palmfarne werden als Leckerbissen genossen. Der Gabeldrongo fängt Insekten und kleinere Geckos.

Anjouan

N

Jimilimé
La Vigie 750m △ Hajoho
Aéroport de
Ouani-Anjouan ✈ Moiou ②
Boungasséra
Patsi Djadjana 1090m △ Paß von
Mutsamudu Patsi
Île de
la Selle Hombo ④
Sima Halbinsel Bambao
Bimbini Foumbani Dindi Tsembehou
Sima Mont Ntingui Cirque de Bambao
1595m ③ Dzialaoutsounga-See
Dzialandzéi-See
Mont Trindrini
① 1474m △
⑤
Ouzini Domoni
Lingoni Ajaho
Paß von Papani
Pomoni Moya
887m M' Rémani
Moya
Ebene von
Nioumakélé
Bouejou M' Ramani

0   5 km

Chironi

Die auffälligsten Säugetiere der Komoren sind die **Flughunde**. Die komorische Unterart des Seychellen-Flughundes (S.29) ist auf allen Inseln häufig zu sehen. 2 weitere Arten sind endemisch für die Komoren. *Rousettus obliviosus,* der »Vergessene Flughund« wurde 1903 zum letzten Mal gesehen und erst 1981 wiederentdeckt, daher der ungewöhnliche Name. Er ist rein nachtaktiv, und das Besondere ist, daß er als einer der wenigen Flughunde eine primitive Echo-Orientierung besitzt, die es ihm ermöglicht, in Höhlen Schutz zu suchen. Der Livingstone-Riesenflughund ist der größte und seltenste Flughund der

Welt. Er ist ganz schwarz gefärbt; seine breiten Flügel können eine Spannweite von 2m erreichen. Nicht mehr als 60 Tiere überlebten in den Nebelurwäldern der höchsten Berge auf Anjouan.
Mongozmakis leben in kleinen Familiengruppen, die aus einem erwachsenen Paar mit ihren Nachkommen bestehen. Sie bewohnen Wälder, auch Sekundärwälder und ernähren sich von Blüten und Nektar, Blättern, nebenher Früchten und Knospen. Besonders beliebt sind Kapokblüten. Makis sind tag- und nachtaktiv. Durch ihre Stimmfühlungslaute, kurzes, schnell wiederholtes Grunzen, verraten sie sich.

Im Gebiet unterwegs

Wanderungen

<u>Von Pomoni zum Col de Pomoni</u> ①: Von Pomoni (Abzweig am westlichen Ende des Ortes) führt eine asphaltierte Straße durch Ylang-Ylang-Plantagen nach **Lingoni**. Dort wird noch eine kleine Destillerie traditionell betrieben. Von dort führt ein kleiner Pfad zum 10 m hohen Wasserfall und weiter durch Ylang-Ylang-Plantagen, Vanilleanbauflächen und Felder am Lingoni-Fluß entlang, hoch zum Col (Paß) de Pomoni, wo der Lingoni-Fluß aus dem Lac Dzialandzéi »entspringt« (s. Tour ③ und ④). Von Pomoni bis Moya, wo man übernachten kann, sind es 5 km.

<u>Vom Col de Patsi nach Jimilimé auf der Nordhalbinsel</u> ② (11,5 km für eine Strecke): Der Weg beginnt auf dem höchsten Punkt des Passes von Patsi (ACHTUNG : nicht im Dorf Patsi!) und führt auf dem Bergkamm nach Norden. Nach 1,5 km Aufstieg ist der Gipfel des 1090 m hohen **Djadjana** erreicht, danach geht es auf dem Bergkamm weiter, ständig bergab. Nach 4,5 km vom Paß ist Moiou Boungasséra (770 m hoch) erreicht, nach 8,5 km La Vigie (750 m hoch) und schließlich nach 11,5 km der Endpunkt Jimilimé (300 m hoch). Wer nicht den gleichen Weg zurückkehren möchte, kann weiter bis Hajoho gehen. Dort beginnt die Asphaltstraße nach Bambao.

<u>In den Cirque de Bambao und zum Lac Dzialandzéi</u> ③ (Tagestour): Von der Patsi-Paßstraße biegt zwischen dem Paß und Bambao eine Bergstraße nach Süden ab, die zu den Dörfern Tsembehou und Dindi führt. Es kommt auf den schnell wechselnden Zustand der Straße an, ob und wie weit sie zu befahren ist. Von **Dindi** aus geht es auf jeden Fall nur zu Fuß weiter. Man passiert den langsam verlandenden Lac Dzialaoutsounga und erreicht nach 2 km den **Paß von Pomoni**. Dort treffen sich 3 Wege. Zum Lac Dzialandzéi biegt man rechts ab und steigt 1 km durch Waldland, bis der See erreicht

Die bis 30 cm langen, daumendicken Riesentausendfüßer scheiden Blausäure als Abwehrstoff aus.

ist. Dieser Kratersee ist ein natürliches Regensammelbecken, das mehrere Flüsse speist.

Vom See aus führt ein steiler Weg zum Gipfel des 1595 m hohen **Mt. Ntingui**. Es gibt 3 Rückwege: a) auf dem gleichen Weg, b) nach Nordwesten über die Hombo-Ebene nach Mutsamudu (s. Route ④), c) nach Süden über Lingoni nach Pomoni (s. Route ①).

<u>Von Mutsamudu auf den Mt. Ntingui über Hombo</u> ④: Oberhalb von Mutsamudu führt ein Weg nach **Hombo**. Kurz vor dem Ort wird der **Wasserfall von Dziancoundré** erreicht. Hombo liegt auf einer Ebene, von der es 6 km bis zum Gipfel des 1595 m hohen Mt. Ntingui sind. Von hier führt ein Weg abwärts zum Lac Dzialandzéi (s. Route ① und ③).

Von Domoni aus kann der <u>Mt. Trindrini</u> ⑤ in einer 2-Tages-Tour bestiegen werden.

Praktische Tips

Unterkunft

Mutsamudu: Hôtel El-Amal, BP 59, Mutsamudu, Anjouan, Tel. 711580; Hôtel La Guinguette, Tel. 710585; und einfachere Quartiere.

Moya: Moya Plage Hôtel, BP 127, Mutsamudu, Anjouan , RFI Comores, Tel. 711433; einfache Bungalowhütten mit Duschen und Toiletten außerhalb.

16 Mohéli (Mwali)

Unberührteste Insel der Komoren; vorgelagerte Inseln mit Seevogelkolonien und Lebensraum der Dugongs, Nistplätze der Grünen Meeresschildkröten; geschlossener Wald ab 400 m Höhe mit Mongozmakis und Gelbnasen-Grüntauben.

Mohéli ist mit einer Fläche von 211 km² die kleinste Komoreninsel. In der Längsrichtung von West nach Ost mißt sie 30 km, von Nord nach Süd an ihrer breitesten Stelle 20 km. Sie ist am unberührtesten und am wenigsten besiedelt, dadurch die interessanteste Insel. Ihre Berge haben ein sanftes Relief, die höchste Erhebung ist der 790 m hohe Vulkan Mzekukule (Mt. Koukoulé). Der flache Ostteil entstand später,

er bildet die 250–300 m hohe Ebene von Djandro. Im Quartär entstanden in der letzten vulkanischen Phase auf der Ebene im Osten mehrere kleine Krater, die heute mit Wasser gefüllt sind. Die Flüsse münden in Buchten, die mit Mangroven bewachsen sind. Fast rund um die Insel hat sich ein schmales Saumkorallenriff gebildet. Im Süden umschließt ein Marine-Naturreservat eine Gruppe von 8 zerklüfteten, steilen Inseln.

Pflanzen und Tiere

Es gibt viele Wasserläufe und Quellen, ein üppiges Pflanzenkleid bedeckt die gesamte Insel. Bis in 400 m Höhe erstrecken sich ein Palmengürtel und kultivierte Flächen. Unter den Kokospalmen sind zum Teil Fel-

8 kleine Inseln liegen im Marine-Reservat vor Mohéli, der unberührtesten der 4 Komoreninseln.

Die Weibchen der Grünen Meeresschildkröte kommen zur Eiablage nachts an die Sandstrände; nur selten sind sie früh-morgens zu sehen.

der angelegt, teilweise wird die Fläche als Weideland genutzt, auf der Rinder die wildwachsende Kräuterschicht abweiden. Darüber beginnen die steilen Hänge, auf denen sich die zusammenhängende Wald-fläche der Westseite und des Zentralteils ausbreitet. Lange Zeit glaubte man, es seien noch Primärwälder, heute weiß man jedoch, daß sie schon im 19. Jh. geschla-gen wurden. Der Wald regenerierte sich vollständig, die Bäume erreichen jedoch nicht die Höhe des Primärwaldes auf dem Mt. Karthala.

Der Indische Ozean ist der Lebensraum der **Dugongs** (Gabelschwanzseekühe), die auf dem Grund flacher Küstengewässer Seegras-Arten abweiden. Es sind reine Meeresbewohner, die auch nicht zu Paa-rung und Geburt das Wasser verlassen. Weibliche Seekühe, bei denen die Brüste wie bei den mit ihnen verwandten Elefan-ten oder wie bei den Primaten am vorde-ren Ende der Milchleiste ausgebildet sind, inspirierten die frühen Seefahrer zur Sire-nen-Legende. Sie waren im 16. Jh. noch so häufig, daß sie in der Naturgeschichte Madagaskars »Histoire de la Grande Ile de Madagascar« von Flacourt als menschli-cher, meeresbewohnender Völkerstamm geschildert wurden.

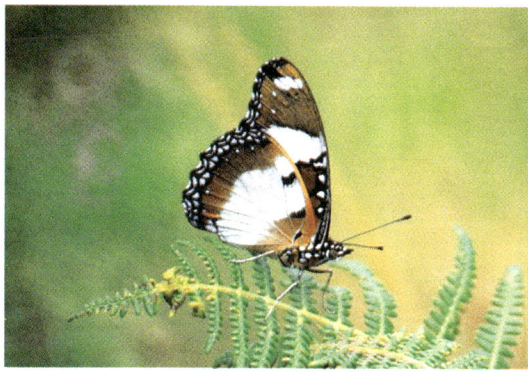

Die auffälligen Monarchfalter sind besonders langlebig; da sie giftig sind, werden sie von Freßfeinden gemieden.

Die einzige inselendemische Vogelart, der Mohélibuschsänger, ist überall in den tie-feren Lagen der Insel häufig, wo auch Schlichtmantel- und Stahlnektarvögel zu finden sind.

Mohéli beherbergt alle Taubenarten, die auf den Komoren vorkommen. Im Küsten-bereich leben Gurrtauben (S.127) und Ma-dagaskar-Turteltauben. Sie suchen sich ihre Körner- und Samennahrung auf dem

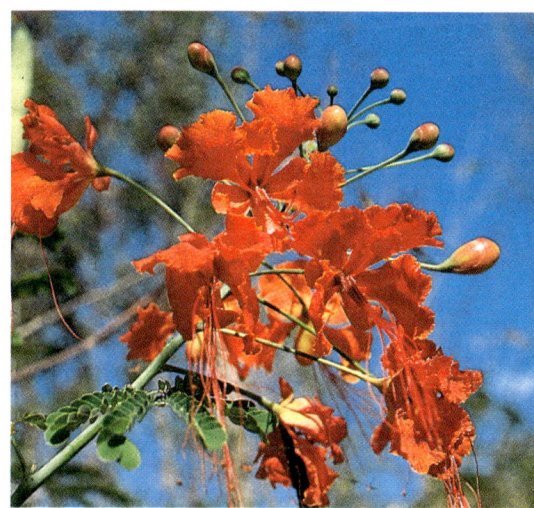

Der Flamboyant, ursprünglich aus Madagaskar, gehört zu den prachtvollsten Zierbäumen der Tropen.

Boden; die Rufe sind häufig zu hören. Die kleinere Tambourintaube ist in Afrika ein typischer Waldvogel; auf den Komoren besiedelt sie die viel trockeneren Gebiete der Pflanzungen. Auch sie nimmt ihre Nahrung vom Boden auf. Reine Waldbewohner sind die großen Komorentauben, Komorenfruchttauben und Gelbnasen-Grüntauben, die sich von Früchten ernähren und niemals auf den Boden kommen. Zwei Waldbewohner, die es nur auf Madagaskar und den Komoren gibt, sind die Kurole, von denen die Männchen grau und schwarz gefärbt sind, die Weibchen braun, und die Blauvangas mit blauer Oberseite und weißer Unterseite. Der Vasapapagei ist im Waldgebiet zu finden, die kleinen, leuchtend grünen Grauköpfchen stets zu mehreren in den Pflanzungen.

Im Hochland nisten Audubon-Sturmtaucher. Rotbrust-Paradiesschnäpper haben die gesamte Insel besiedelt, selbst die vorgelagerten Inselchen. Auf einer der östlichen Inseln, auf M'Chaco, brüten Maskentölpel, eine der südlichen Inseln, Magnougni, ist ein beliebter Rastplatz für Fregattvögel. Auf den südlichen Inseln brüten Wanderfalken.

Im Gebiet unterwegs

Mohéli bietet viele Wandermöglichkeiten. Will man mit wenig Zeit ein bestimmtes Ziel erreichen, sollte man sich einen Führer nehmen. Andererseits ist die Insel so klein, daß man nicht verlorengehen kann, und die Landschaft ist so malerisch und in-

Schildraben sind häufig bei Fischerdörfern zu finden, wo sie in den Fisch- und Muschelschalenabfällen Nahrung finden.

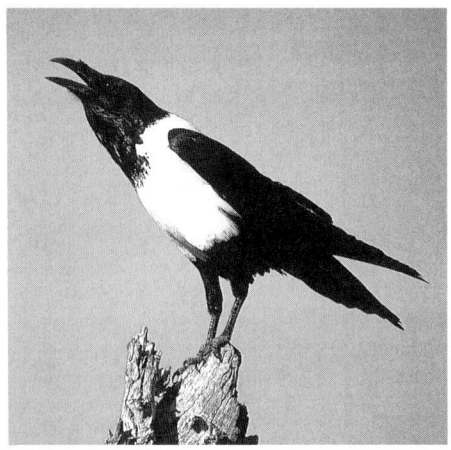

teressant, daß es eigentlich belanglos ist, welchen Weg man einschlägt.

Eine Küstenstraße umrundet den Gebirgsstock und quert im Osten die Insel über der Ebene von Djandro. Der wilde Ostteil ist erst seit neuestem von einer Straße erschlossen, früher konnte er nur erwandert werden.

Kratersee Dziani Boundouni (Bundruni) ④: Er liegt an der Ostspitze und ist jetzt leicht zu erreichen, denn die Straße ist bis zum Fischerdorf Itsamia neu gebaut worden (Stand 1994). Von Iconi ist es ein 30-minütiger Fußmarsch zum Kratersee. Am Dorfplatz, der zwischen der neuen Straße und dem Dorf liegt, geht der Pfad nach Osten zu den Resten einer alten Brücke. Man muß den Bach überqueren, und der Trampelpfad führt geradeaus durch eine Ylang-Ylang-Plantage. Nach 200 m, kurz vor dem Ende der Plantage, zweigt ein Pfad nach rechts ab, der durch Pflanzungen über den Kraterrand zum See läuft. Im April rasten Hunderte von Zwergtauchern auf ihm. Den gleichen Weg geht es zurück. In den hohen Bäumen sind Komorentauben und Echsenhabichte (S.142) zu finden. Die Straße führt weiter nach Itsamia und endet dort. Bei Ebbe ist eine Wanderung am Strand sehr lohnend. Dann können auch die vorgelagerten Inselchen Mbouzi und Gnandza zu Fuß erreicht werden. Silberreiher, die dunkle Phase des Meerreihers, Maskentölpel (S.78), Fregattvögel (S.87), Schwarzmilane und Schildraben bevölkern den Strandbereich, auf dem sich auch Nester der Grünen Meeresschildkröten befinden.

Die felsige Insel M'Chaco ist mit dem Boot zu erreichen. Von Iconi nach Sambia führt ein Wanderweg am Strand entlang.

Marine-Reservat von Mohéli ⑤: Das Meeresreservat umfaßt die Südküste mit den vorgelagerten Inseln bis zur schmalen Ost-

küste mit deren vorgelagerten Inseln. Es ist das Gebiet mit der höchsten Populationsdichte der Grünen Meeresschildkröte und der Dugongs auf den Komoren. Man kann sich Boote mieten und zu den Inseln hinausfahren. Es ist auch ein hervorragendes Schnorchelgebiet. Die Inseln dürfen betreten werden, Zelten ist erlaubt. Die Insel Chissiona Ouénéfou mit ihrem Sandstrand im Südteil ist bevorzugtes Brutgebiet der Meeresschildkröten. Ausgangspunkt zu Inselexkursionen ist das malerische Fischerdorf Nioumachoua.

Strand von Kavé Hoani ⑥: Der Strand westlich von Kavé Hoani an der Nordwestecke Mohélis ist ein wichtiger Brutplatz für Grüne Meeresschildkröten, die dort regelmäßig nachts gesehen werden können.

Wanderwege auf Mohéli

Inseldurchquerung ① (12 km): Von Fomboni aus führen 2 Wege zur Südküste. Im Osten von Fomboni mündet der Déwa-Fluß (Mro Déoua). Der Weg beginnt am Fluß, überquert ihn und biegt nach ein paar hundert Metern scharf nach rechts ab. Danach beginnt er steil zu steigen, erreicht den Kamm von Mledjélé und geht bergab zur Südküste, wo er 3 km östlich von Nioumachoua auf die südliche Küstenstraße trifft.

Der zweite Weg führt ganz hinauf ins Hochland. Er startet direkt in Fomboni und steigt bis zum 765 m hohen **Kibouana,** den man nach 7 km erreicht. Abwärts zur Südküste sind es nochmals 6 km bis **Mboinifoungué.** Von dort erreicht man Niouma-choua auf der neuen Küstenstraße nach etwa 4 km.

Zum Chalet St. Antoine ②: Im Westen des Gebirgsstocks liegt in 690 m Höhe mitten im dichten Wald das Chalet St. Antoine, ein ideales Gelände für Vogelliebhaber. Auch Lemuren und Flughunde sind zu finden. Dieses Gebiet ist als Nationalpark vorgesehen. Von **Miringoni** führt ein steiler 4 km langer Weg zum Chalet, von **Hamba** aus sind es 5 km.

Höhenweg ③ (6,5 km): Ein Höhenweg, der auf dem Gebirgskamm entlangläuft, verbindet das **Chalet St. Antoine** mit den 3 höchsten Gipfeln und mündet in den Weg, der die Insel durchquert (Punkt ①). Vom Chalet geht es zum 751 m hohen **Ouongobabounou,** dann folgt der 790 m hohe **Mt. Koukoulé,** und über dem Grat von Bandalankoua wird der Kibouana erreicht. Dort stößt man auf den Inselquerweg.

Praktische Tips

Unterkunft
Es gibt 2 Hotels, beide in Fomboni. Das sehr einfache Hôtel Mledjélé, Tel. 720534, liegt in der Stadt. Das einfache Relais de Singani, Tel. 720425, liegt am Westrand von Fomboni am Strand.

Taxis und Autos
Taxi-brousses fahren um die Insel. Im Relais de Singani werden Ausflugstouren und Mietautos zu sehr hohen Preisen angeboten. Für die Hälfte kann man privat ein Taxi-brousse mit Fahrer mieten.

Die Tigerlilie, eine Amaryllisart, ist im Grasland häufig.

17 Mayotte (Maoré)

Schönstes Barriereriff im Indischen Ozean, 1000 km² große Lagune mit hervorragenden Schnorchel- und Tauchmöglichkeiten; ausgedehnte Mangrovengebiete; viele Affenbrotbäume; Mayotte-Maki, Mayotte-Drongo, Mayotte-Nektarvogel.

Mayotte besteht aus der großen Hauptinsel, der östlich vorgelagerten Insel Pamandzi und etwa 20 kleinen Inseln. Die Bewohner, die Mahorais, sprechen von der Hauptinsel als Grande Terre und von der 18 km² großen Pamandzi als Petite Terre. Die Gesamtfläche beträgt 374 km². Mayotte als älteste Insel der Komoren ist ein zerklüfteter, verwitterter Rest eines Schildvulkans aus dem Miozän. Das ehemalige Zentrum liegt westlich im Meer, die jetzige Insel auf seiner östlichen Flanke. Die nächste vulkanische Phase baute die Nebenkrater auf, die die Höhen des heutigen Reliefs bilden. Ein nördliches Massiv besteht aus dem 572 m hohen **Mt. Sapéré** und dem 481 m hohen **Mt. Combani** und ein südliches aus dem höchsten Punkt des 660 m hohen **Mt. Bénara** und des 594 m hohen **Mt. Choungui**.
Während der letzten vulkanischen Tätigkeiten im Holozän enstanden die Parasitenkrater, die Maare Kavani und Mamoudzou im Nordosten der Insel und die Insel Pamandzi. Durch Erosion fraßen sich die Flußmündungen zu tiefen Buchten ein, die mit Mangroven bewachsen sind.
Die Insel ist rundum von einem der schönsten Barriereriffe der Welt umgeben, das 140 km lang ist. Im Süden formt es ein Doppelriff, eine weltweite Seltenheit. Innerhalb der Lagune beträgt die Wassertiefe 20–70 m , fällt jedoch sofort außerhalb des Riffes auf 600–1000 m Tiefe ab.

Pflanzen und Tiere

Die südliche Halbinsel ist besiedelt mit Trockenbuschvegetation, die mit knorrigen Affenbrotbäumen und einigen isolierten Tamarinden, Feigenarten und Albizias durchsetzt ist. Die großen, weißen Blüten des **Affenbrotbaumes** (Baobab) öffnen sich abends und verströmen ihren Duft in der Nacht. Sie werden von Flughunden der Gattung *Rousettus* bestäubt. Die holzigen Früchte sind mit Kernen und einem sauren, trockenen Gewebe gefüllt.
Die Primärwälder wurden komplett abgeholzt, um die 50 Zuckerfabriken, die im vorigen Jahrhundert bestanden, mit Brennholz zu versorgen. Heute breitet sich ein Fleckenteppich aus Sekundärwald zwischen den kultivierten Flächen und auf den höchsten Gipfeln aus.
Mayotte-Makis bewohnen die Küstenwälder bis zu einer Höhe von 300 m. Sie können auch in den Sekundärwäldern überleben, wenn dort genügend große Bäume stehen, die ihnen ihre Nahrung aus Früchten, Blättern und einigen Blüten bieten.

Die Familientrupps der Mayotte-Makis sind tag- und nachtaktiv; in den Hotelanlagen werden sie angefüttert.

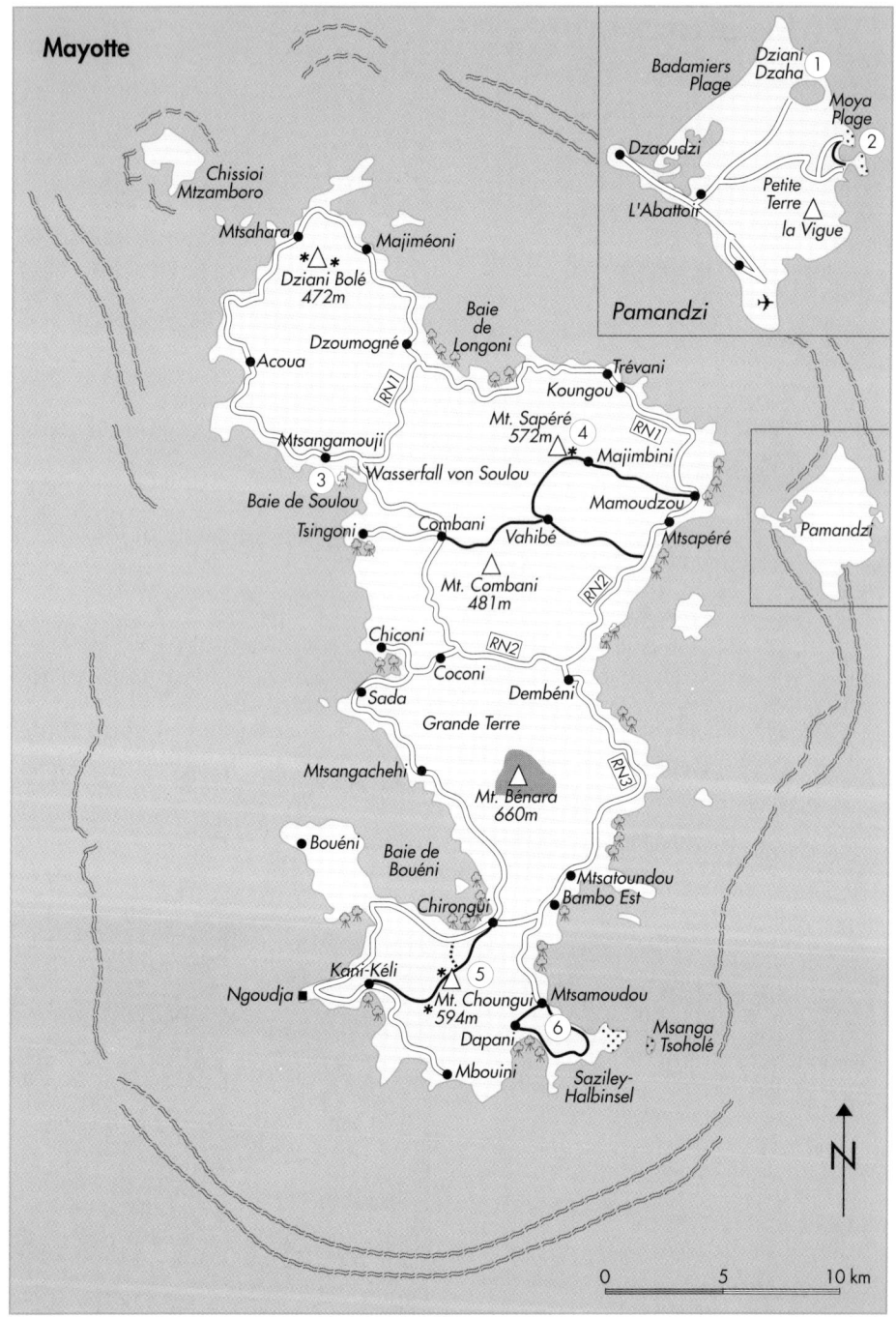

Mayotte

Badamiers Plage

Dziani Dzaha ①

Moya Plage ②

Dzaoudzi

L'Abattoir

Petite Terre la Vigue

Pamandzi

Chissioi Mtzamboro

Mtsahara

△ Dziani Bolé 472m

Majiméoni

Baie de Longoni

Acoua

Dzoumogné

Trévani

Koungou

Mtsangamouji

Mt. Sapéré 572m △* ④

RN1

Majimbini

③ Wasserfall von Soulou

Baie de Soulou

Combani

Vahibé

Mamoudzou

Tsingoni

Mtsapéré

△ Mt. Combani 481m

RN2

Chiconi

RN2

Coconi

Sada

Dembéni

Grande Terre

Mtsangachehi

RN3

△ Mt. Bénara 660m

Bouéni

Baie de Bouéni

Mtsatoundou Bambo Est

Chirongui

Kani-Kéli

* ⑤

Ngoudja ■

* Mt. Choungui 594m

Mtsamoudou

Dapani

⑥

Msanga Tsoholé

Mbouini

Saziley-Halbinsel

Pamandzi

N

0   5   10 km

Mayotte besitzt 2 inselendemische Vogelarten. Davon sind die Mayotte-Nektarvögel über die ganze Insel und selbst auf den Inselchen weit verbreitet. Der seltene Mayotte-Drongo existiert nur an den bewaldeten Flanken des Sapéré, Combani und Bénara.

Die Vogelwelt unterscheidet sich stark von der der anderen Komoreninseln. Da Wälder fehlen, gibt es auch einige der Waldvögel nicht. Andere haben sich umgestellt, wie der Echsenhabicht, der häufig in Kokosplantagen jagt. Da große Mangrovenbestände rings um die Insel bestehen, haben sich Rotbrust-Paradiesschnäpper, Kurol, Madagaskarfluchtvogel und Komorenweber an diesen »Waldtyp« angepaßt. Blauwangenspinte, große Kapsegler und kleine, zierliche Palmensegler fliegen in und über den Kokosplantagen. Palmensegler kleben ihre winzigen Nestchen an die Unterseite der Palmenwedel. Madagaskarturtel-, Gurr- (S.127) und Tambourintauben sind häufig, Brillenvögel überall. Erstaunlicherweise kommen Schwarzschnabel-Zwergfischer, Kleinelsterchen und Echsenhabicht, die auf der Hauptinsel häufig sind, nicht auf der nahen Insel Pamandzi vor.

Die verschiedenen **Strandkrabben** gibt es auf allen Inseln im Indischen Ozean. Auf Mayotte sind sie durch die zahlreichen Mangrovenbuchten, Sandstrände und Korallenbänke besonders gut zu beobachten. Auf Felsen und Korallenblöcken springen die farbenprächtigen Klippenkrabben: blaue und rote *Geograpsus*-Arten und schwarze *Grapsus maculatus*. Im Mangrovengebiet bevorzugt *Scylla serrata* die Mangrovenarten mit dichtem Wurzelgeflecht, weil zwischen ihnen viele kleine Fische leben.

Zwischen Mangroven und auf Schlickflächen leben 4 verschiedene Winkerkrabbenarten. Zum männlichen Balzritual gehört das auffällige Winken mit einer stark vergrößerten Schere. Jede Art bevorzugt ein anderes Biotop. Im sehr feuchten

Schlamm nahe der Wassergrenze lebt *Uca chlorophthalmus,* kenntlich an der großen roten Winkerschere. Etwas näher zum Strand winkt *U. annulipes* mit ihrer weißen Schere. Im oberen, trockneren Bereich leben die kleinen, grauen *U. marionis* mit orangefarbenen Scheren. Die größte und auffallendste Art ist *U. tetragonon.* Sie besitzt einen unglaublich türkisblau leuchtenden Körper, der mit orangenen Tupfen besprenkelt sein kann. Ihre Schere ist gelblichbraun.

Am Sandstrand leben die nachtaktiven Geisterkrabben (S.89). Auch sie haben, wie die Winkerkrabben, 2 verschieden große Scheren. Die größere wird nur zur Verteidigung genutzt, mit der kleineren Schere werden die Gänge im Sand gegraben. Es gibt »Rechts- und Linkshänder«. Die Männchen mit einer vergrößerten rechten Schere graben einen Spiralgang im Uhrzeigersinn; der Gang derjenigen mit einer größeren linken Schere dreht sich entgegengesetzt herum. Die Gänge der Weibchen, die 2 gleichgroße Scheren besitzen, sind U-förmig.

Im Gebiet unterwegs

Der Flughafen liegt auf Pamandzi, der kleinen Insel östlich von Mayotte. Es besteht eine ständige Fährverbindung zur Hauptstadt Mamoudzou.

Pamandzi

2 km von dem Ort L´Abattoir entfernt liegt der runde Kratersee **Dziani Dzaha** ①. Ein kurzer Weg führt auf den 100 m hohen Kraterrand und hinunter zum Wasserrand. Häufig sind Zwergtaucher auf dem See und Dickschnabelreiher am Ufer zu finden.

Südöstlich vom Kratersee liegt **Moya Plage** ②. Der Strand wird von 2 untergetauchten Kratern gebildet, die durch Wellenkräfte zum Meer hin geöffnet sind. Je eine Straße führt von L´Abattoir zu ihnen, man kann

Der Echsenhabicht jagt im dichten Wald von einer Warte aus im Überraschungsangriff Echsen und kleine Vögel.

gut von einem Strand zum anderen zu Fuß gehen. In den Mangroven sind Mangrovereiher zu finden und Schwärme von Madagaskarwebern. Die Sandstrände sind Nistplätze der Grünen Meeresschildkröte.

Mayotte
<u>Wasserfall von Soulou</u> ③: Der Soulou-Wasserfall fällt direkt in die Meeresbucht von Soulou. Von einer 8 m hohen Steilwand stürzt das Wasser schleierartig hinunter, bei Flut direkt ins Meer, bei Ebbe auf den braunen Sandstrand.
2 km vor Mtsangamouji geht ein Wanderweg (mit blauen Punkten markiert) in Richtung Soulou-Bucht zum Wasserfall. Sonntags ist der Strand ein beliebter Picknickplatz.
<u>Besteigung des Mt. Sapéré</u> ④: Der Mt. Sapéré ist der höchste Punkt im nördlichen Teil von Mayotte. Der Wanderweg bietet wunderschöne Ausblicke über die gesamte Insel. Viele Vogelarten können gesehen werden, im Waldgebiet kommen Tauben und Lemuren vor. Seine Besteigung innerhalb eines 16 km Rundweges sollte als Tagestour geplant werden. Von **Mamoudzou** steigt der Weg durch Plantagen und Felder zu dem 4 km entfernt liegenden kleinen Dorf **Majimbini** auf, das 404 m hoch liegt. Von dort ist es noch 1 km zum Gipfel, der dicht mit Sekundärwald bewachsen ist. Man kann jetzt den gleichen Weg zurück-

gehen oder dem Rundweg folgen, der ins Inland auf dem Bergkamm entlang bis **Vahibé** führt, das 245 m hoch liegt. Von dort geht ein anderer Weg an der Nordflanke des Mt. Combani vorbei zur Westküste nach **Combani**. Der Rundweg geht zurück zur Ostküste. Man erreicht nach 4 km Abstieg die Küstenstraße RN2 bei **Passameinti**. Von dort sind es noch knappe 4 km bis Mamoudzou zurück.
<u>Südteil:</u> Der Südteil bietet 2 schöne Wandertouren, die Besteigung des **Mt. Choungui** ⑤ und eine Wanderung auf der Halbinsel Saziley. Das Zentrum der Südhalbinsel ist der 594 m hohe erloschene Vulkan Mt. Choungui. Die Tour ist anstrengend, man sollte so früh wie möglich losgehen. Von **Chirongui** führt die Nordroute hinauf, von **Kani-Kéli** die Südroute. Je nach Unterkunft wird im Norden oder Süden gestartet. Bis zum Fuß des Choungui geht es nur leicht bergauf, danach folgt ein steiler Anstieg von 1–2 Stunden durch einen dichtgewachsenen Wald, in dem Makis leben. Die **Saziley-Halbinsel** ⑥ liegt im äußersten Südosten. Ein 8 km langer Rundweg führt von **Mtsamoudou** zu den farbigen Sanddünen von **Magikavo** und zurück über **Dapini** nach Mtsamoudou.
Dem Strand von Saziley liegt die nackte Sandinsel **Msanga Tsoholé** (Ilot du Sable Blanc) vorgelagert, die man mit einem dort gemieteten Boot besuchen kann. Die Strände sind Nistplätze von Meeresschildkröten. Häufig werden Delphine gesehen.

Praktische Tips

Unterkunft
Auf Pamandzi gibt es nur ein Hotel, das Hôtel du Rocher, Tel. 60 15 05 und 60 14 44, BP42, Dzaoudzi. Auf der Hauptinsel gibt es 3 Hotels in Mamoudzou und 3 Lodges an den schönsten Stränden.

18 Malediven

Einmalige Unterwasserwelt, höchst unterschiedliche Korallenriffe, reiches Riffleben

Die Inselkette der Malediven erstreckt sich über ein Gebiet von 754 km Länge und 118 km Breite. Die gesamte Landmasse beträgt nur 298 km², das sind 0,3 % des Staatsterritoriums.

1192 kleine Inseln sind in einer langen Kette aus 26 Atollen angeordnet. Diese Großatolle setzen sich wiederum aus einem Ring kleinerer Atolle zusammen. Durch Riffkanäle strömt frisches Meerwasser in die Zentrallagune und gestattet auch in ihrem Inneren üppiges Korallenwachstum. Aus Korallenblöcken entstehen durch Seitenwachstum »Pseudoatolle« oder auf maledivisch »Faros«. Auch das Wort Atoll entstand aus dem maledivischen »atolu«. Die nördlichen Großatolle sind aus Faros aufgebaut.

Da keine der Inseln höher als 3m liegt, besteht die ernsthafte Gefahr, daß bei gleichbleibendem Anstieg der Meeresoberfläche durch den Treibhauseffekt die Inseln der Malediven innerhalb von 30 Jahren überflutet sind.

Nur 202 Inseln sind bewohnt. Um kulturelle Konflikte zu vermeiden, dürfen Touristen außer der Hauptstadt Male keine der bewohnten Inseln ohne offizielle Erlaubnis besuchen. Sie sind auf eigenen unbewohnten Touristeninseln, den »Touristresorts« untergebracht, von denen 68 ausgewiesen sind.

Die Koralleninsel Rasdu liegt wie ein winziger Punkt in der leuchtend blauen Unendlichkeit des Ozeans.

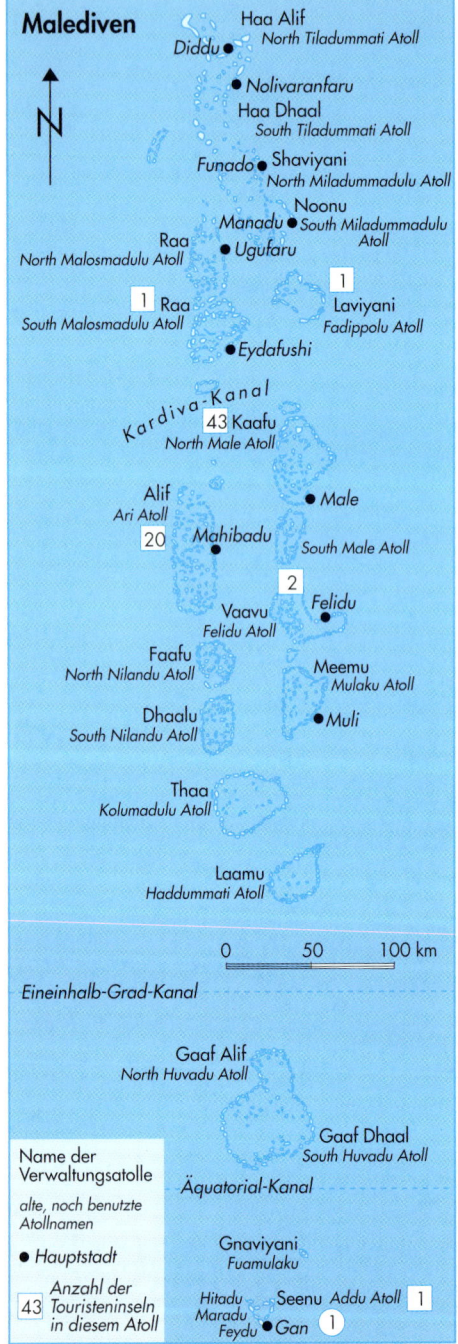

Malediven

Haa Alif
Diddu •
North Tiladummati Atoll

• Nolivaranfaru
Haa Dhaal
South Tiladummati Atoll

Funado • Shaviyani
North Miladummadulu Atoll

Noonu
Manadu • South Miladummadulu
Atoll

Raa
North Malosmadulu Atoll
• Ugufaru

1

1 Raa
South Malosmadulu Atoll

Laviyani
Fadippolu Atoll

• Eydafushi

K a r d i v a - K a n a l

43 Kaafu
North Male Atoll

Alif
Ari Atoll

20 Mahibadu

• Male

South Male Atoll

2

Vaavu
Felidu Atoll
• Felidu

Faafu
North Nilandu Atoll

Meemu
Mulaku Atoll

Dhaalu
South Nilandu Atoll
• Muli

Thaa
Kolumadulu Atoll

Laamu
Haddummati Atoll

0   50   100 km

Eineinhalb-Grad-Kanal

Gaaf Alif
North Huvadu Atoll

Gaaf Dhaal
South Huvadu Atoll

Äquatorial-Kanal

Name der
Verwaltungsatolle

alte, noch benutzte
Atollnamen

• Hauptstadt

43 Anzahl der
Touristeninseln
in diesem Atoll

Gnaviyani
Fuamulaku

Hitadu   Seenu Addu Atoll 1
Maradu
Feydu • Gan 1

Pflanzen und Tiere

Die unbewohnten kleinen Inseln sind mit Strandwinden, *Scaevola-* (S.79) und *Tournefortia*-Büschen (S.74) sowie Lindenblättrigem Eibisch bewachsen. Auf den größeren Inseln gibt es Schraubenbäume, Takamakas (S.54), Indische Mandelbäume und einige Mangrovegebiete.

Kokospalmen, die überall angepflanzt wurden, gedeihen gut, alle anderen landwirtschaftlichen Produkte nur mühsam. Nur 1/10 des Korallensandbodens ist mit Maniok, Süßkartoffeln, Hirse, Mais, Zwiebeln, Bananen, Brotfruchtbäumen (S.125) und Papayas kultivierbar. Nur Gnaviyani ist als einzige Insel dicht bewachsen. Sie liegt isoliert im Äquatorkanal, besitzt zwei Süßwasserseen, und auf ihr gedeihen Mangos, Orangen und Ananas.

Auf einigen Inseln werden Betelpalmen kultiviert. Die dünngeschnittenen, größten Samen werden zusammen mit einem Blatt Betelpfeffer, einer Prise Nelken und Korallenkalk gekaut. Das Alkaloid Arecolin wirkt als Stimulanz, der Farbstoff Arecarot färbt den Speichel rot und die Zähne schwarz.

Verschiedene *Ficus*-Arten wie Buddhabaum und Würgerfeige bilden in den Fischerdörfern auffallende Versammlungsorte. Flamboyant (S.135), Frangipani, Japanische Wollmispel und Bougainvilleen werden als Schmuckpflanzen geschätzt, wie auch der Pappelblättrige Eibisch, die weißblühende Asiatische Amaryllis und die rotblühende Ruhmeslilie.

Nur wenige Landtiere haben die Inseln besiedelt. An Insekten finden sich Holzbienen und Zikaden. Reptilien sind durch Hausgeckos und Indische Schönechsen (S.110) vertreten; Vögel durch Glanzkrähen, Hirtenmainas (S.116), Grau- und Mangrovereiher (S.101).

Ein versteckt lebender, jedoch ständig zu hörender Vogel, ist der Koël, eine Kuckucksart. Das schwarze Gefieder des Männchens schillert in der Sonne stahl-

blau, sein Schnabel ist apfelgrün. Es wiederholt ständig seinen lauten »koeel«-Ruf. Flughunde sind die einzigen natürlich vorkommenden Säuger. Ratten und Kaninchen kamen mit den Menschen.
Meeresvögel finden in den flachen, fischreichen Lagunen gute Nahrungsgründe. Feenseeschwalben und Schlankschnabelnoddis brüten auf einigen Inseln mit Baumbestand; Ruß- und Zügelseeschwalben bevorzugen flachen Grund. Zwerg- und Schwarznacken-Seeschwalben fliegen den Küstensaum ab, ebenso die selteneren Rosenseeschwalben. Die großen Seeschwalben lassen sich an der Schnabelfarbe auseinanderhalten: Gelb für Eil-, Orange für Rüppell- und Rot für Raubseeschwalben. Ein Teil der Rotbrustbrachschwalben, die in Indien brüten, überwintern auf den Malediven, ebenso wie Pazifikgoldregenpfeifer und Stiftbekassinen, die aus Sibirien einfliegen. Die anderen durchziehenden Watvögel sind die gleichen wie auf den Seychellen.
Der einmalige Tierreichtum der Malediven findet sich in der **Unterwasserwelt** mit den zahlreichen verschiedenen Rifflandschaften. Sie erschließen Tauchern wie auch Schnorchlern die unbeschreibliche Formenvielfalt und Farbenprächtigkeit der Korallenriffe (s.S.23). Selbst die nur knietiefen Lagunen und das Riffdach bieten Schnorchlern eine Fülle, die nirgendwo anders erreicht wird. Für Taucher ist der äußere Riffabhang mit den unzähligen Grotten ein wahrer Zaubergarten.

Im Gebiet unterwegs

Die Touristeninseln sind einem ständigen und schnellen Wechsel unterworfen. Sie werden für eine gewisse Zeit vom Staat verpachtet. Danach bleiben viele geschlossen, andere wechseln den Pächter, neue Inseln werden erschlossen.
Es ist vorteilhaft, den Aufenthalt schon im Heimatland auszuwählen und zu buchen.

Dabei sollten einige wichtige Kriterien beachtet werden:
❏ Für Schnorchler und Tauchanfänger sind Inseln am Innenrand des Atolls vorteilhaft.
❏ Welche Kurse werden angeboten, welche sind im Preis enthalten?
❏ Wer führt die Insel, welches Publikum besucht sie? Manche Inseln sind fest in deutscher/italienischer/französicher Hand.
❏ Gibt es Süßwasser- oder Brack-/Salzwasserduschen? ACHTUNG: Salzwasserseife mitbringen!

Praktische Tips

Klima/Reisezeit
Während des Nordostmonsuns von November bis März ist Trockenzeit; gleichzeitig beste Reisezeit und Hochsaison. Die Regenzeit von April bis Oktober kann starken Wind und unruhige See bringen. Die Temperatur beträgt 24–33°C, die Luftfeuchtigkeit ist hoch, aber durch eine ständige Brise erträglich. Tauchen ist ganzjährig gut, die Wassertemperaturen liegen zwischen 27 und 29°C.

Anreise
Der internationale Flughafen Hulhule wird von regulären und Charterflügen direkt angeflogen.

Verkehr
Luft: Air Maldives fliegt täglich von Hulhule nach **Gan** im **Seenu-Atoll** (Addu-Atoll) ①, 2 Std. Flugzeit.
Hubschrauber-Rundflüge werden als 15-minütige Fotohöhepunkte oder als Tagestouren angeboten:
➪ Hummingbird Helicopters, Tel.325708, Fax 323161, MHA Gebäude, Orchid Magu, Male.
Boot: reguläre Fährverbindungen bestehen zwischen **Hulhule** und **Male** sowie zu den Touristeninseln. Tagesausflüge werden mit traditionellen Dhonis angeboten, längere

Die häufigen Orientalischen Süßlippen halten sich gerne an Außenriffen mit reichem Korallenbewuchs auf.

Stark duftende, gedrehte Blüten hat der Frangipani, der auch Pagodenbaum genannt wird.

Strecken mit den größeren Vedis zurückgelegt. Sie fahren wegen der Untiefen nur tagsüber. Von Male bis zu den äußeren Atollen werden 30 Std. Fahrzeit benötigt. Safari-Kreuzfahrtboote fahren zu verschie-

Vor jeder Häutung muß sich der Meeres-Einsiedlerkrebs ein neues, größeres Schneckenhaus suchen.

denen Tauchgründen, ohne Inseln anzulaufen. Man wohnt auf dem Schiff. ACHTUNG: Nur für erfahrene Taucher!

Blick in die Umgebung

Nördlich der Malediven liegen die 36 winzigen Inseln der <u>Lakkadiven</u>. Zusammen bedecken sie gerade 32 km^2 Landfläche, umgeben von 20 000 km^2 Territoriumsgewässer. 10 Inseln sind bewohnt, eine, **Bangaram,** ist für ausländische Touristen freigegeben. Sie liegt an einer 40 km^2 großen, flachen Lagune und bietet ausgezeichnete Schnorchel- und Tauchmöglichkeiten; für Anfänger innerhalb der Lagune, für Könner am Außenriff.
Anreise: Flug über Bombay oder Goa, weiter nach Cochin, weiter nach Agatti, der Flughafeninsel. Oder mit der Fähre von Cochin nach Agatti (18–20 Std.). Ein gültiges Visum für Indien und eine Einreiseerlaubnis für Bangaram ist Vorschrift.
Adresse:
➢ Bangaram Island Resort, Casino Hotel, Willingdon Island, Cochin, Indien, Tel. 340221.

Reiseplanung

Vor der Reise

Tourismus-Informationsbüros
Seychellen
- Fremdenverkehrsamt der Seychellen (zuständig für Deutschland, Österreich, Schweiz), Hochstraße 15, 60313 Frankfurt, Tel. 069/292064, Fax 069/296230.

La Réunion
- Büro für Touristik, Postfach 130744, 20107 Hamburg, Tel. 040/446482, Fax 040/44809751.
- Französisches Fremdenverkehrsamt, Postfach 100128, 60001 Frankfurt, Tel. 069/7560830, Fax 069/752187.

Mauritius
- Deutschland:Mauritius Informationsbüro, Postfach 101846, 60018 Frankfurt, Tel. 06171/980354, Fax 06171/980652.
- Schweiz: Mauritius Tourist Information, Kirchenweg 5, 8032 Zürich, Tel. 01/3838788, Fax 01/3835124.

Konsularische Vertretungen
Seychellen:
- Deutschland: Wolfgang Därr, Mühlfelder Straße 2, 82211 Herrsching, Tel. 08152/5694.
- Schweiz: General-Guisan-Quai 22, 8002 Zürich, Tel. 1/2857929, Fax 1/2026738.
- Österreich: Dr. Karl Pisec, Gußhausstr. 12, 1040 Wien, Tel. 1/5053215.
- Frankreich: Seychellische Botschaft, 53 Rue Franáois 1er, 75008 Paris, Tel. 1-47237702.

La Réunion:
- Deutschland: Französische Botschaft, Rheinstr. 52, 53179 Bonn, Tel. 0228/362031.

Mauritius:
- Belgien: Ambassade de Maurice, 68 Rue des Bollandistes, 1040 Brüssel, Tel. 00322/7339988.

Komoren:
- Deutschland: Dr. Körbel, Löwenburgstr.10, 50939 Köln, Tel. 0221/462161, Fax 02234/54444, und Französische Botschaft, Rheinstraße 52, 53179 Bonn.
- Österreich: Französische Botschaft, 1040 Wien, Technikerstraße 2.
- Schweiz: Französische Botschaft, 3006 Bern, Schloßhaldenstraße 46.
- Frankreich: Ambassade de la RFIC, 20 rue Marbeau, 75116 Paris, Tel. 1-40679165, Fax 40677226.

Malediven:
- Deutschland: Maledivisches Konsulat, Immanuel-Kant-Str. 16, 61350 Bad Homburg, Tel. 069/69066789, Fax 069/690102.
- Schweiz: Maledivisches Konsulat, Im Struppen 11, 8048 Zürich, Tel. 01/4327200.
- Österreich: Maledivisches Konsulat, Peter-Jordan-Straße 21, 1190 Wien, Tel. 1/31900100.

Einreise
Deutsche, Österreicher und Schweizer benötigen einen noch 6 Monate gültigen Reisepaß.

Seychellen: Am Flughafen bekommt man ein Visum für 4 Wochen; kann auf 3 Monate verlängert werden.

Réunion: Wie Frankreich, da es als französisches Inland gilt. Aufenthaltsdauer 3 Monate ohne Visum.

Mauritius und Rodriguez: Österreicher benötigen ein Visum, das in Brüssel anzufordern ist. Deutsche und Schweizer bekommen es für 4 Wochen bei der Einreise.

Komoren: Kein Problem bei der Einreise, aber für die Ausreise ist ein Visum nötig, das in Moroni erhältlich ist.

Malediven: Am Flughafen erhält man ein Visum für 4 Wochen.

Zeitzonen

Die Seychellen und Maskarenen liegen 3 Stunden vor der Mitteleuropäischen Zeit (MEZ + 3h), die Komoren 2 Stunden und die Malediven 4 Stunden.

Devisen

Seychellen: 1 Seychellen-Rupie (SR) sind 100 Cents.
Réunion und Mayotte (Komoren): Es gelten Französische Francs (FFr).
Mauritius und Rodriguez: 1 Mauritius-Rupie (MR) sind 100 Cents.
RFI des Comores: Der Komorische Franc (CFr) ist an den Französischen Franc gekoppelt.
Malediven: 1 Rufiya (Rf) sind 100 Larees.
Reiseschecks in US-Dollar, Deutsche Mark und Französischer Franc können auf allen Banken getauscht werden, Euroschecks nur auf Réunion. Kreditkarten werden auf den Komoren (RFIC) nicht akzeptiert; auf Moheli gibt es keine Bank.

Gesundheit

Es sind keine Impfungen vorgeschrieben. Das Leitungswasser ist auf allen Inseln trinkbar, jedoch kann es auf Mauritius und Réunion kurz nach Zyklonen verunreinigt sein. Es empfiehlt sich, eine kleine Reiseapotheke mit Pflastern, elastischen Binden und den persönlich benötigten Medikamenten mitzunehmen. Sonnenschutz von Faktor 10 aufwärts und Mückenschutz sind notwendig.
Durchfall: Um ihn zu vermeiden, sollten folgende Grundregeln beachtet werden: Kein ungewaschenes Obst essen, nur abgekochte Milch trinken, nur durchgebratenes Fleisch essen, keine eisgekühlten Getränke trinken, keine Eiswürfel nehmen. Falls er doch auftritt, ist die beste Behandlung: 24 Stunden nichts essen, aber sehr viel trinken (süße Limonaden oder auf 1 l Wasser 1 Teelöffel Zucker und eine Prise Salz und Zitronensaft). Den nächsten Tag schwarzen Tee trinken und Toast oder Zwieback essen.

Malaria: Seychellen und Réunion sind malariafrei; Mauritius führt einen wirkungsvollen Kampf dagegen, aber ab und zu werden einzelne Malariafälle bekannt. Auf den Malediven ist sie seit 1981 nicht mehr aufgetreten. Auf den Komoren ist die Malaria weit verbreitet, man muß unbedingt vorbeugen. Empfehlenswert sind 2 Paludrine (Proguaril) täglich. Larium oder Fansidar sollten nur zur Behandlung, nicht zur Prophylaxe genommen werden.
Denguefieber: Tritt auf den Komoren ab und zu auf; es wird von *Aedes*-Mücken übertragen. Schutz bieten Insekten-Abwehrmittel.
Geschlechtskrankheiten: Syphilis und Gonorrhoe kommen vor. Auf Mauritius außerdem die durch Viren hervorgerufene Mauritius-Rose.
Aids: Auf jeden Fall gehören einige Einwegspritzen in die Reiseapotheke, damit man im Falle einer ärztlichen Behandlung nicht infiziert wird.
Hepatitis A: Tritt überall auf. Es gibt eine wirkungsvolle Impfung dagegen.
Frauenkrankheiten: Durch Einnahme von Antibiotika und empfängnisverhütenden Mitteln treten im tropischen Klima verstärkt Scheidenentzündungen auf. Abhilfe schaffen Spülungen mit Essig- oder Zitronenwasser und Einführen von Joghurt.
Insektenstiche, kleine Verletzungen: Sind mit antiseptischen Mitteln zu behandeln. Bewährt hat sich Mercurochrome.

Kleidung

Leichte Baumwollkleidung ist empfehlenswert. Regenschutz ist für die Bergtouren auf den Seychellen nötig; Pullover, Anorak und Regenschutz für die Bergtouren auf Réunion, Mauritius und Grande Comore. Respektieren Sie bitte die Landessitten ! Auf den islamischen Malediven und Komoren ist Nackt- und Oben-ohne-Baden verboten, Shorts und knappe Kleidung in den Ortschaften nicht erwünscht. Auch auf Mauritius gelten strengere Kleiderregeln als auf Réunion und den Seychellen.

Reisen zwischen den Inseln

Flüge

Es gibt Flugverbindungen zwischen Mahé auf den Seychellen, Réunion, Mauritius und Grande Comore auf den Komoren. Rodriguez kann nur von Mauritius angeflogen werden, Mayotte (Komoren) von den anderen Komoreninseln und von Réunion aus. Es besteht keine Verbindung dieser Inseln mit den Malediven.

Schiffsverbindungen

Einige Kreuzfahrtschiffe laufen die Inseln auf ihrer Route an. Wie auf Kreuzfahrten üblich, ist nur ein Tagesbesuch pro Insel vorgesehen.
Regelmäßiger Fährverkehr der »Mauritius Pride« verbindet Mauritius mit Rodriguez und Mauritius mit Réunion. Mauritius Shipping Corporation Ltd., Nova Building, 1 Military Road, Port Louis, Tel. 2412550, Fax 2425245.
Eine Frachtfähre verkehrt wöchentlich zwischen Moroni (Komoren) und Mahajanga (Madagaskar). SOCOTRAM, Moroni, Quai Moriceaux. Fahrtdauer 25 Std.
Zweimal im Monat verbindet eine Fähre mit Passagierkabinen Mayotte (Komoren) mit Mahajanga (Madagaskar). MS Andry, Mayotte, Tel. 600394.
Ganzjährig auf den Seychellen und zwischen Juni und November, wenn keine Zyklone Mauritius und Réunion bedrohen, verkehren viele Yachten zwischen den Inseln.
Die durchschnittliche Fahrtdauer beträgt von Mauritius aus:

nach Réunion	1 Tag	- zurück 2 Tage
nach Rodriguez	7 Tage	- zurück 5 Tage
nach Madagaskar	5 Tage	- zurück 7 Tage
zu den Seychellen	10 Tage	- zurück 14 Tage

Es gibt keine regulären Angebote, aber Touren für Gruppen können leicht arrangiert werden; für Einzelreisende ist es schwieriger, einen Platz zu bekommen.

⤷ **Seychellen:** Marine Charter Association, Independence House, Tel. 322126, Fax 224679.
⤷ **Réunion:** Ylang-Ylang, 48 Rue Général de Gaulle, St-Gilles-les-Baines, Tel. 244118.
⤷ **Mauritius:** Blue Water Charters, Veranda Bungalow Village, Grand Baie, Tel. 2638015.

Hubschrauberflüge

Auf den Malediven und auf Réunion werden Hubschrauberflüge angeboten. Sie vermitteln einen einmaligen Eindruck über die Geographie der Inseln und bieten phantastische Fotomotive.

Sonstiges

Allgemeine Wanderregeln

❏ Mittags kann es sehr heiß werden. Die besten Wanderstunden sind der frühe Morgen und nachmittags. ACHTUNG : Um 19.00 Uhr wird es nach ganz kurzer Dämmerung dunkel.
❏ Nicht direkt nach Regenfällen gehen! Die Wege und Felsen sind dann extrem glatt und schlüpfrig. In den hohen Lagen ist es immer feucht und damit rutschig; Schuhe mit Profilsohlen tragen.
❏ Auf den ausgetretenen Wegen bleiben! Spalten und Höhlen sind oft von Pflanzen überwuchert und nicht sichtbar!
❏ Selbstverständlich sollte es sein, seinen Abfall wieder mitzunehmen, keine Pflanze zu beschädigen und kein Tier zu stören.
❏ Möglichst nicht allein gehen. Wenn kein Partner da ist, im Hotel oder bei den Wirtsleuten Bescheid sagen, welche Tour Sie unternehmen.
❏ Extrem vorsichtig mit Feuer sein (Zigarettenstummel, Streichhölzer sowie Glasscherben, die wie Brenngläser wirken). In den vergangenen Jahrzehnten ist der größte Teil der Pflanzen- und Tierwelt durch Feuer zerstört worden.

Rußseeschwalben verteidigen ihren Nestbereich auf Hack-distanz, so daß alle im gleichen Abstand sitzen. Bitte Wild-tiere nie stören!

Gefahren

Es gibt auf den Inseln keine gefährlichen Tiere. Die Schlangen sind ungiftig, Stiche von Skorpionen können schmerzhaft sein, sind aber nicht lebensgefährlich. Stiche der Goldwespen sind schmerzhaft, darum nicht die offen hängenden Papiernester stören. Stechmücken können lästig werden und Krankheiten übertragen, darum auch bei warmen Temperaturen niemals mit Shorts und Sandalen in den feuchten Urwald gehen.

Naturschutz

Allgemein kann gesagt werden, daß der Naturschutz mit seinen Projekten in den ehemaligen englischen Kolonien, auf den Seychellen und Mauritius, hervorragend arbeitet. Viele Schutzgebiete sind geschaffen worden und werden ständig betreut. Die ehemaligen französischen Kolonien, die Komoren und Réunion, ein französisches Departement, haben noch viel nachzuholen.

Schnorcheln, Tauchen

Beim Schnorcheln holt man sich am schnellsten einen Sonnenbrand; nur mit Oberhemd oder T-Shirt ins Wasser gehen. Die Stiche der Steinfische und Rotfeuerfische sind sehr giftig, darum stets Badeschuhe oder Flossen anziehen! Verletzungen durch Seeigelstacheln und Schnittwunden durch Korallen entzünden sich; Papayaschale hilft gegen Stacheln, antiseptische Salbe oder Mercurochrome gegen Entzündungen. Es gibt auch giftige Schnecken und Korallen, die ein stark wirkendes Nesselgift einsetzen (Feuerkorallen). Das ist ein Grund mehr, generell keine Tiere anzufassen.
Gute und gewissenhafte Taucher und Schnorchler vermeiden Grundberührung, halten sich nicht an Korallenstöcken fest und stellen oder setzen sich nicht auf Korallenstöcke. Die Schäden, die den langsam wachsenden Korallen dadurch zugefügt werden, haben in manchen Touristengebieten erschreckende Ausmaße angenommen.

Artenschutz

Es sollte für den Leser selbstverständlich sein, keine Produkte zu kaufen, für die z.T. höchst gefährdete Tierarten getötet werden. Dazu gehören auch die wunderschönen Muscheln, Schnecken, Korallenstöcke und Ketten aus Korallen, Haigebisse und Produkte aus Schildpatt, die auf den Märkten angeboten werden. Jedem Käufer muß klar sein, daß er sich mitschuldig an der Ausrottung gefährdeter Tierarten und an der Plünderung der Riffe macht.
Schildpatt wird aus den Panzern der Karettschildkröten hergestellt, die im Washingtoner Artenschutzabkommen als höchst gefährdet eingestuft sind. Der Handel ist verboten, und Schildpatt darf nicht in Ihre Heimatländer eingeführt werden.

Anhang

Karten

Seychellen: Von Survey Division, Independence House, Victoria, Mahé. Es sind sehr gute Karten von den einzelnen Inseln und Inselgruppen der Inneren und Äußeren Seychellen.
Réunion, Mauritius, Rodriguez: Vom Institut géographique national, 107 Rue La Boétie, 75008 Paris;
Carte touristique: IGN 512 Réunion, IGN 515 Mauritius;
Carte topographique: Rodriguez;
Réunion für Wanderer: IGN-TOP 25: 6 Karten für die ganze Insel, Maßstab 1:25000.
Komoren: Die einzigen Karten sind topographische Karten vom Institut géographique national, je zwei für Grande Comore und Anjouan, je eine für Moheli und Mayotte.
Malediven: Touristenkarten (nur Male und Male-Atoll) vom Department of Tourism, Ghaazee Building.

Literatur

Deutschsprachige Bestimmungsbücher gibt es nur für Meerestiere, die anderen sind in französisch und englisch.

THIERRY ROBYNS DE SCHNEIDAUER: Guide-nature de L'ocean Indien, Duculot, Belg., 1982.

DIETER EICHLER: Tropische Meerestiere, BLV, München, 1995.

MALCOLM PENNY: The Birds of Seychelles and the Outlying Islands, Collins, London, 1974.

ADRIAN SKERRETT: A Birdwatchers Guide to Seychelles, Prion Ltd, 1992.

S.A. ROBERTSON: Flowering Plants of Seychelles, Royal Botanic Gardens, Kew, GB, 1989.

Th. CADET: Plantes rares ou remarquables des Mascareignes, Agence de Coop. Cultur., 1984.

NICOLAS BARRÉ: Oiseaux de la Réunion, St. Denis 1982.

Th. CADET: Fleurs et plantes de la Réunion et de l'île maurice, Times Editions, 1987.

NICOLAS BARRÉ: Oiseaux de la Réunion, St. Denis, 1982.

TH. CADET: Fleurs et plantes de la Réunion et de l'île Maurice, Les Editions du Pacifique, 1987.

JOËL DUPONT: Flore en Detresse, Srepen, St. Denis, 1989.

ALBERT TROTET: Guide touristique de La Réunion, 15, rue de Paris, St. Denis.

CONSERVATOIRE BOTANIQUE DE MASCARIN: L'île de la Réunion par ses Plantes, Solar, 1992.

UFOLEP RÉUNION: Les plus belles Balades á la Réunion, Création du Pelican, 1993.

J. GUÉHO: La Vegetation de l'île Maurice, Editions de l'Ocean Indien, 1988.

CLAUDE MICHEL: Birds of Mauritius, Editions de l'Ocean, Indien 1992.

FRANCE STAUB: Faune de l'île Maurice et Flore associée, Mauritius, 1993.

MICHEL LOUETTE: Les Oiseaux des Comores, Edition du Musée Royal de Tervuren, Belg., 1988

IAN THORPE: No frills guide to the Comoro Islands, Bradt Publications, GB, 1990. (nur in englisch empfehlenswert)

E. J. ADJANOHOUN u. a.: Contribution aux études ethnobotaniques et floristique aux Comores, A.C.C.T., 1992.

PETER NAHKE: Unterwasserführer Malediven, Verlag SN, Stuttgart, 1992.

Wörterbuch

deutsch / lateinisch / englisch / französich

- = englischer bzw. französischer Name nicht bekannt

Säugetiere

Aldabra-Flughund / Pteropus aldabrensis / Aldabra Fruit Bat / Chauves souris

Bulldogg-Fledermaus / Tadarida acetabulosus / Free-tailed Bat / -

Dugong (Gabelschwanz-Seekuh) / Dugong dugong / Dugong / Dugong (Vache marine-dugong)

Goldstaubmanguste / Herpestes javanicus auropunctatua / Mongoose / Mangouste

Indischer Grindwal / Globicephala macrorhyncha / Shortfin Pilot-wale / -

Indischer Mungo / Herpestes griseus / Mongoose / Mangouste

Javaner Makake / Macaca fascicularis / Crab-eating Macaque / Macaque de Java

Kleine Zibetkatze / Viverricula indica / Rasse / La Rasse (Civette d'Asie)

Livingstone-Riesenflughund / Pteropus livingstonei / Livingstone Fruit Bat / -

Mähnenhirsch / Cervus timorensis / Deer / Cerf de Java

Mauritius-Grabflatterer / Taphozous mauritianus / Mauritian Tomb Bat / Chauve-Souris banane

Mauritius-Flughund / Pteropus niger / Mauritius Fruit Bat / Chauves-Souris frugivores

Mayotte-Maki / Lemur fulvus mayottensis / Brown Lemur / Lemur fauve

Mongozmaki / Lemur mongoz / Mongoose Lemur / Lemur mongoz

Ostpazifischer Delphin / Stenella longirostris / Spinner Dolphin / -

Pottwal / Physeter macrocephalus / Sperm Whale / Cachalot

Rodriguez-Flughund / Pteropus rodricensis / Rodrigues Fruit Bat / Chauves-Souris

Seychellen-Flughund / Pteropus seychellensis / Seychelles Fruit Bat / Chauves-Souris

Tanrek / Tenrec ecaudatis / Tenrec / Tenrec géant

Vergessener Flughund / Rousettus obliviosus / Forgotten Fruitbat / Roussette

Vögel

Abbot-Tölpel / Sula abotti / Abbott's Booby / -

Aldabra-Nektarvogel / Souimanga s. aldabrensis / Souimanga Sunbird / Colibri

Aldabradrongo / Dicrurus aldabranus / Aldabra Drongo / Moulin ban

Aldabraweber / Foudia eminentissima / Red-headed Fody / Cardinal de

Arielfregattvogel / Fregata ariel / Lesser Frigatebird / Frégate ariel

Audubon-Sturmtaucher / Puffinus lherminieri / Audubon's Shearwater / Puffin Audubon

Baraustrumvogel / Pterodroma baraui / Barau's Petrel / Pétrel de Barau

Bindenfregattvogel / Fregata minor / Greater Frigatebird / Frégate du Pacifique

Blauvanga / Cyanolanius madagascarinus / Blue Vanga / Artamie azurée

Blauwangenspint / Merops superciliosus / Blue-cheeked Bee-eater / Guépier malgache

Braunschwingendrongo / Dicrurus fuscipennis / Grand Comoro Drongo / Drongo de la Gr. C.

Brauntölpel / Sula leucogaster / Brown Booby / Fou brun

Chinesendommel / Ixobrychus sinensis / Chinese Bittern / -

Cuvier-Ralle / Dryolimnas cuvieri / White-throated Rail / Chiumicho

Dickschnabel-Fluchtvogel / Hypsipetes crassirostris / Thick-billed Bulbul / Merle

Dickschnabelreiher / Adeola idea / Madagascar Squacco Heron / Gasse

Dronte / Raphus cucullatus / Dodo / Dodo

Echsenhabicht / Accipiter francesii / Frances' Sparrowhawk / Autor malgache

Eilseeschwalbe / Thalasseus bergii / Crested Tern / Sterne huppée

Einsiedler / Pezophas solitarius /Rodriguez Solitaire / Rodr. Solitaire

Eleonorenfalke / Falco eleonorae / Eleonora's Falcon / Faucon d' Eleonore

Feenseeschwalbe / Gygis alba / Fairy Tern / Goeland Blanc

Flußuferläufer / Actitis hypoleucos / Common Sandpiper / Guignette

Frankolinwachtel / Perdicula asiatica / Jungle Bush-Quail / Caille de l'Indre

Gabeldrongo / Dicrurus forficatus / Crested Drongo / Drongo malgache

Gelbstirnweber / Textor cucullatus / Textor / Tisserin

Glanzkrähe / Corvus splendens / Indian House Crow / Corbeau de l'Inde

Grauköpfchen / Agapornis canus / Grey-headed Lovebird / Inséparable à tête grise

Graunasen-Grüntaube / Treron australis / Madagascar Green Pigeon / Colombar maitsou

Graureiher / Ardea cinerea / Grey Heron / Héron cendré

Grünschenkel / Tringa nebularia / Greenshank / Chevalier

Gurrtaube / Streptopelia capicola / Cape Turtle-Dove / Tourterelle vineuse

Halsbandsittich / Psittacula krameri / Rose-ringed Parakeet / Petite Cateau

Hirtenmaina / Acridotheres tristis / Indian Myna / Martin triste

Humblotschnäpper / Humblotia flavirostris / Humblot's Flycatcher / Gobe-mouche du Karthala

Inseleule / Otus rutilus / Madagascan Scops Owl / Petit-duc malgache

Kapsegler / Apus barbatus / African Black Swift / Martinet du Cap

Karthala-Brillenvogel / Zosterops mouroniensis / Karthala White-Eye / Zostérops du Karthala

Karthala-Ohreule / Otus pauleani / Karthala Scops Owl / Petit-duc du Karthala

Keilschwanzsturmtaucher / Thyellodroma pacifica / Wedged-tailed Shearwater / Fouquet

Kiebitzregenpfeifer / Pluvialis squatarola / Grey Plover / Pluvier argenté

Kleinelsterchen / Spermestes cucullatus / Bronze Mannikin / Spermète à capuchon

Koël / Eudynamys scolopacea / Common Koël / -

Komorendrossel / Peliocichla bewsheri / Comores Thrush / Grive des Comores

Komorenfruchttaube / Alectroenas sganzini / Comoro Blue Pigeon / Founingo de Comores

Komorentaube / Dendrotreron pollenii / Comoro Olive Pigeon / Pigeon de Comores

Komorenweber / Foudia eminentissima / Comores Fody / Foudy des Comores

Kuhreiher / Bubulcus ibis / Cattle Egret / Héron garde-boeufs

Kurol / Leptosomus discolor / Cuckoo-Roller / Courol

Madagaskar-Nachtschwalbe / Caprimulgus madagascariensis / Mada-gascar Nightjar / Sommeil

Madagaskar-Turteltaube / Streptopelia picturata / Madagascar Turtledove / Pigeon ramier

Madagaskarbrillenvogel / Zosterops maderaspatanus / Madagascar White-Eye / Zostérops malgache

Madagaskarbuschsänger / Nesillas typica / Madagascar Brushwarbler / Fauvette malgache

Madagaskarcistensänger / Cisticola cherina / Malagasy Grass Warbler / Chisticole de Madagascar

Madagaskarfluchtvogel / Hypsipetes madagascariensis / Madagascar Bulbul / Bulbul noir

Madagaskarraupenfänger / Coracina cinerea / Madagascar Cuckoo Shrike / Echinelleur malgache

Madagaskarreiher / Ardea humbloti / Madagascar Heron / -

Madagaskarweber / Foudia madagascariensis / Red Fody / Cardinal de Madagascar

Mahébrillenvogel / Zosterops modestus / Seychelles Brown White-Eye / Oiseau banane

Malegassennektarvogel / Arachnechtra souimanga / Souimanga Sunbird / Souimanga malgache

Malegassenturmfalke / Falco newtoni / Madagascar Kestrel / Crécerelle malgache

Mangrovereiher / Butorides striatus / Striated Green Heron / Gasse (Héron vert)

Maskarenenbrillenvogel / Zosterops borbonicus / Grey White-Eye (Pic-pic) / Oiseau blanc

Maskarenenfluchtvogel / Hypsipetes borbonicus / Olivaceous Bulbul / Merle noir

Maskarenenparadiesschnäpper / Terpsiphone bourbonnensis / Mascarene Paradise-Flycatcher / Coq des bois (Gobe mouches)

Maskarenenschwalbe / Phedina borbonica / Mascarene Martin / Grosse hirondelle

Maskentölpel / Sula dactylatra / Blue-faced Booby / Fou masqué

Mauritius-Turmfalke / Tinnunculus punctatus / Mauritius Kestrel / Crécerelle

Mauritiusraupenfänger / Coracina typica / Cuckoo-Shrike / Merle cuisinier (Pie-grièche)

Mauritiussalangane (Seychellensalangane) / Collocalia francica / Mauritius Swiftlet / Petite hirondelle (Salangane)

Mauritiussittich / Psittacula echo / Mauritius Parakeet / Grosse Cateau verte

Mauritiusweber / Foudia rubra / Mauritius Fody / Cardinal de Maurice

Mayotte-Drongo / Dicrurus waldenii / Mayotte Drongo / Drongo de Mayotte

Mayotte-Nektarvogel / Arachnechthra coquereli / Mayotte Sunbird / Souimanga de Mayotte

Meerreiher / Egretta schistacea / Indian Reef-Heron/ -

Meertaube / Coccoloba unifera / Sea Grape / -

Mohélibuschsänger / Nesillas mariae / Moheli Tsikirity (Short-tailed Bushwarbler) / Fauvette de Mohéli

Mongolenregenpfeifer / Charadrius mongolus / Mongolian Plover / Gravelot mongol

Mosambikgirlitz / Ochrospiza mozambicus / Yellow-fronted Canary / Serin du pays

Muskatfink / Lonchura punctulata / Spice Finch / Pingo Damier

Newtonraupenfänger / Coracina newtoni / Réunion Cuckoo Shrike / Echenilleur de la Réunion (Tuit-tuit)

Noddi / Anous stolidus / Brown Noddy / Macoua

Olivbrillenvogel / Zosterops olivaceus / Olivaceous White-Eye / Oiseau à lunettes (Yeux blancs)

Orientseeschwalbe / Sterna saundersi / Saunders' Little Tern / Diamant

Palmensegler / Cypsurus parvus / African Palm Swift / Martinet des palmes

Perlhalstaube / Streptopelia chinensis / Spotted Dove / Grosse tourterelle (Tourterelle à collier)

Rabenpapagei / Coracopsis nigra / Lesser Vasa Parrot / Perroquet noir

Raubseeschwalbe / Hydroprogne caspia / Caspian Tern / Sterne caspienne

Regenbrachvogel / Numenius phaeopus / Whimbrel / Petit corbigeau

Reiherläufer / Dromas ardeola / Crab Plover / Drome ardéole

Réunion-Dronte / Raphus solitarius / White Dodo / -

Réunionschmätzer s. Schwarzkehlchen

Rodriguezrohrsänger / Calamocichla rodericana / Rodriguez Swamp-Warbler / -

Rodriguezweber / Foudia flavicans / Rodriguez Fody / Cardinal

Rohrweihe / Circus maillardi / Marsh-Harrier / Buzard de Maillard

Rosaflamingo / Phoenicopterus ruber / Greater Flamingo / Flamant rose

Rosenseeschwalbe / Sterna dougallii / Roseate Tern / Sterne de Dougall

Rosentaube / Nesoenas mayeri / Pink Pigeon / Pigeon des mares (Pigeon rose)

Rotbrust-Paradiesschnäpper / Terpsiphone mutata / Madagascar Paradise Flycatcher / Moucherolle malgache

Rotbrustbrachschwalbe / Glareola maldivarum / Large Indian Pratincole / -

Rotfußtölpel / Sula sula / Red-footed Booby / Fou à pieds rouges

Rotohrbülbül / Pycnonotus jocosus / Red-whiskered Bulbul (Persian Nightingale) / Boulboul (Kondé)

Rotschwanz-Tropikvogel / Phaethon rubricauda / Red-tailed Tropicbird / Paille-en-queue (Quelec)

Rüppellseeschwalbe / Thalasseus bengalensis / Lesser Crested Tern / Sterne du Bengale

Rußseeschwalbe / Sterna fuscata / Sooty Tern / Goelette

Sanderling / Crocethia alba / Sanderling / Bécasseau sanderling

Sandregenpfeifer / Charadrius hiaticula / Ringed Plover / Grand Gravelot

Schieferfalke / Falco concolor / Sooty Falcon / Faucon concolore

Schildrabe / Corvus albus / Pied Crow / Corbeau-Pie

Schlankschnabelnoddi / Anous tenuirostris / Lesser Noddy / Marianne

Schleiereule / Tyto alba / Barn Owl / Effraie des clochers

Schlichtmantel-Nektarvogel / Arachnechthra humbloti / Humblot's Sunbird / Souimanga d'Humblot

Schwarzkehlchen (Réunionschmätzer) / Saxicola torquata / Stonechat / Traquet pâtre

Schwarzmilan (Schmarotzermilan) / Milvus migrans / Black Kite / Milan noir

Schwarznacken-Seeschwalbe / Gygisterna sumatranal / Black-naped Tern / Diamant

Schwarzschnabel-Zwergfischer / Corythornis vintsioides / Madagascar Malachite Kingfisher / Martin-pêcheur vintsi

Seidenreiher / Egretta garzetta / Little Egret / Aigrette garzette

Seychellen-Nektarvogel / Arachnechthra dussumieri / Seychelles Sunbird / Colibri

Seychellen-Turmfalke / Tinnunculus araea / Seychelles Kestrel / Katiti

Seychellen-Turteltaube / Streptopelia picturata / Seychelles Turtle Dove / Tourterelle

Seychellendajal / Copsychus sechellarum / Seychelles Magpie Robin / Pie chanteuse

Seychelleneule / Otus insularis / Seychelles Scops Owl / Scieur

Seychellenparadiesschnäpper / Terpsiphone corvina / Seychelles Paradise Flycatcher / Veuve

Seychellenrohrsänger / Calamocichla sechellensis / Seychelles Swamp Warbler / Petit Merle des Iles

Seychellensalangane s. Mauritiussalangane

Seychellenweber / Foudia sechellarum / Seychelles Fody / Toq Toq

Sichelstrandläufer / Erolia ferruginea / Curlew Sandpiper / Bécasseau cocorli

Silberreiher / Casmerodius alba / Great White Egret / Grande Aigrette

Sperbertäubchen / Geopelia striata / Barred Ground Dove (Zebra Dove) / Petite Tourterelle

Stahlnektarvogel / Cinnyris notatus / Green Sunbird / Souimanga angaladian

Stiftbekassine / Gallinago sternura / Pintail Snipe / -

Südtrinidad-Sturmvogel / Pterodroma arminjoniana / South Trinidad Petrel / Pétrel de la Trinité

Tambourintaube / Tympanistria tympanistria / Tambourine Dove / Tourterelle tambourette

Teichhuhn / Gallinula chloropus / Moorhen / Poule d'eau

Terekwasserläufer / Xenus cinereus / Terek Sandpiper / Bargette cendrée

Tigerfink / Amandava amandava / Red Munia /-

Tulu-Spornkuckuck / Centropus toulou / Madagascar Coucal / Toulou

Vasapapagei / Coracopsis vasa / Greater Vasa Parrot / Perroquet vaza

Wachtelfrankolin / Ortygornis pondicerianus / Indian grey francolin / Perdrix

Wanderfalke / Falco peregrinus / Peregrine / Faucon pélerin

Warzenfruchttaube / Alectroenas pulcherrima / Seychelles Blue Pigeon / Pigeon hollandais

Weißschwanz-Tropikvogel / Phaethon lepturus / White-tailed Tropic Bird / Paille-en-queue

Wellenastrild / Estrilda astrild / Common Waxbill / Bengali

Wüstenregenpfeifer / Charadrius leschenaultii / Greater Sand Plover / Pluvier de Geoffroy

Zügelseeschwalbe / Sterna anaethetus / Bridled Tern / Sterne bridée

Zwergseeschwalbe / Sterna albifrons / Little Tern / Sterne naine

Zwergstrandläufer / Ereunetes minutus / Little Stint / Bécasseau minute

Zwergtaucher / Tachybaptus ruficollis / Little Grebe / Grèbe castagneux

Zwergwachtel / Coturnix chinensis / Painted Quail / Caille de Chine

Reptilien

Aldabra-Taggecko / Phelsuma abbotti / Aldabran Green Gecko / Lézard vert

Bourbonen-Taggecko / Phelsuma borbonica/ Green Gecko / Lézard vert

Bronzegecko / Ailuronyx seychellensis / Bronze Gecko / Gecko de bronze

Desroches-Hausgecko / Hemidactylus brookii / Desroches House Gecko / -

Gewöhnliche Blindschlange / Typhlops braminus / Brahminy Blind Snake / -

Grüne Meeresschildkröte / Chelonia mydas / Green Turtle / Tortue
franche (verte)
Indische Schönechse / Calotes versicolor / - / Caméléon
Karettschildkröte / Eretmochelys imbricata / Hawksbill Turtle / Tortue
d'écaille (Tortue imbriquée)
Kielschuppenboa / Casarea dussumieri / Keel-scaled Boa / Boa de l'île
Maurice
Mauritiusboa / Bolyeria multocarinata / Round Island Boa / Boa de
l'île Maurice
Pantherchamäleon / Chamaeleon pardalis / Panther Chameleon /
Endormi
Pelomedusenschildkröte / Pelusios castanoides / Yellow-bellied
Terrapin / Tortue boîte
Réunion-Taggecko / Phelsuma ornata inexpectata / Green Gecko /
Gecko de Manapany
Scelotis-Skink / Scelotes bojerri / Scelotis-Skink / -
Seba-Leguan / Oplurus sebae / - / Iguane de Seba
Seychellen-Riesenschildkröte / Geochelonia gigantea / Aldabra Giant
Land Tortoise / Tortue géante
Seychellen-Mabuye / Mabuya sechellensis / Seychelles Skink /
Scinque de Séchelles
Seychellen-Taggecko / Phelsuma astriata / Green Gecko / Gecko vert
Seychellen-Wolfzahnnatter / Lycognathophis seychellensis /
Seychelles Wolf Snake / Couleuvre
Tigerchamaeleon / Chamaeleon tigris / Tiger Chameleon / Caméléon
tigre
Wright-Mabuye / Mabuya wrightii / Wright's Skink / Scinque

Amphibien

Blindwühle / Grandisonia sp. / Caecilian / Cécilies (Verre de terre)
Gardiners Seychellenfrosch / Sooglossus gardineri / Gardiner's
Seychelles Frog / -
Maskarenenfrosch / Rana (Ptychadena) mascareniensis / Mascarene
Frog / Grenouille de Mascareignes
Seychellen-Laubfrosch / Tachycnemis seychellensis / Seychelles Tree
Frog / Rainette de Séchelles
Seychellenfrosch / Sooglossus sechellensis / Croaking Carry-cat Frog / -
Südafrikanische Kröte / Bufo gutturalis / - / Le crapaud
Thomassets Seychellenfrosch / Nesomantis thomasseti / Thomasset's
Tocking Rock-Frog / -

Fische

Quastenflosser / Latimeria chalumnae / Coelacanth / Coelacanthe
Schlammspringer / Periophthalmus sp. / Mudskipper /
Périophthalme
Walhai / Rhincodon typus / Whale Shark / Sagren
Weißspitzenhai / Triaenodon obesus / White-tip Shark / -
Orientalische Süßlippe / Plectorhinchus orientalis / Oriental
Sweetlip / -

Insekten

Afrikanischer Monarch / Danaus chrysippus / African Monarch /
Monarque
Bourbonen-Fleckenfalter / Antanartia borbonica / - / -
Frégate-Schwarzkäfer / Polposipus herculeanus / Frigate Island Giant
Tenebrionid Beetle / -
Goldwespe / Polistes hebraeus / Golden Wasp / Guèpe
Holzbiene / Xylocopa sp. / Carpenter Bee / Abeille charpentière
Lehmwespe / Eumenes sp. / Potter Wasp / Euménine
Mörtel-Grabwespe / Sceliphron hemipterum / Mud dauber / -
Riesenhundertfüßer / Scolopendra gigantea / Giant Centiped /
Scolopendre géante
Riesentausendfüßer / Spirobolus giganteus / Giant Millipede /
Jule géant, (Mille-pattes)
Seidenspinne / Nephila sp. / Palm spider / Bib
Zikade / Ityraea gregoryi / Cicada / Cigale

Krebse und weitere Wirbellose

Achatschnecke / Achatina fulica / - / -
Geisterkrabbe / Ocypode saratan u. Botella sulcata / Ghost crab /
Crab fantôme
Klippenkrabbe / Geograpsus sp.(vor allem G. maculatus) / - / -
Land-Einsiedlerkrebs / Coenobita clypeata u. C. diogenes / Hermit Crab / -
Meeres-Einsiedlerkrebs / Eupagurus sp. / Hermit Crab / Pagure
Nacktschnecke / Vaginula seychellensis / - / -
Palmendieb / Birgus latro / Robber crab / Crabe de cocotiers
Rotklauenkrabbe / Cardisoma carneiflex / Red Claw Crab / Tourlourou
Seegurke, Blaugrüne / Stichopus chloronotus / - / -
Winkerkrabbe / Uca annulipes, U. chlorophthalmus, U. marionis,
U. tetragonon / Fiddler crab / -

Pflanzen

Arten, die im Text mit ihrem französischen Namen genannt werden,
sind im anschließenden französischen Verzeichnis zu finden.

Adlerfarn / Pteridium aquilinum / - / -
Affenbrotbaum / Adansonia digitata / Baobab / Baobab
Afrikanischer Tulpenbaum / Spathodea campanulata / African TulipTree /
Tulipier du Gabon
Albizia / Albizia falcata u. A. lebbeck / Albizia / Albizia u. Bois noir
Aldabra-Schraubenbaum / Pandanus aldabrensis / Pandanus / Vacoa
Aldabrajasmin / Jasminum elegans / - / Jasmin
Aldabralilie / Lomatophyllum aldabrense / Aldabra lily / Zanana mouro
Ameisenbaum / Macaranga sp. / - / Macaranga
Anjouan-Palmfarn / Cycas anjouani / False Sago Palm / Sagoutier
Aprikosen-Jambose / Syzygium jambos / Rose apple / Jambrosal
Asiatische Amaryllis / Crinum asiaticum / Crinum / Lis blanc
Balfour-Schraubenbaum / Pandanus balfourii / Balfour's pandanus /
Vacoa de montagne
Barringtonia / Barringtonia asiatica / Barringtonia / Bonnet carré de
Bord Mer
Bauhinie / Bauhinia sp. / Camel's Foot / Bauhinia
Baumfarn / Cyathea seychellarum (Sey.), C. borbonica (Réu., Maur.),
C. glauca (Réu.) / Tree Farn / Fanjan (Fandia)
Baumwolle / Gossypium hirsutum / Cotton-tree / Cotonier
Berg-Schraubenbaum / Pandanus montanus / Pandanus / Vacoa
Betelpalme / Areca catechu / Betel Palm / Arequier
Betelpfeffer / Piper betel / Betel pepper / -
Bethlehemstern / Hippobroma longiflora / Star of Bethlehem /
Herbe poison
Blaue Latanpalme / Latania loddigesii / - / Latanier bleu
Blumenrohr / Canna bidentata / Wild Canna / Canna sauvage
Blütenmangrove / Sonneratia alba / - / Mangrove fleur
Blutlilie / Haemanthus multifloris / Fireball Lily / -
Bocksbaum / Nuxia verticillata / - / Bois maigre
Bourbonen-Bambus / Nastus borbonicus / Bamboo / Calumet
Bourbonenlilie / Lomatophyllum tormentorii / - / -
Brotfruchtbaum / Artocarpus altilis / Breadfruit / Abre à pain
Buchsbaumblättrige Agauria / Agauria buxifolia / - / Petit bois de Rempart
Buddhabaum / Ficus religiosa / Peepul Tree / Figuier sacré
Cashewnußbaum / Anacardium occidentale / Cashew / Acajou
Cassie / Leucaena leucocephala / Wild Tamarind / Cassie
Cleome / Cleome strigosa / Bred Caya / -
Colophan-Baum / Canarium paniculatum / - / Bois colophane
Cordiabusch / Cordia subcordata / - / Porcher
Dattelpalme / Phoenix dactylifera / Date-palm / Dattier
Davallfarne / Davallia sp. / - / -
Drachenbaum / Dracaena concinna u. D. reflexa / Dragon-tree /
Bois chandelle
Drachenblutbaum / Pterocarpus indicus / Sangdragon / Sangdragon
Drontenbaum / Sideroxylon grandiflorum / Tambalakok / Tambalacoque
Ebenholz / Diospyros egrettarum u. D. tesselaria / Ebony-tree /
Bois d'ébène
Ecorce-Baum / Aphloia theaeformis / - / Change écorce
Eisenholzgewächs / Sideroxylon spp., im Gebiet S. borbonicum (Bois
de fer bâtard), S. boutonianum (Bois de fer), S. galeatum (Bois de
pomme), S. puberulum (Manglier rouge)

Elfenbein-Angraecum / Angraecum eburneum / Tropic-bird-orchid / Paille-en-queue

Erigeron / Erigeron karwinskyanus / - / Marguerite folle

Feuerranke / Pyrostegia venusta / Golden Shower / Liane aurore

Flamboyant / Delonix regia / Flame Tree / Flamboyant

Flaschenpalme / Hyophorbe lagenicaulis / Bottle Palm / Palmiste gargoulette

Forgesiabusch / Forgesia racemosa / - / Faux bois de rose

Frangipani / Plumeria alba / Temple Tree / Frangipanier

Gewürznelke / Syzygium aromaticum / Clove / Giroflier

Guave / Psidium sp./ Guava / Goyavier

Heidekraut / Phillippia montana u. Stoebe passerinoides / - / Branle vert u. Branle blanc

Heritiera / Heritiera littoralis / Looking Glass Tree / Bois de Table

Hernandia / Hernandia sonora / Hernandia / Bois blanc

Hornes-Schraubenbaum / Pandanus hornei / Horne's Pandanus / Vacoa parasol

Icacopflaume / Chrysobalanus icaco / Cocoplum / Prune de France

Indischer Mandelbaum / Terminalia catappa / Indian Almond / Badamier

Ingwer, verwildert / Hedychium gardnerianium / - / Longose

Ipébaum / Tabebuia pallida / White Cedar / Calice du Pape

Jackfruchtbaum / Artocarpis heterophylla / Jackfruit / Jacquier

Johanniskraut / Hypericum lanceolatum angustifolium / - / Fleurs jaunes

Kannenpflanze / Nepenthes pervillei / Pitcher plant / Liane pot-à-eau

Kasuarine (Strand-) / Casuarina equisetifolia / Whistling Pine / Filao

Kasuarine (Komoren) / Casuarina cunninghamiana / Casuarina / Cèdre

Kokospalme / Cocos nucifera / Coconut / Cocotier

Korallenbusch / Chassalia corallioides / - / Bois de corail

Kultur-Vanille / Vanilla planifolia / Cultivated Vanilla / Vanillier

Magallanfuchsie / Fuchsia magallanica / - / Fuchsia

Mahagoni / Swietenia macrophylla / Mahogany / -

Mangobaum / Mangifera indica / Mango / Manguir

Mangrove / Lumnitzera racemosa / Lumnitzera / Manglier petite feuille

Mangrove / Bruguiera gymnorhiza / Mangrove / Manglier latta

Mangrove / Avicennia marina / Mangrove / Manglier blanc

Mangrove / Rhizophora mucronata / Red Mangrove / Manglier gros poumon

Mangrove / Ceriops tagal / - / Manglier jaune

Mangrove-Farn / Acrostichum aureum / - / -

Meertraube / Coccoloba uvifera / Sea Grape / -

Mexikanischer Knöterich / Antigonon leptopus / Knot grass / Antigone

Morindabaum / Morinda citrifolia / Indian Mulberry Tree / Bois tortue

Natternzunge (Farn) / Ophioglossum vulgatum / - / -

Nierenschuppenfarne / Nephrolepis undulata, N. biserrata / - / -

Northea / Northea hornei / Northea / Capucin

Ochrosia-Baum (Réunion) / Ochrosia borbonica / - / Bois jaune

Ochrosia-Baum (Seychellen) / Ochrosia oppositifolia / Ochrosia / Bois Chauve Souris

Ostindischer Kapalbaum / Vateria seychellarum / - / Bois de Fer

Paternosterbaum / Sandoricum indicum / - / Santol

Pemphisstrauch / Pemphis acidula / - / Bois d'amande

Pisonia / Pisonia grandis / Pisonia / Mapou

Portulak / Portulaca mauritiensis / Purslain / Pourpier

Purgiernuß / Jatropha curcas / Physic Nut / Pignon d'Inde

Puzzle-Nuß / Xylocarpus granatum / Puzzle nut / Manglier pomme

Randia / Randia heterophylla (Rodr.) u. R. lancifolia (Seych.) / - / Café marron

Randia / Randia sericea / Randia / Manglier de grand Bois

Rizinus / Ricinus communis / Castor Oil Plant / Ricin

Rohrkolben / Typha javanica / Bullrush / Herbe zone

Rosenapfelbaum / Dillenia ferruginea / - / Bois rouge

Roter Sandelholzbaum / Adenanthera pavonina / Red Sandalwood / Agati

Scaevola-Busch / Scaevola sericea u. S. accada / Scaevola / Bois manioc u. Manioc marron

Scharlachkordie / Cordia sebestena / Geiger Tree / Cordia

Schönmalve / Abutilon angulatum u. A. pannosum / Abutilon / Mauve bâtard

Schraubenbaum / Pandanus vandermeerschii u. P. multispicatus / Pandanus / Vacoa marron

Schwarzäugige Susanne / Thunbergia alata / Black-eyed Susan / -

Seychellen-Ebenholz / Diospyros seychellarum / Seychelles Ebony / Bois sagan

Seychellen-Schraubenbaum / Pandanus sechellarum / Seychelle's Pandanus / Vacoa marron

Seychellennußpalme / Lodoicea maledivica / Double coconut / Coco de Mer

Sternapfel (Kleinblättriger Takamaka) / Calophyllum parviflorum / Star-Apple / Takamaka madagascar

Strandwinde / Ipomoea pes-caprae / Morning glory / Patate à Durand

Streifenfarn / Asplenium macrophyllum / - / -

Sumpfried / Eleocharis dulcis / - / -

Takamaka (Alexandrinischer Lorbeerbaum) / Calophyllum inophyllum / Takamaka / Takamaka

Tigerlilie / Crinum kirkii / Tiger Lily / -

Tournefortia / Tournefortia argentea / Tree Heliotrope / Bois tabac

Victoria / Victoria amazonica / Amazon Water Lily / Nénuphar géant

Vulkanflechte / Stereocaulon vulcanii / Lava Lichen / -

Weichorchis / Malaxis sechellarum / - / -

Weidenblättrige Agauria / Agauria salicifolia / - / Bois de Rempart

Wilde Vanille / Vanilla phaenopsis / Wild Vanilla / Vanilla sauvage

Wolfsmilchgewächs / Euphorbia pyrifolia / Littlegood / Bois de lait (Tanshin)

Wolfsmilchgewächs / Stillinga lineata / Euphorbia / Bois de lait

Wright-Gardenie / Rothmannia annae / Wright-Gardenie / Bois citron

Würgerfeige / Ficus benghalensis / Banyan / Banyan

Ylang-Ylang / Cananga odorata / Ylang-Ylang / Ylang-Ylang

Zimtbaum / Cinnamomum zeylanicum / Cinnamon / Cannalier

Zitronengras / Cymbopogon citratus / Lemon Grass / Citronelle

Zuckerrohr / Saccharum officinarum / Sugar Cane / Canne à Sucre

Zwergpfeffer (Pfeffergesicht) / Peperomia sp. / - / Poivre marron

Zwiebelorchidee / Bulbophyllum nutans / - / Petit carambole

Zylinderputzer / Callisteman citrinus / Bottlebrush Tree / -

französisch / lateinisch / englisch

Ananas marron / Astelia hemichrysa / -

Bois d'éponge / Gastonia cutispongia / -

Bois de montagne / Camphosperma sechellarum / -

Bois de natte / Labourdonnaisia glauca / -

Bois de natte / Mimusops sechellensis / -

Bois d'olive / Elaeodendron orientale / -

Bois de rat / Tarenna borbonica / -

Bois de rivière / Homalium paniculatum / -

Bois de savon / Badula barthesia / -

Bois dur / Canthium bibracteatum / -

Bois méduse / Medusagyne oppositifolia / Jellyfish tree

Bois Pasner / Zanthoxylum paniculatum / -

Bois pipe / Dombeya rodriguesiana / -

Bois puant / Foetidia mauritiana / -

Bois tambour / Tambourissa sieberi / -

Bois trois feuilles / Malleastrum leroy / -

Bois zanguette / Capparis cartilagenea / -

Canne marron / Cordyline mauritiana / Cordyline

Choca bleu / Agave sp./ -

Choca vert / Furcraea foetida / Mauritius Hemp

Coco marron / Curculigo seychellensis / Curculigo

Gayac / Intsia bijuga / Intsia

Grand natte / Mimusops maxima / Makak

Latanier feuille / Phoenicophorium borsigianum / -

Latanier hauban / Roscheria melanochaetes / -

Latanier latte / Verschaffeltia splendida / -

Latanier mille-pattes (Fächerpalme) / Nephrosperma vanhoutteana / -

Mahot / Dombeya pilosa u. D. filculnea / -

Makak / Mimusops petiolaris / -

Mandrinette / Hibiscus liliiflorus / Hibiscus

Palmiste / Deckenia nobilis / Palmiste palm

Palmiste poison / Hyophorbe indica u. H. verschaffelti / -

Petit natte / Labourdonnaisia callophylloides / -

Petit Tamarin des hauts / Sophora denudata / -

Tamarin des hauts / Acacia heterophylla / Acacia

Tan rouge / Weinmannia tinctoria / -

Register

Fett gesetzte Seitenzahlen verweisen auf Fotos, schräg gesetzte auf Essays (im Text blau unterlegt).

Pflanzen- und Tiernamen

Ortsnamen und Sachwörter

Bildnachweis

Ambro Lacus Verlag: 1, 14, 25 l, 30 u, 74 o, 83
Archiv für Kunst und Geschichte GmbH: 19
G. Beese: 48 o, 50/51, 63 u, 102
K. de Cuveland: 93 u, 116 o, 130 ul
W. Eisenreich: 38 ur, 43 or, 48 u, 63 M, 101
H. Fricke: 81, 82, 85 l, 90 o, 123 o
N. Garbutt: 20, 93 o, 123 u, 142
D. Hummel: 32 o, 97
W. Layer: 2/3, 26, 45, 75, 137
H. Oberg: 10, 11, 17 (alle), 25 r, 28, 29 u, 33, 34, 35 o, 35 u, 37, 38 o, 38 ul, 39, 40, 42, 43 ol, 43 u, 46 u, 47, 53, 54 u, 55, 55 u, 56, 57 M, 61, 62 ul, 62 ur, 63 o, 64, 67 o, 67 u, 68 r, 69, 70, 71 o, 71 u, 73 o, 73 u, 74 M, 74 u, 76, 77, 78, 85 r, 86, 89 o, 91, 94, 95, 98 l, 98 r, 99 o, 99 u, 103 o, 103 u, 105 o, 107 o, 107 u, 109 u, 110 o, 111 ol, 111 or, 111 ul, 117, 120, 121 u, 124 u, 125 (alle), 127, 128 (alle), 130 o, 130 ur, 131 o, 131 M, 131 ul, 134, 135 o, 135 M, 138 o, 138 u, 150

W. H. Oberg: 57 u
A. Schulz-Eppers: 146 ol
G. Synatzschke: 29 o, 32 u, 46 o, 54 o, 54 M, 57 o, 59 o, 62 o, 67 M, 68 l, 79 (beide), 90 u, 100, 115, 116 ul, 133, 143, 146 or, 146 u
C. Taylor: 58 o, 58 u, 59 u, 89 u, 105 u, 106, 109 o, 110 M, 111 ur, 113
R. Weigl: 24, 108
H. Wöhler: 36, 131 ur, 135 u
K. Wothe: 21, 30 o, 49, 65, 66, 87, 110 u, 116 ur, 121 o, 124 o, 129, 139

Umschlagfotos: W. Eisenreich (vorn: La Digue);
    W. Layer (hinten: Feenseeschwalben);
    P. Mertz (großes Foto: Réunion, Cirque de Mafate);
    H. Oberg (hinten: Barringtonia)

Foto S. 1: Baumfarn
Foto S. 2/3: Frégate

Die Natur als Reiseziel